城下町 姫路と播磨

播磨学研究所◉編

神戸新聞総合出版センター

城下町姫路と播磨◇目次

本扉――姫路城下町景観復元CGパノラマ「中之門筋通り」
（姫路市立城郭研究室提供）

＊本書は播磨学特別講座「姫路の城下と播磨」（２０２３年５月〜11月）をもとに構成したものです。

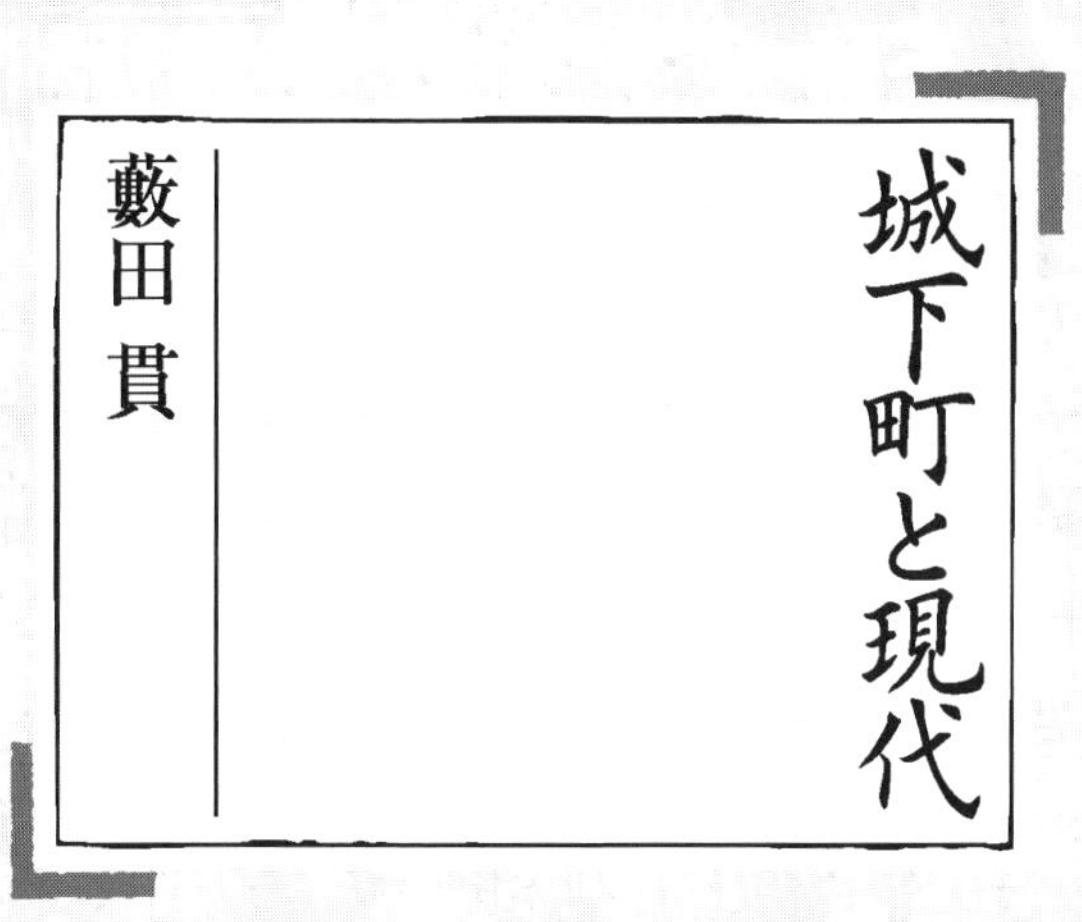

城下町と現代

藪田 貫

◇――はじめに～姫路城とともに歩んだレキハクの四十年～

レキハク（兵庫県立歴史博物館の略称）は二〇二三年、開館四十周年を迎えましたが、姫路城の傍に立地したことで、国宝・世界遺産である姫路城とともに歩んだ四十年でした。

四十周年記念特別展「MUSEUM OF HISTORY」では、冒頭に、丹下健三（たんげけんぞう）・都市・建築事務所が作成したジオラマが展示されました（図1）。開館当初の姿をジオラマにしたもので、一画には姫路城が据えられ、それと向き合うように白亜のレキハクがあります。隣の展示では、その姿が現在の形状に決まるまで六つのプランがあったことが模型で示されていますが、決め手は、白鷺の両翼から飛び出した頭の部分に据えられたキューブ状のレストラン。ハーフミラーが採用されることで、内からは大天守の背面が見え、外からは鏡に映る大天守を眺めることができるという仕掛けが実現し、レキハク最大のスポットとして知られています。

図1　特別展で展示された歴博建設エリアのジオラマ

通勤の途次には、姫路城の大天守の姿が自然と目に入ります。それぞれの季節に美しく、人が宇宙に出るこの時代に、江戸時代の城下の雰囲気を味わえる幸せは言葉にできない。姫路城の傍の博物館でよかった！と、その恩恵に感謝しながら、日本の城下町について話します。前半は城と城下町の歴史に関して、いわば縦軸に沿って話し、後半は横軸に、姫路城を含むいくつかの名城を取り上げますが、「城下町と現代」という演題に応えられれば幸いです。

1　歴史編

さて日本の城ないし城郭の歴史については、詳しい方が多数おられると思いますが、おさらいの積りで箇条書き風に整理してみます。まずはＮＨＫ大河ドラマ「どうする家康」に敬意を表して。

◇「どうする家康」―人の一生は城とともに―

「人の一生は重荷を背負うて」云々という遺訓で知られる徳川家康（一五四二～一六一六）の一生は、城とともにありました。生まれは三河岡崎城（みかわおかざき）、八歳（数え歳）には今川家の人質として駿府城に入り、桶狭間の合戦後、十九歳で岡崎に復帰。二十九歳には姉川の合戦があり、その後、遠江浜松城に移る。その後、武田勝頼との高天神城をめぐる攻防戦が七年にわたって繰り広げられるが、その間に、織田信長が安土城を築きます。家康三十五歳の時で、六年後の「本能寺の変」では、堺から伊賀越えで岡崎城に帰城し、九死に一生を得ます。

豊臣秀吉が大坂城を築き、「天下人」となると、四十五歳の時、居城を浜松から駿府に移し、翌年、駿府城の普請を始めます。その後、六十二歳で征夷大将軍となり、江戸に幕府を開き、市街地の建設を始め、六十五歳に江戸城の大普請。翌年には駿府城の大普請を行い、江戸の将軍秀忠と駿府の大御所の二元体制が確立します。

七十歳には二条城で豊臣秀頼を引見し、七十三歳の冬には、豊臣・大坂方との合戦に出陣して勝利し、西国諸大名に「一国一城令」を発布し、翌年四月、駿府城で死去。享年七十五歳でした（本多隆成『定本徳川家康』吉川弘文館、二〇一〇）。

彼はその人生で、どれほどの城を見聞してきたのか、その間、築城技術にどういう変化があったのか、聞いてみたくなるほど、豊富な城郭体験をしています。戦国時代に生まれ、最終的な勝者として長寿を全うしたことがそれを可能にしたのです。

城と館

　現存する姫路城や二条城を見ていると、〈城〉は同時に〈館〉でもあることが分かります。ところが室町幕府の守護であった赤松氏でいえば、両者は区別されていました。それを証明する一例が、兵庫県上郡（かみごおり）町にある白旗（しらはた）城跡（国史跡）と赤松屋敷跡です。江戸時代半ばの赤松村の絵図には、白旗城跡とともにその麓に「円心屋敷」と注記した蒲鉾の形をした区画が記され、さらに八幡宮と円心を祀る禅宗寺院松雲寺（しょううんじ）が描かれています（図2）。館を中心に、戦時用の山城と城主の慰霊の場がセットとして配置されていたことが分かりますが、江戸時代の城下町とは趣が異なります。

　赤松氏は円心（えんしん）以後、摂津・播磨・備前・美作（みまさか）など

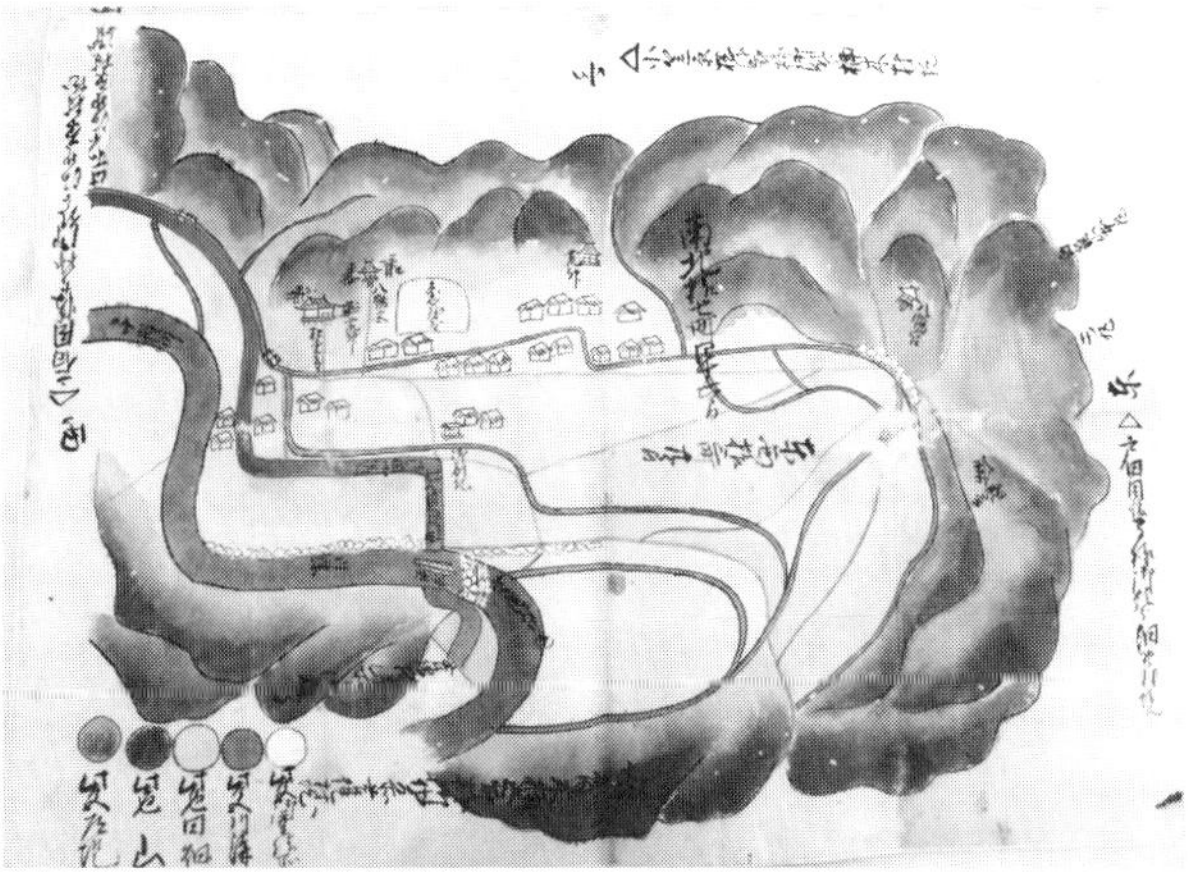

図2　赤松村絵図（有年原自治会蔵、赤穂市教育委員会管理）

の守護を歴任し、「嘉吉の乱」ののち一時、失墜しますが、六代政則によって再興されることで戦国時代を生きました。最終的には、地方的にも覇者となることなく滅亡しましたが、その功績を偲んで江戸時代に「赤松家播備作城記」という資料が編纂されています（『ひょうご歴史研究室紀要』2、二〇一七）。城跡一六三カ所、一族郎党や臣下の家二六一を記録したものですが、それを見ると守護だけでなく、一族郎党も家臣たち―ひろく捉えて国衆と呼ばれる―も、それぞれ自前の城と館をもっていたことが分かります。そこが彼ら武士にとって「一所懸命の地」であったからで、政治の中心が〈館〉、軍事の中心が〈城〉と言えるでしょう。

したがって一旦、戦闘となれば〈城〉が前面に出、沈静化すると〈館〉が浮かび上がる、という状況が想定できます。兵庫県西部では、城は三〇〇メートル前後の山頂に築かれることで文化財としての残りがよく、目立ちますが、麓にある館は市街地として開発されることで消える度合いが大きい。兵庫は山城大国だけに、その分、山城に隣接していた館跡や社寺跡への注目が大事ではないでしょうか。

◇――天下統一と城

城と戦闘は切り離せないもので、「天下人」は、戦闘に終止符を打つために戦った、という一面があります。その代表が織田信長。天正四年（一五七六）、「天下布武」の戦略拠点として安土城を築きます。数ある城跡の中でも特別史跡の一つとして指定されており、城郭史のハイライトでもあります。

その道を豊臣秀吉が継承します。姫路城に拠った秀吉は天正八年（一五八〇）、播磨を平定しますが、直後、国衆の城を破壊（破城）しています。「国中城割るべき」として、赤松配下の置塩・御着・高砂・神吉・明石・阿閉・平野・東条の各城の破却が命じられています（兵庫県立歴史博物館『特別展赤松円心と則祐』）。

こうして天下統一戦争とともに、城の新陳代謝が進められました。勝者の城はどんどんと発展していき、豊臣秀吉の大坂城（天正十一年）、徳川家康の駿府城（天正十五年）となります。もちろん勝者に対し、敗者がいるのが戦闘の常ですので、近年、それにも注意が払われ、秀吉関係では三木城攻め・鳥取城攻め・備中高松攻めに関係する両軍の城（籠城・陣城）が、それぞれ国の史跡となっています。

◇——関ヶ原合戦と戦後の建築ラッシュ

天下統一戦争による城の新陳代謝に画期を与えたのは、慶長五年（一六〇〇）の関ヶ原合戦でした。戦後処理として豊臣側二二〇万石の内、石田三成ら大名の知行高六五万石が改易・没収され、徳川方に与した家門・譜代・外様合わせて二八名が加増され、その知行総高は一〇万石から六七万石になりました。その結果、関東・中部から西国・九州・東北に向けて大名の一斉移動が顕著となったのです。

例を挙げれば、蒲生秀行が下野宇都宮から会津、池田輝政が三河吉田から播磨姫路、堀尾忠氏が遠江浜松から出雲富田、中村忠一が甲斐府中から因幡米子、福島正則が尾張清洲から安芸広島にそれぞれ移動しています。

新領地では城郭普請が一斉に行われました。その結果、官兵衛（如水）の黒田藩は中津の本城と端城合わせて六、蜂須賀の徳島藩は本城と端城合わせて八を持つ、という有様で、如水は故地播磨の鍛冶師芥田氏に宛て「一国の主部、にぎやかに」と報じています。また「鍋島家記録」では、慶長十四年に竣工した天守は二五に上ると記されており、慶長期の建築ラッシュを裏付けます（福田千鶴『城割の作法』吉川弘文館、二〇二〇）。もはや赤松氏のような山城と麓の館と慰霊・祈願の場（社寺）のセットという姿を見ることはなくなりました。

この間の築城技術の革新として注目を集めているのが駿府城です。近年、天正十五年と慶長十二年の二つの天守台跡が発見され、前者の規模三三×三七メートルに対し、後者は六一×六八メートルと約二倍に増えています。その差は、公儀の命によって諸大名に御手伝普請をさせた結果で、前年には江戸城の大規模改修と普請が行われています。

◇——大坂城と江戸城

こうして新旧二つの公儀の巨城が東西に並び立つようになりました。片や徳川大坂城は望楼型天守と惣構を持ち、対する徳川江戸城は層塔型天守と蝸牛型に拡張する地割を持ち、天守閣だけでなく、城下町プランも対照的です。城自体の変遷や比較も重要ですが、地の利をどう生かし、都市を造ったかという点では「城下町プラン」の研究が重要です。

◇——一国一城令

その後、慶長十九〜二十年（一六一四〜一五）の「大坂の陣」によって最終的な天下人が決定し、「元和偃武」となります。偃武とは「戦いを止める」ことを意味し、五月七日の戦闘の終結を受けて、閏六月に、一国一城令、七月に、武家諸法度が発布されました。その結果、軍事の象徴であった城郭に規制が加えられ、本城を中心に城を整理すること（とくに西国に）で、新規の築城は禁止されました。その後、国絵図とともに城絵図が作成されることで、大名の統治する領国と城下が視覚的に捉えられるようになったのです。

福田千鶴著『城割の作法―一国一城への道程』（吉川弘文館、二〇二〇）によれば、その結果、大名の居城（本城）は残されるも修復は許可制となり、端（分）城は破却され、古城は城絵図として掌握されました。天和二年（一六八二）ごろに作成された「城主録」（榊原文書）によれば、全国に一五八城があり、公儀の城が江戸・二条・大坂をはじめ八城、端城が紀州藩の松坂・名古屋藩の犬山・阿波徳島藩の洲本など二〇城、残る一四〇城が大名の居城ということになります。

姫路城もその一つですが、破却された端城が国の文化財に指定されているのをご存

図３　利神城古図（兵庫県立歴史博物館田住家文書）

じでしょうか。別名「雲突城」とも称される利神城です（図３）。姫路藩主池田輝政の甥池田由之が築いた端城で、寛永八年（一六三一）に破城となっています。本丸跡のほか、二ノ丸・大坂丸跡が残りますが、石垣に囲まれた遺構は一見の価値があります。

館長就任後の平成二十九年（二〇一七）に、利神城は国史跡指定を受けました。それに関与したことで、城割の現場を見ることができました。現在、佐用町によって保存活用と整備基本計画策定事業が進められています。

◇軍都と公園・学校

明治維新後には、明治六年（一八七三）一月に「廃城令」が出ます。興味深いのは「廃城」と言いながら、その目的が城の「軍事」と「民用」の選別にあったということです。「軍用」ならば政府の軍事施設に、「民用」ならば旧藩主への払下げを経て、私有地として売却される一方、公園・学校など公共に再利用される道が開かれます。

公園への道は、同年六月に出た太政官布告が画期となっています。代表例は金沢の兼六園で、国指定の公園として翌七年に公開されています。一方、学校用としては、明治五年に学制章程によって八大学区が設けられますが、大学の設置に至らず、代わって十九年（一八八六）に、高等中学校の設置が発令され、全国に五つの高等中学校が設置されました（一八九四年に高等学校に改組）。日本を地理的に五つに分け、東京・仙台・大阪（京都に代わる）・金沢・熊本が設置箇所となるのですが、城下町が仙台・金沢・熊本と三つ入っています。その背景にあるのは、設置するに当たっての府県の費用負担で、地元負担のない東京府を除き、他の四校は地方税と寄付金を集め、資金を準備する必要があったのです。そこでモノを言ったのが旧藩主の寄付金でした（田中智子「高等中学校と地方都市」高木博編『近代日本の歴史都市　古都と城下町』思文閣出版、二〇一三）。

「軍事」ならば城郭は残り、軍事施設として再利用されますが、主だった城跡には、師団本部が置かれました。大阪は第四、金沢は第九、姫路は第一〇師団として知られていますが、師団体制は明治二十一年（一八八八）に七師団としてスタートし、その後、大正十年（一九二一）に二一、第一次大戦後には一七といったん減り、昭和十一年（一九三六）から再び、増加しています。

師団所在地には護国神社が併設されたように、軍事施設には兵士たちの慰霊空間が不可欠でした。その痕跡は、戦後七十年を経た現在でも、全国各地の城跡に見ることができます。

もちろん広大な城跡だけに、再利用の目的は一つとは限りません。国・府県のみならず地元の諸団体が、その利用をめぐって活動すればするほど、再利用の形は変わります。その結果、複数の残り方が生まれるのです。それほどに「城」という歴史遺産は、魅力に満ちているのです。

◇——史跡と城郭

大正年間に入ると「軍事」と「民用」に分類されてきた城郭に、新しい見方が生まれます。その契機は、大正八年（一九一九）四月に公布された史蹟名勝天然紀念物保存法です。「史跡」として、文化財指定することで残る道が開かれたのです。その道が、城郭にとってどんな意味をもったのか――それを示唆する新聞記事が、二〇二三年一月の『産経新聞』一面に見えます。「姫路城を守った史蹟指定」として、当館学芸員竹内信が明らかにした事実が報じられています。

存城として残り、軍用地となった姫路城ですが、天守群は荒廃し、第一次大戦後の軍縮が進むなかで、陸軍と大蔵省から城内用地の売却案が浮上します。それに対し本丸・二の丸部分を陸軍省から無償で貸与され「姫山公園」として一般公開していた姫路市は、その継続とともに公園の拡大を狙いました。そこで功を奏したのが、史蹟名勝天然紀念物保存法でした。「保存すべき史蹟」として古城跡（こじょうせき）・城砦（じょうさい）・防塁（ほうるい）とあるのに従い、大正十五年（一九二六）指定を申請、昭和三年（一九二八）、晴れて史蹟（しかも城郭として最初）となりました。

さらに翌四年には国宝保存法が公布・施行され、まず名古屋城が指定され、その後、昭和二十二年（一九四七）までに姫路城を含む二四城が指定されています。歴史的存在であった城郭は、城跡という「空間」と天守閣という「建造物」の双方で文化財として認定され、保護されることとなったのです。

◇空襲下の城下町

こうした官民の努力を一斉に無にしたのが、太平洋戦争末期の米軍の空襲でした。マリアナ諸島の基地（サイパン・テニアン・グアム）を起点とする米軍のB二九部隊による本土空襲は昭和十九年（一九四四）十月から二十年八月までの間、のべ三三一回に及ぶ作戦が実施されたことが知られています。三月十三日の大阪は四二号（出撃機数二九五）、五月十四日の名古屋は一七四号（五二四機）、七月三日深夜の姫路は二四九号（一〇七機）と、それぞれの作戦がくりひろげられた結果、各都市で惨状を呈することとなりました（小山仁『米軍資料日本空襲

図4　終戦後の姫路城周辺（兵庫県立歴史博物館高橋コレクション）

の全容』東方出版、一九九五）。

とくに近世の城下町に起点を持つ主要都市が多い日本の場合、都市への空襲は、同時に旧城下町の破壊へと繋がりました。被災した市街の先に姫路城の大天守を望む写真（図4）は、その惨状を伝えます。なかでも最大の被害を受けたのは名古屋市で、城郭として国宝第一号であった名古屋城本丸は焼失しました。幸い、避難させていた一〇四七面の障壁画が残ったことで、復元事業が進められています。

史跡・国宝から世界遺産へ

源平合戦以降の歴史が示すように、日本の歴史に占める武家文化の位置は大きなものがあります。しかし、現存する伝統的建造物で言うなら、重要伝統的建造物群保存地区一二七カ所（令和五年一二月現在）のうち「武家を中心とした町並」（城下町・武家町）は県内の出石（いずし）と篠山（ささやま）を含め、わずか一六カ所に過ぎません。

歴史的な世界を、現在の地表に残し、保存することの難しさが窺えますが、昭和二十五年（一九五〇）には文化財保護法が公布され、竹田城跡や篠山城跡、有岡城跡などが次々と指定され、平成十七年（二〇〇五）の八上（やかみ）城跡で県内の指定城跡・陣屋跡は一三件を数えるに至っています。

一方、昭和三年に史跡指定された姫路城跡は、指定面積を拡大するとともに、同三十一年には特別史跡となり、大天守の国宝指定と合わせて、世界遺産登録への準備が整えられていったのです。

◎閑話休題　～ヨーロッパの城と館～

姫路城が世界遺産として登録されるにあたって採用された基準は、二つあります。（ⅰ）人類の創造的才能を表す傑作である、（ⅳ）人類の歴史の重要な段階を物語る建築様式、あるいは建築的または技術的な集合体または景観に関する優れた見本であること。これまでの記述を顧みても、実に簡潔に言い表していると感じ入りますが、〈城館〉である以上、その背景に〈戦闘〉が不可避です。それは言い換えると、世界のどの地域であっても戦闘があれば、ある種の城館は生み出される、となります。

そこでヨーロッパと日本の間でも、城館が響き合う瞬間が生まれます。それをわたしが知るきっかけとなったのは、オーストリアの古都グラーツのエッゲンベルク城に所蔵されている「豊臣期大坂図屏風（とよとみきおおさかずびょうぶ）」の調査でした（藪田『大阪遺産』清文堂、二〇二〇）。

都市グラーツの中心部には市庁舎と広場があり、そこからは時計台の据えられた砦シュロスベルクが見えます。ヨーロッパの城下町を初めて目にした瞬間でした。市街地を抜けて登ってみると周囲が一望できますが、十七世紀の絵図には、その一画を含め都市全体が星形の城壁で囲まれている姿が描かれています（図5）。

それは十五世紀以降のオスマントルコの侵入に備えた都市の要塞化の結果でした。その形状は、内曲輪に天守台と藩主の御殿、中曲輪に武家屋敷、中曲輪と外曲輪の間に町家を擁する姫路城のプランとは大きく異なりますが、要塞都市＝城下町の本質は同じです。

「豊臣期大坂図屏風」の所蔵者エッゲンベルク公は十六世紀に、ハプスブルグ家の下で出世し、エッゲンベルク城を築く（設計はイタリア人建築家）とともに、シュロスベルクの麓の館に住んでいました。城と館は、白旗城と赤松館同様、分離していたのです。その後、ルーブル宮を出てベルサイユ宮に移ったブルボン王朝に倣い、十八世紀に入ると子孫が、郊外のエッゲンベルク城に出て、ロココ風の宮殿として活用しました。その時、「天文の間」と称する大広間のほか、二十四の部屋を設け、

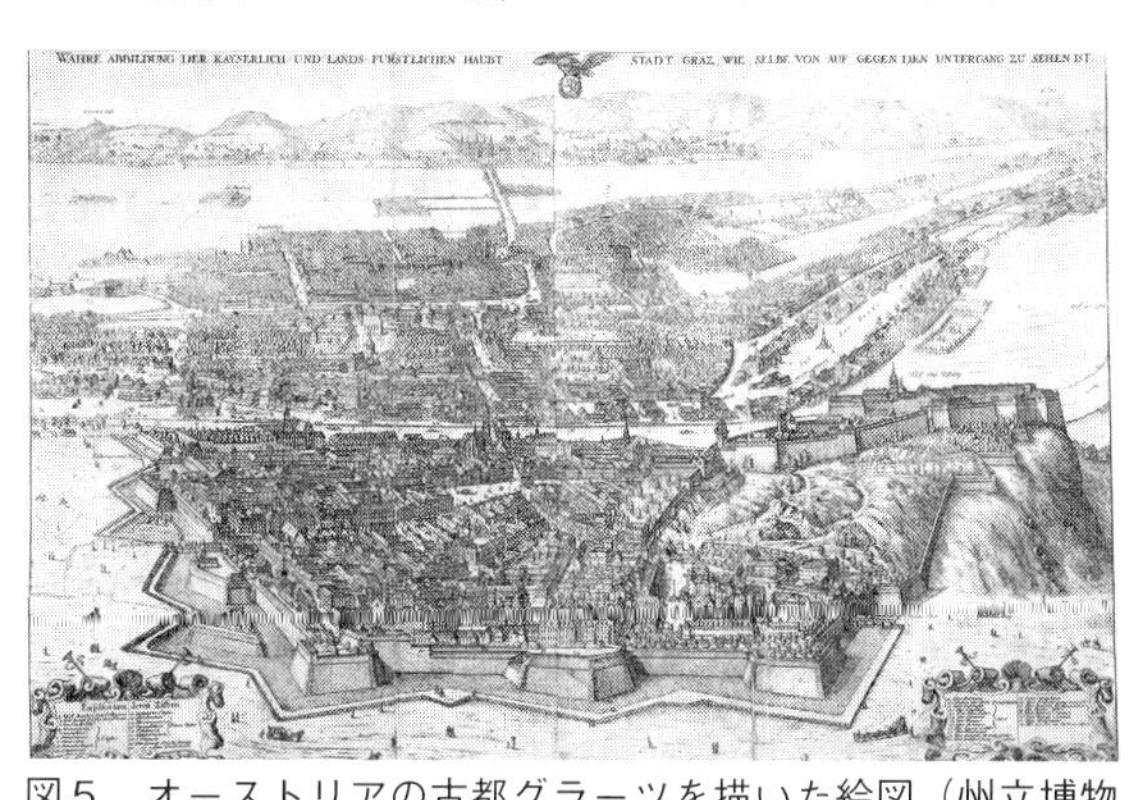

図5　オーストリアの古都グラーツを描いた絵図（州立博物館ヨアネウム提供）

その一室に「豊臣期大坂図屏風」八曲一隻をバラバラにしてパネルとして嵌め込み、周囲を中国風の絵で飾ったのです。当時その部屋は、東方世界を意味する「インドの間」と呼ばれ、新奇な文物として屏風が活用されたのです。

　その「インドの間」のパネル八枚を並べてみることで、日本の城を描いた屏風ではないか、と当地エッゲンベルク城博物館の学芸員が気づくことで平成十八年（二〇〇六）、わたしたちと共同での調査研究が始まりました。果たして、調査の結果、画題が豊臣秀吉の築いた大坂城を描いたものであることが判明し、「豊臣期大坂図屏風」と名付けられたのです（関西大学なにわ大阪研究センター『新発見　豊臣期大坂図屏風』清文堂、二〇一〇）。

図6　武器博物館に展示された武具類（筆者撮影）

　要塞都市グラーツの戦闘の記憶は、都市の形状としてはほぼ残っていません（高速道路網の整備が主な理由）が、市内の武器庫（武器博物館、十七世紀半ばに建造）として明瞭に残されています。そこは、騎士たちが使った武器の数々—鎧・兜・銃・馬具など三万点余—を種類別に展示した博物館で、黒光りする光景には圧倒されます（図6）。

エッゲンベルク城は一九三九年、グラーツ市に移管され、一九五九年からは州立博物館ヨアネウムの管理下にあり、城館博物館として公開されています。その後一九九九年にグラーツ市の旧市街は、世界遺産に登録され、エッゲンベルク城は構成資産の一つとなっていますが、登録基準は姫路城とは異なり、（ⅱ）ある期間、あるいは世界のある文化圏において、建築物、技術、記念碑、都市計画、景観設計の発展における人類の価値の重要な交流を示していること、が採用されています。日本で言えば「古都京都の文化財」が、それに当たります。

2　史跡編

さてここからは、日本の城を史跡として紹介してみたいと思います。とくに姫路城と比較する意味から、よく知られた三つの城、金沢城・鳥取城・彦根城を取り上げます。

◇金沢城跡

天正八年（一五八〇）の築城後、十一年、前田利長（まえだとしなが）が加賀支配の拠点として、一向一揆の拠点であった金沢御坊を近世城郭へと改修しました。天守は慶長七年（一六〇二）に落雷で焼失し、以後、再建されていませんが、加賀百万石の城下町として繁栄した様相は「金沢城下図屏風」などに描かれています。

明治十四年（一八八一）の火災で石川門・三十軒長屋を除く建造物が焼失しますが、平成七年（一九九五）、これまで城内にあった金沢大学（一八八六年設置の旧制第四中学校に始まる）が転出したのを契機に、県が城址を取得し、金沢城址公園として整備を開始しました。

金沢大学は城内にある大学として著名で、わたし自身、石川門を潜って訪問した記憶を持ちますが、沖縄の首里城跡内の琉球大学と並んで印象深いものでした。しかしなんといっても城下町金沢にとっては国の特別名勝兼六園の価値が高く、大正十一年（一九二二）に名勝指定され、昭和六十年（一九八五）に特別名勝に格上げされています。

その起点は明治六年（一八七三）の太政官布告による「都市公園」の創出にあり、同七年五月、一般公開されています。名勝指定時は「金沢公園」でしたが、その後、兼六園に戻され、藩政期の景観再生を意図する保勝運動が展開されています（本康宏史「「城下町金沢」の記憶―創出された藩政期の景観をめぐって―」高木博編『近代日本の歴史都市　古都と城下町』（思文閣出版、二〇一三）。

「藩政期の景観」の創出は、金沢城の復元整備事業にも継承され、平成十一年から三カ年にわたる第一期では、菱櫓（ひしやぐら）・橋爪門（はしづめもん）・同続櫓（つづきやぐら）・五十間長屋（ごじゅっけんながや）などが完了しています。その後、同十八年（二〇〇六）から第二期整備事業があり、重要文化財石川門の改修と玉泉院丸（ぎょくせんいんまる）跡の整備などが行われています。

この年、金沢市は「城下町金沢の文化遺産群と文化的景観」として世界遺産暫定一覧表への記載を提案していますが、成功していません。その背景には当時、金沢城跡が国史跡として指定を受けていなかったという事情があったようで、独自路線で復元整備事業を進めてきたことが裏目に出たとも言えます。その後金沢城跡は、平成二十年（二〇〇八）に国史跡に指定されています。

令和三年（二〇二一）には、二の丸御殿表向（おもてむき）の復元整備に向けた基本方針が策定され、現在、進行中です。注目すべきは、こうした一連の事業を進めるために金沢城調査研究所が設立され、平成十四年度以降、十年単位で絵図・文献、建造物、埋蔵文化財、伝統技術（石垣）の諸分野で調査研究が進められ、成果発信に力を注いでいることです。史跡や文化財に指定された城郭を持つ全国の自治体にとって、それは心強い存在です。

◇── 鳥取城跡

天正九年（一五八一）六月から一〇月にかけて豊臣秀吉と吉川経家（きっかわつねいえ）の両軍が戦い、吉川方の千人以上が籠城した城として著名です。元和三年（一六一七）、池田光政（輝政の孫）が姫路から入部したことで縄張りが始まり、「平時の城」として同五年から改修・整備されました。

久松山（きゅうしょうざん）の頂上山上ノ丸から天球丸（てんきゅうまる）・二ノ丸・三ノ丸を含む山下ノ丸に遺構が広がります。御殿は二ノ丸にあり、御三階櫓（おんさんかいやぐら）は山頂の天守が落雷で焼失した後、天守の役割を担いました。享保の大火で焼失するも再建され、一時、往時の姿を取り戻すも現存していません。

明治六年（一八七三）に存城となりますが、陸軍省によって一部が解体され、最下段の三ノ丸は明治二十二年、中学用地として貸出され、現在の鳥取東高校に引き継がれています。かつての登城路が、今は高校生の通学路となっています。その後、池田家に払い下げられ、大正十二年（一九二三）年に久松公園となり、昭和十一年（一九三六）市民に開放されますが、同十八年の鳥取大震災を契機に鳥取市に寄贈されています。

史跡指定は昭和三十二年（一九五七）のことで、それを機に、鳥取大震災によって損壊した石垣修理事業が始められ、半世紀にわたって継続しているのが注目されます。平成十七年（二〇〇五）に保存整備基本計画が策定され、大手登城路復元整備工事が始まり、三十年に擬宝珠橋、令和三年（二〇二一）に中ノ御門表門が完成し、現在、渡櫓の復元整備が続けられています（図7）。最終目標は、二ノ丸御三階櫓の復元ということです。

＊この項は、山陰名城叢書3　中井均編『鳥取城』（ハーベスト出版、二〇二二）を参考にし、あわせて令和五年五月九日、鳥取市教育委員会文化財課佐々木孝文氏の案内で現地を視察し、取材で得た見聞によっています。

◇彦根城

平成四年（一九九二）、姫路城とともに世界遺産暫定リストに載っていましたが、登録されず、現在に至っています。その理由は、登録基準の（iv）人類の歴史の重要な段階を物語る建築様式、あるいは建築的または技術的な集合

図7　復元整備された鳥取城擬宝珠橋（筆者撮影）

図８　彦根城天守と玄宮園（筆者撮影）

体または景観に関する優れた見本であること、に照らした時、姫路城との差が大きい、とイコモスの調査官が判断したからと伝わっています。

したがって世界遺産登録は宿願で、現在、二〇二五年の登録に向けて彦根市と滋賀県が一丸となって事業を進めています。注目されるのは世界遺産の登録基準で、（iv）に加え（iii）現存する、あるいはすでに消滅した文化的伝統や文明に関する独特な、あるいは稀な証拠を示している、が念頭に置かれていることです。具体的には城郭を「建築土木装置」と呼び、それは近世の政治体制とともに日本全国に生まれたが、彦根城は、その傑出した証拠である、と整理されています。先に世界遺産となった姫路城との違いを出すことは必要不可欠で、「現存する、あるいはすでに消滅した文化的伝統や文明に関する独特な、あるいは稀な証拠」として、山頂の天守閣のみならず、茶室を含む庭園（玄宮園）や武家屋敷・寺院・町家など城の周辺に視野を広げた遺産を構成要素とするべく、県と市のＨＰで精力的な発信がなされています（図８）。彦根市の広報には「戦いのない城の意義を世界に発信～彦根城を見れば、江戸時代が分かる～」と記されています。

＊この項は、令和五年五月十九日に現地を訪問し、彦根市彦根城世界遺産登録推進室室長小林隆氏の案内で視察したことによります。小林氏の著書『地方史から未来を拓く』（清文堂、二〇二二）も参考にしました。

◇――おわりに　～姫路とパリ～

十年の間、通勤で姫路に通う日々が続いていますが、ある日、戦後復興の象徴として造成された幅五〇メートルの大手前通りに立ち、真北に聳える大天守を眺めた時、一瞬、オーバーラップするイメージが浮かびました。どこかで見た景色と瓜二つだ！と、思ったのです。思い返してそれは、かつて訪れたパリで、ルーブル美術館（かつてのルーブル宮殿）で絵画・彫刻を堪能したあと、リボリー通りを横切り、オペラ座に向かう大通りを進んでいたわたしの目に、オペラ座が飛び込んできた瞬間だと気が付きました。

それほどに姫路駅から姫路城に至る道筋は、景観を含め、計算されたものと言えます。違うのは縦横に道が輻輳しているパリに対し、江戸期の姫路は東西が中心であって、南北軸は新しい、ということ。しかしながらわたしを含め、東西軸に沿って移動する人は多くない。目抜き通りの二階町と西二階町の商店街を歩いていると、それが実感されます。

さらに姫路城が行き止まりとなって、すぐさま駅に戻る観光客が多い。したがって、世界遺産姫路城の周囲を遊行（ゆぎょう）する人は少なく、ループバスという手段も万能ではありません。せっかく姫路市立美術館、兵庫県立歴史博物館、そして足を延ばせば姫路文学館がそれぞれ近接してあるにもかかわらず、それらをはしごして回る人は稀。その状態を打開しようと博物館三館共同の取り組みが始まりましたが、緒に就いたに過ぎません。

なによりも、遊行の途中に休憩する喫茶店やレストラン・土産物店がない。そうした点においてはパリの比ではありません。

こうしたことを念頭に、姫路城大天守と城下町の遺産を生かした町づくりは今後も続けられていきます。「城下町と現代」という問いは、その模索に繋がっていくと思います。城下町を母胎とする都市が多いのが、日本の近現代都市の特徴であることから言えば、そこから生み出される〈答〉は少なくありません。相互に情報を交換し、刺激し合うことで、その〈答〉は豊かになっていくでしょう。

【参考】世界遺産の登録に必要な基準ＯＵＶ（自然的価値と合わせて全一〇項目のうち文化的価値のみを示す）

（ⅰ）人類の創造的才能を表す傑作である。

（ⅱ）ある期間、あるいは世界のある文化圏において、建築物、技術、記念碑、都市計画、景観設計の発展における人類の価値の重要な交流を示していること。

（ⅲ）現存する、あるいはすでに消滅した文化的伝統や文明に関する独特な、あるいは稀な証拠を示していること。

（ⅳ）人類の歴史の重要な段階を物語る建築様式、あるいは建築的または技術的な集合体または景観に関する優れた見本であること。

（ⅴ）ある文化（または複数の文化）を特徴づけるような人類の伝統的集落や土地・海洋利用、あるいは人類と環境の相互利用を示す優れた例であること。特に抗しきれない歴史のながれによってその存続が危うくなっている場合。

（ⅵ）顕著で普遍的価値をもつ出来事、生きた伝統、思想、信仰、芸術的作品、あるいは文学的作品と直接または明白な関連があること（ただしこの基準は他の基準とあわせて用いられることが望ましい）。

池田輝政と播磨の城下町

中元 孝迪

現在の日本の都市は、大まかにいうと、戦国末期から江戸初期にかけて原型が形成されています。播磨の都市も例外ではありません。姫路市をはじめ多くの都市は、いずれもこの時期に都市基盤がつくられ、現代都市への歩みを始めています。こうした播磨の現代都市の基礎固めをしたのが、関ヶ原合戦の功績で播磨・姫路入りをした池田輝政であることは、皆さんご承知の通りです。今日は、この池田輝政の歴史的評価と、輝政の築城になる姫路城の魅力、そして彼が姫路城の支城として築城し、現代都市の源流となった明石、三木、高砂、龍野、赤穂、平福（佐用町）に姫路を加えた播磨の七つの城と城下町について話をさせていただきます。

◇――輝政の生い立ち

輝政の再評価を

今年は姫路城が、日本で初めての世界遺産に登録されてから三十年の節目となります。初めに、法隆寺・白神山地・屋久島とともにわが国の世界遺産第一号となったその姫路城を築き播磨の城下町の基礎を整備した池田輝政という武将がどんな人物だったかについて見ていきます。

輝政の歴史的評価は、正直あまり高くありません。しかし、その足跡を播磨から眺めてみますと、徳川家康が戦国期の混乱から江戸という戦のない「偃武の時代」を切り開く上で欠かすことのできない重要な役割を演じていたことがはっきり分かります。加えて、わが国初の世界遺産となる姫路城を築くという国際的な文化貢献をも成し遂げています。私は、歴史的に輝政の再評価をしなければならないと考えていますが、まず、その生い立ちから検証してみたいと思います。

「古新」誕生

池田輝政画像（鳥取県立博物館蔵）

池田家の系譜をご覧いただくとよく分かりますが、父は織田信長の家臣池田恒興、母は善応院。長兄に元助がいて輝政は二男です。父・恒興の母、つまり輝政の祖母が信長の乳母（人）として知られる養徳院で、輝政は生まれながら信長に非常に近い人物なのです。

幼名は「古新」という珍しい名がついていますが、その生誕については諸説あります。一応、永禄七年（一五六四）十二月晦日に尾張・清須城で生を受けたといわれています。『新撰美濃志』や『池田家履歴略記』

池田家の系譜

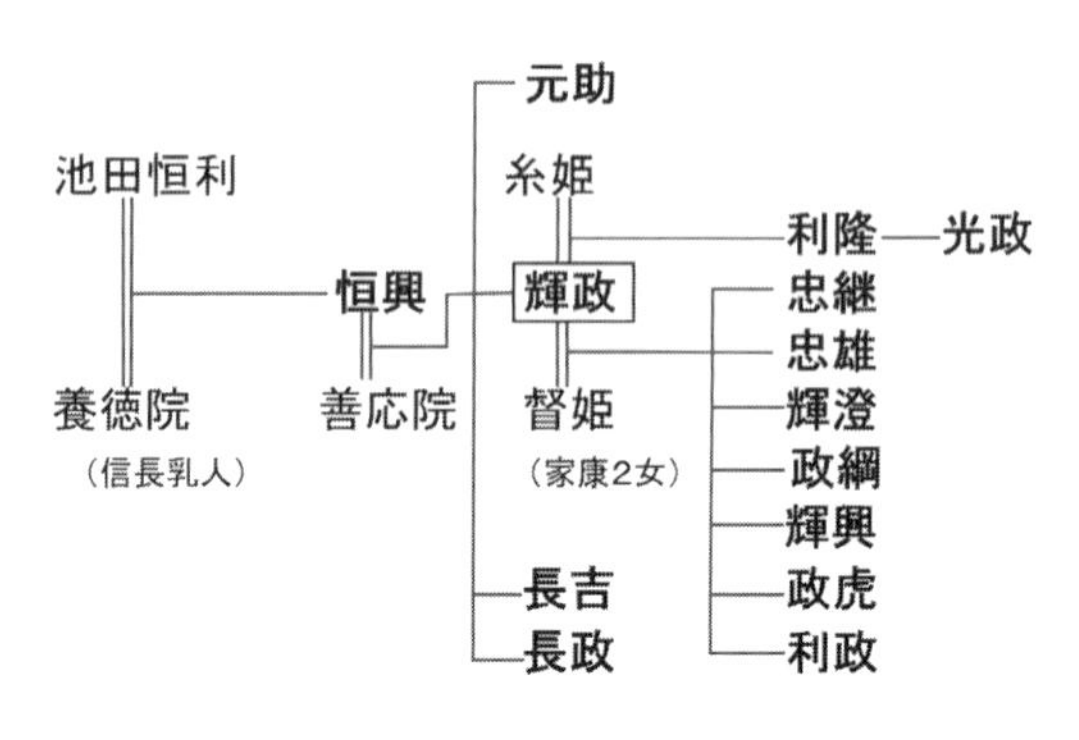

にはこんな風に記されています。

「永禄七年甲子十二月晦日一身の半を生ず。翌正月朔日にいたりて全く安産す。故に稚名を古新丸といふ。其時生年の論ありて、子年にせんや、丑のとしにせんやと、評議決せずして、八幡宮へ御鬮を乞われる則社司子年の御鬮をとりてぞさだめける」

非常に具体的で生々しい誕生譚ですが、十二月の晦日から翌正月朔日にかけて出生したために、子年生まれにするか丑年にするか決めかねて、神社の宮司にくじ引きをさせ、ようやく子年生まれと決まったといいます。ちょうど正月を祝う尾張万歳が清須城を訪れており、恒興の要請に応えて、新旧の年をまたぐ「古新」という絶妙の名がついたようです。なお輝政は、古新のあと照政、輝政と名を変えますが、混乱を避けるため、名前表記の際には原則として最後の名でなじみのある「輝政」と表記します。

◇――少年期の輝政―信長に見出されて

祖母・養徳院が信長の乳母に

池田家は、織田家の重臣の家柄です。輝政の祖母・養徳院が信長の乳母を務めたと言いましたが、彼女の夫・池田恒利は、妻が信長の乳母になったことで、その嫡男・恒興は、信長とは〝乳兄弟〟となり、したがって恒興の二男輝政と信長はいわば〝オジ、オイ〟の関係となります。戦国期には、こうした一族の絆が大変重要になることは周知の事実です。

「花隈合戦」で高名得る

輝政の初陣は天正八年（一五八〇）いわゆる「花隈合戦」とされています。その一年前、信長と石山本願寺が争った石山合戦のさ中に、突然伊丹・有岡城の荒木村重が信長を裏切って本願寺に加勢するという事態が起きます。攻められた村重は有岡城を脱出し逃亡したとされますが、村重側では摂津花隈城に荒木一族がこもり抵抗します。この花隈城攻略には池田一族が全面的に当たりました。この花隈合戦で輝政の名前が初めて登場、これが初陣とされます。輝政は実兄の元助と共に出陣、北方の諏訪山に陣を張り父の恒興を支え、敵将と一騎打ちするなど華々しい活躍を見せます。

『信長公記』には「兄弟高名比類なき働きなり」と、元助、輝政の戦ぶりについて最高級の褒め言葉で記述されています。恒興ならいざ知らず、その子息にわざわざ言及するという異例の記述です。

後に編まれた『池田家履歴略記』にも、この記述を引用し、「古新、年わずか十六、敵陣にて大に武勇を振るふ、真に此れ池田紀伊守（池田家歴代の呼称）の血筋なり、信長の眼力に叶ふその手柄、比類なきなり」と記されています。

実は、その七年前の天正元年、恒興正室の兄・木田小太郎善久が討死した後の家督相続に当たって信長が、わずか九歳の輝政に異例の相続を認め、木田家の所領を安堵しています。少年輝政の存在感を信長が早くから認めていた証左で、自分の眼力が正確であったと日ごろ自負していたらしく、輝政は幼時から信長のお眼鏡にかなっていたのでしょう。

◇——秀吉と同道した青年期——悲劇の家督相続で飛躍

池田家、摂津を領有

花隈合戦に勝利した池田家は、要地・摂津を拝領します。信長に反旗を翻した浄土真宗の石山本願寺は、荒木村重の敗北などによって信長側との和睦を迫られ、本居地の石山本願寺を明け渡します。池田家は、その本願寺跡に新しい拠点を整備する一方、落城させた花隈城の用材を用いて、同城跡南方に新たに兵庫城を築くなど、積極的に摂津の経営に当たります。当主の恒興は大坂城で十二万石、嫡男の元助は伊丹城主となりますが、元服直後の輝政は「古新」から「照政」と名を変えたばかりで城主にはなっていませんが、尼崎に配属されます。

本能寺の変で、秀吉支持

池田家の強力な後ろ盾となっていた織田信長は、天正十年（一五八二）六月、本能寺の変で明智光秀に討たれます。

この事件に対しいち早く反応したのが羽柴秀吉で、中国征討のため備中高松城を攻撃していましたが、急きょ和睦。光秀討伐にむけ、二万の大軍を京へと転進させます。「中国大返し」として知られていますが、秀吉は、光秀との一戦を前に輝政のいる尼崎城で軍議を開きます。恒興は変の直後から秀吉与力を鮮明にし、秀吉軍の尼崎集結と同時に、輝政を秀吉の養子に差し出します。この時から輝政は羽柴姓を名乗ります。

これで池田家は、羽柴一族になったと言えます。天王山で明智が滅んだあと、信長の葬儀が執り行われますが、輝政はこのとき棺の轅（ながえ）を担ぐという最重要の役を与えられます。さらに信長後継を決める「清須会議」でも、恒興は〝宿老〟の一人として秀吉の提案した三法師擁立を強力に推し、池田家は秀吉を積極的に支持するのです。

秀吉が大坂城へ、池田は美濃へ

天正十一年、賤ヶ岳で織田家の旧臣柴田勝家を破った秀吉は、その居城を姫路から足場のいい大坂へと移します。このため大坂の池田家は〝玉突き〟で美濃に移ります。美濃は池田発祥の地ですが、恒興はその中心・大垣で十二万石、嫡男元助は岐阜十万石、輝政も大垣北方の池尻に城を与えられ、初の城主となります。

大坂城に入った秀吉は、着々と「天下」への足固めを進めます。しかし手を焼く勢力もあります。その最右翼が徳川家康です。臣下の礼を取らない家康と秀吉の間に亀裂が生じ、この対立が池田家をも巻き込んでいくことになるのです。

運命の小牧・長久手合戦

秀吉、家康の対立は、やがて武力衝突に発展します。天正十二年のことです。北伊勢を領していた信長二男の信雄は、清須会議の議事などでかねてより秀吉に不満を持っていたようで、家康がそこにつけ込みます。信雄―家康連合が結成され、秀吉との決戦が展開されるのです。

秀吉が犬山城、家康が小牧山城に布陣し、にらみ合いが続きます。最終的には〝引き分け〟なのですが、途中、家康軍が秀吉軍を打ち負かすという〝部分戦〟もありました。これが「小牧・長久手合戦」です。

膠着状態を打開しようと秀吉は、池田恒興を軸とした一軍を家康の根城である三河・岡崎城に差し向けます。恒興は美濃・三河国境の長久手に陣を進め、幾つかの城を落とすのですが、進軍の列が長く伸びすぎたためにその背後を家康軍に突かれてしまいます。形勢が逆転した池田軍は、必死で防戦しますが、当主の恒興、嫡男の元助が相次いで討死。二男の輝政も死地を求めて単騎突進を試みますが、家臣団が必至で阻止し、一命をとりとめるという〝戦国譚〟も語り継がれています。

当主、嫡男が討死して、池田家の家督は危うくなりましたが、秀吉は、二男・輝政の家督相続を認め池田家は崖っぷちで断絶を免れます。

秀吉は家康懐柔に成功する一方、九州征討などを経て天正十八年（一五九〇）三月には小田原・北条討伐を強行します。池田家の家督を継いだ輝政は、父の大垣城を受け継いだ後、岐阜城主となっていましたが、小田原合戦にも率先参加し、功績を挙げます。

吉田十五万石に出世、督姫と婚姻

小田原合戦のあと秀吉は家康を、滅亡した北条氏の遺領である関東に配置転換します。同時に江戸から大坂へ通じる要所要所に子飼いの猛将たちを配置し、家康の大坂進軍を食い止める楔（くさび）とします。輝政は彼らの筆頭格として天正十八年七月、三河吉田（豊橋市）に十五万石で遇されます。

この輝政に対し秀吉は「家康の二女・督姫をもらえ」という命を発します。督姫は小田原北条氏の当主・氏直に嫁していましたが、北条氏滅亡の後、父家康のもとに帰っていました。輝政も、嫡男利隆出生後、心身不調を訴える正室糸姫と離婚していました。そんな二人を、秀吉は結び付けようとするのです。

少し〝無理筋〟の婚姻話ですが、秀吉にとっては家康に恩を売ることができるし、督姫の幸せを願う家康にも悪い話ではなさそうです。輝政にとっても、秀吉・家康〝両巨頭〟の「楔」などではなく「鎹（かすがい）」となり将来的に等距離の立ち位置を獲得できる好機だと思ったはずです。三者三様の思惑も重なり、秀吉の策略は一気に実現します。文禄三年（一五九四）八月、二人の婚儀はめでたく執り行われ、その後、池田家と輝政の進路に多大な僥倖をもたらすのです。

◇——家康と歩む壮年期——西国将軍への道

ポスト秀吉の政局と輝政

慶長三年（一五九八）、朝鮮出兵のさ中に秀吉が死去、豊臣政権は大きく揺らぎます。出兵先で命をかけて戦った福島正則、加藤清正、黒田長政らいわゆる〝武闘派〟と、内務官僚である石田三成らとの確執が一気に表面化します。三成は、秀吉の遺言に背くと反発しますが、武闘派は家康に近づいていきます。一方家康は、御法度とされた大名同士の婚姻などを強引に進めていきます。武闘派が三成を襲撃するという事件もあり、伏見城下はきな臭い空気に包まれ、混乱を招いた責任から三成は自領の佐和山に蟄居を命じられる事態となります。

政情不安の広がる慶長四年（一五九九）、輝政は督姫との間に第一子・忠継をもうけます。家康にとっては孫にあたります。伏見城下で徳川屋敷に隣接して建つ池田屋敷の祝賀ムードは盛り上がり、秀吉の死で〝等距離外交〟を気にしなくてもよくなった輝政は一気に家康シフトを加速させるのです。

三成と会津上杉家の家老・直江兼続の策略と言われる家康追放作戦が進行する中、これを逆手に取った家康は、いち早く上杉討伐の兵を上げます。慶長五年六月、家康軍が大坂をたつのと時期を合わせるように輝政は、実弟の長吉らも含めオール池田軍を組織して家康に同道、自領の三河吉田から大軍を率いて家康ともども会津に向けて出陣。これが、天下分け目の関ケ原合戦へとつながっていきます。

東軍の先鋒として

家康の上杉討伐軍の主力が下野国・小山（栃木県小山市）に到達したころ、三成が打倒家康を掲げて挙兵します。上杉討伐軍は豊臣恩顧の武将が主力であったため、彼らが三成側に同調する恐れもあった。家康は、その動向に細心の注意を払いながら、各武将の存念を聞いた。「小山評定」と呼ばれる作戦会議ですが、会議についての一次資料は今のところなく「評定はなかった」との見方もありますが、近年は「あった」という説のほうが有力なようです。

この評定では、まず福島正則が家康支持を切り出し、輝政ら有力武将たちが次々と家康与力を打ち出したといわれます。巧みな事前工作もあって、全武将が、家康同心を誓い、福島は、自分の清洲城を家康に差し出すとまで言い切ります。輝政も吉田城を差し出したのをはじめ、かつて「楔」として要地防御に配された秀吉恩顧の全城主が自城を家康に提供するという異例の申し立てをします。家康は、労せずして東海道全域が自領になり、三成との対決に臨むことになる訳です。

家康は、三成討伐の先鋒として、福島正則と池田輝政を指名します。ここに、関ヶ原での「東軍」が結成され、三成の「西軍」と相対峙することになり、慶長五年七月二十六日、第一陣として福島正則、第二陣として池田輝政が会津とは真逆の西に向かって進軍していきます。

関ヶ原前哨戦―岐阜城攻略で決定的勝利

慶長五年(一六〇〇)九月の関ヶ原合戦というのは、現JR関ヶ原駅にほど近い「関ヶ原古戦場」でのみ戦われたと思われがちですが、実は大変重要な前哨戦が行われているのです。

三成は当初、家康軍を大垣城で迎え撃つ計画で、西軍の主力部隊を大垣城に集結させ、その東北に位置する岐阜城とを結ぶラインを対東軍の防衛線と設定していたのです。つまり、岐阜城を東北端の拠点にしてここで東軍の進撃を食い止めようとしていたのです。東軍先鋒となった池田、福島隊は、この岐阜城に襲い掛かります。輝政はかつての岐阜城主です。難攻不落と称されたこの山城周辺の状況については熟知していた訳で、池田軍の〝独り舞台〟のような戦いぶりで難なく岐阜城攻略に成功します。関ヶ原激突の一か月前のことです。

時の岐阜城主は織田秀信。かつて清須会議で羽柴秀吉が急きょ担ぎ出し信長後継となったあの三法師でした。この織田家当主が敗れ、西軍東北端の防衛拠点が崩されたことで、大垣の三成は大きな衝撃を受けたはずです。逆に東軍の士気はいやがうえにも高まります。

「誠に心地よき儀どもに候」「御手柄書中に申し尽くし難し」――この時、まだ江戸にいて動静をじっくりと見極めようと〝日和見〟をしていた家康は、歯の浮くような感状を輝政に書き送っています。東軍緒戦の圧勝によほど喜んだのでしょう。岐阜城落城の報を聞き、家康は即座に江戸を出発し、大垣へと向かいます。そして、本当なら「天下分け目の大垣合戦」となるはずでしたが、野戦を好む家康の策略に惑わされたともいわれますが、三成が大垣城から関ヶ原へと誘い出され「天下分け目の関ヶ原合戦」の本戦が戦われるのです。たった一日の戦いで家康が天下を掌握するのは、皆さんご承知のことです。岐阜城攻略戦での圧勝がなければ家康の関ヶ原勝利はなかったと言ってもいいと思います。

関ヶ原合戦「池田輝政陣跡」の碑（岐阜県垂井町）

播磨・姫路五十二万石に

実は、関ヶ原合戦において、池田輝政の活躍、功績についてはほとんど語られていません。それは、関ヶ原合戦の本戦で輝政が、一見地味な「殿（しんがり）」を任されていたからです。しかし、殿というのは、本隊が敗北し敗走するときには、最後の一兵が討ち死にするまで追撃の敵を食い止めるという重要な役目を負うものなのです。

池田軍は、この殿と同時に東軍本隊の斜め後方の南宮山に陣する西軍主力の毛利軍を食い止めるという役目も持っていました。毛利の本隊は、家康に内通していた吉川広家軍が先頭に位置していたため動けなかったわけですが、万一、内通が破棄された場合を想定し、池田軍がこの事態に備えることになっていたのです。家康の策略が功を奏し、毛利軍の動きは完全に封じ込められて池田軍は一戦もしなかったために、表立った軍事上の活躍は記録されておらず、福島や黒田といった華々しい活躍からすると、見えない存在となってしまったのです。

しかし、輝政の存在なくして家康の関ヶ原勝利はなかったと私は考えます。本戦での派手な合戦はないものの、前哨戦での岐阜城攻めなど輝政の動きを細かく見ていきますと、総合的に見て功績第一と言ってもいいと思います。むろん家康にとって輝政は娘婿という重いポストを得ているわけですから、それなりの配慮はあったのでしょうが、かくして〝破格の厚遇〟を受けて輝政は、播磨五十二万石の太守として姫路入りすることになるのです。

〝西国将軍〟として

二つの役割──家康の思惑

輝政の姫路入りについては、様々な背景が考えられますが、まず、家康の思惑から考えてみましょう。

家康は江戸に幕府を開くにあたって、三つの重点政策を考えたようです。一つは、江戸を包み込むように列島中央部に信頼の厚い三河以来の親藩、譜代の大名を配置すること。二つ目は、取り潰しを免れた外様大名を西国、奥州といった遠隔地に所替えを強行すること。三つ目は、外様集団と列島中央部の境界を設定すること──すなわち播磨と北関東に防衛ゾーンを敷き、ここに信頼できる大名を置いたことです。北関東では、小規模城郭を連結するように、各城に若手の幕閣を起用し、一方播磨では巨大城郭を想定し、関ヶ原の功績を評価しつつ娘婿の輝政を単独配置するという構想を実現したのです。

輝政の播磨配置は、もう一つ重要な目的があります。大坂でまだ力を持ち続ける豊臣勢の監視です。西国と大坂を結ぶ海陸の連絡ルートを播磨で遮断すると同時に、大坂の動向に警戒しつつ、反乱に備えるという役割です。輝政は、このとき、まだ羽柴姓を名乗っていたようで、大坂の豊臣勢からは表向きには同族扱いしてもいい立場でしたので、輝政の播磨配置は、あからさまな反豊臣の姿勢を幾分和らげる効果もあったでしょう。新幕府にとって目障りな豊臣勢だけれど平穏が担保されれば無用の対立をあおる必要もない―そういう家康の本音も見える絶妙の人事であったと思います。

輝政の思惑

一方、輝政にとっても播磨入りは池田家繁栄の絶好の機会ととらえたことは疑う余地もありません。西国では無名に近い池田家を飛躍させる好機が訪れたのです。輝政は、播磨の経営を成功させ、幕府内で盤石の基盤を確立させ、政の中枢を担っていわば時代の主役に躍り出ること、さらに戦国時代と決別し新しい世への転換を自ら先頭に立って企図しようとしたと考えられます。もっと言えば自らを、家康の〝西の代弁者〟のように位置付けようとしたかもしれません。この姿勢が後に「西国将軍」との異名をとることになります。

こうした計画を実現するために輝政は、数々の政策を打ち出します。その中で二つの重要施策を挙げたいと思います。豪壮な姫路城の建造、領内六つの拠点に六支城を立ちあげること―この二つです。それまで姫路には羽柴秀吉が立ちあげた三層天守を持つ城郭がありましたが、それを破却して新城を建て直すという訳ですが、これは池田家が新時代をけん引するという強

姫路城連立式天守

烈な意思表示であり、六支城の建造は大坂―西国間の危険な〝反幕ライン〟を切断すると同時に池田家の経営基盤を盤石なものにするという輝政の強い意志が読み取れます。年貢の二割打ち出し（二〇％増税）を強行し、新財源に充てたことはご承知の通りです。

姫路城の建造

輝政の築いた姫路城は、大まかに三つの特徴があります。①最高の美的構造②最強の防衛構造③最高度の政治性―この三点です。輝政は、芸術的城郭、軍事的城郭、政治的城郭として姫路城を立ちあげた訳で、この築城思想が、現代日本を代表する城郭をつくりあげ、わが国初の世界遺産となって圧倒的な存在感を内外に見せつけることになるのです。

三点の特性を細かく分析する時間がありませんので、ここでは、概略を述べるにとどめますが、まず、美的構造について。これは①城郭の色の常識を打ち破る白色を採用したこと②独特の上すぼみ―スマートさを持つ抜群のフォルム③千鳥破風、唐破風などを巧みに織り交ぜた優雅な屋根のライン④建物群の複雑な重なりを見せる重層的構造⑤大小天守閣が醸し出す異色の集合美を見せる連立天守方式の採用―などをあげることができます。

二点目、最強の防衛構造については①前後左右の敵を同時に防ぐ究極の防衛構造と言われる連立式天守の採用②無数の狭間と石落としの設置③天下一強固といわれる鉄張りの「ぬ」の門など強固な門構え④九十九折れを含む複雑な登城路の設定⑤左巻き渦状の堀を穿ち（渦郭式縄張り）その間に町を置き城下全体で城郭を守る総構えの城下町構造を採用したことなどがあげられます。

三点目の最高度の政治性については―①五重の白い城、連立式天守の採用、渦郭式の城下構造など江戸城と呼応して造られたようにみえること②姫路の輝政を軸に因幡（実弟長吉六万石）備前（二男忠継二十八万石）淡路（三男忠雄六万石）と一族によって約百万石規模で幕府を守る「播（幡）・備・淡」の西国防衛ゾーンを形成していること③美を強調することで「武」（戦国期）による統治から「文・美・知」（江戸期）による統治へ変わるという政治思想の大転換期を強烈にアピールしているように見えること―などがあげられます。同時に、江戸と姫路という二眼レフ構造で列島を支配しようとしているのではないかとさえ私には思えるのです。

いずれにしても、姫路城からは輝政の〝壮大な意図〟を読み取ることができましょう。

姫路城下の賑わい

当時の姫路は、野里から南へ町場が伸びており、いわば「タテ町」です。輝政は城下の整備に当たり、城南側を東西方向に伸ばし、ここを中心市街にすべく強制立ち退きを伴う大掛かりな整備に乗り出します。城下を「タテ町からヨコ町」に造り替える訳です。そして一九か条の掟を発して、町の統治を強化し、同時に経済的発展を目指します。こうした一連の政策によって輝政は、姫路を「軍事的優位性」「政治的優位性」「経済的優位性」を誇示する〝西国将軍の都〟にふさわしい西日本ナンバーワンの城下町に成長させようとしたのです。

こうした野心的な試みはある程度達成されますが、池田以降の播磨は、明石、三木、高砂、龍野、赤穂などが大藩の姫路と切り離され、中小大名による分割支配の時代に入ります。分割支配の基盤になったのは、輝政が「播磨一体支配」を目指して築いた六つの支城であったのは、いかにも歴史の皮肉だったのです。

◇──藩領内に六つの支城を建造して

明石城

明石海峡を望む明石は古くから、軍事・物流拠点としての重要性から、池田以前は時の政権がほぼ直接支配し、拠点の城郭は、明石川、船上川の河口付近に建てられていました。町はその城を中心に東西に広がっていたと考えられています。

池田氏が播磨に入るまでは、キリシタン大名の高山右近が船上川河口部に城郭を構えていました。「船上城」と称され、いわゆる「水城」で、秀吉から大船二艘（小舟二百艘との説も）を拝領し、瀬戸内航路の警戒に当たるとともに、交易船の重要中継地ともなっていました。

輝政は、この高山時代の役割を受け継ぐべく、明石川河口西側の船上川沿いに新たに築城したとされます。当初は輝政側室の子・利政が城主をつとめましたが、慶長十三年（一六〇八）には池田由之（出羽守）が入ったとされます。由之は、小牧・長久手合戦で討死した池田家嫡男・元助の長子です。本来なら池田家の家督を継いでいるはずですが、元助死亡後は輝政に仕えていました。由之は、明石川、船上川両岸に洪水、海防対応の堤を築いたとされ、その名を取って「出羽殿堤」と称されています。

池田のあと明石入りしたのは小笠原忠真で、それまでの船上城を廃して、現在の明石公園（人丸山）に築城しています。この三層の巽櫓は、船上城の天守だったともいわれています。

三木城

戦国時代、秀吉の三木城攻めによって名門の別所氏が滅亡します。秀吉はこの三木を本拠に中国の毛利氏征討に乗り出そうとしますが、中国攻略の拠点は姫路以外にないという黒田官兵衛の献策によって黒田家の姫路城に拠点を移します。しかし、東北播の拠点としての三木の重要性に変わりはありません。輝政は播磨入りに際して、池田家筆頭家老の伊木豊後守忠次を城主として送り込みます。石高は三万石。天正年間（一五七三―九二）には天守が増築され、城下は、秀吉時代に三木入りしたという鍛冶などの職人もいて、その後、金物を軸とした町場も形成され、繁栄を見ます。忠次のあとは、その嫡男・忠繁が継ぎます。輝政の姫路城築城では普請奉行を務めた重臣です。大物の配置が、三木の重要性を物語っています。

元和三年（一六一七）、池田家が姫路から鳥取へ移封した後の三木は、明石に入った小笠原忠真領となります。そして同年の一国一城令によって天守は破却され、その遺材は現明石城建造に用いられたともいわれています。寛永九年（一六三二）忠真が小倉に移った後は、天領となっています。

龍野城

龍野は、古くから出雲街道の要地でした。赤松時代には、鶏籠山上に山城が築かれ、後背地の城山としっかりと連結されていました。嘉吉の乱では、赤松一族はこの城山でいったん滅亡しますが、その攻防の最前線として鶏籠山も重要な機能を発揮しています。輝政は、この鶏籠山に改めて城を置き、信頼厚い荒尾成房を城代として置きます。

荒尾氏は尾張の国人で、もとは織田氏の家臣です。当主は「…空善―善久―善次…」と続きます。善久の長女・善応院が池田に入り輝政を生んでいます。善久を継いだ（養子）善次は、輝政といわば〝オジ・オイ〟関係になりますが、一族として池田家に仕えます。この善次の二男が成房で、輝政とは〝従兄弟〟という立場になります。成房の子孫はその後、鳥取池田藩の家老として米子城代を務めています。

龍野は、池田家の鳥取転封後、姫路入りした本多家領となり、当主忠政の二男・政朝が入ります。その後、三度の新領主、三度の天領期を経て、寛文十二年（一六七二）、信濃・飯田藩より脇坂安政が入封。以後、脇坂家の城下として繁栄していきます。なお、鶏籠山上にあった山城は、政朝時代に現在復元櫓のある山麓へ移されたといいます。

赤穂城

戦国期の赤穂は、赤松、浦上、宇喜多といった有力大名の領地でしたが、関ヶ原合戦で宇喜多秀家が改易、流罪となり、代わって播磨入りした池田輝政の支配下に入ります。

播磨入りした輝政は、新姫路藩西端の地として赤穂を重視します。実弟の長政を赤穂に配置して、まず現在の城地に、支配拠点として簡易ないわゆる〝掻揚城（かきあげ）〟を築きました。

この間、城代として赴任した垂水半左衛門が上水道を建設するなど、当時の先端土木事業なども起こされています。赤穂上水は、神田上水、福山上水とともに江戸期日本の三大上水として知られています。

赤穂の領地支配形態は、慶長八年（一六〇三）の輝政二男・忠継の備前拝領、同十八年の輝政死去、元和元年（一六一五）の忠継早世などによって備前藩領になったり播磨藩領になったりという複雑な経緯をたどります。忠継死去後には遺領分割が行われ、赤穂は輝政五男・政綱が領することになり、赤穂藩三万五千石が誕生します。

政綱は世継ぎがないまま寛永八年（一六三一）に死去しますが、その後に実弟で佐用平福藩主であった実弟の輝興が入封します。しかし正保二年（一六四五）、輝興は〝乱心〟で改易。あとに常陸・笠間から浅野長直が入り「忠臣蔵事件」へとつながっていきます。

利神城

利神城の始まりは南北朝期とされます。赤松氏の拠点、白旗城の北の守りとして、利神山（三七三メートル）山上に築かれています。眼下の因幡街道を見下ろす軍事的要衝で、赤松一族の名門・別所氏が城を守っていましたが、歴史の大きな波に翻弄され続けます。戦国時代は当初は秀吉に与力しますが、三木合戦では別所本家と共に秀吉に反抗したため、秀吉側の上月勢に攻められ落城。上月が毛利に落とされたあと〝復活〟し、毛利方の宇喜多の支配下に。しかし、関ヶ原で宇喜多が敗北、改易。播磨入りした輝政は利神城の立地に注目、重要性にかんがみ甥の由之を当地に配し、二万二千石を分与し城郭再建に乗り出します。

由之は、五年の歳月をかけて三重天守の壮大な城郭を築きます。全曲輪を石垣で囲んだ堅牢な構造で、山麓には城主屋敷、武家町、さらに足下の因幡街道沿いには町人町を整備しています。山上の城郭は「雲突城（くもつきじょう）」と称されましたが、輝政は、その余りの豪壮さから、幕府の反感を恐れたのでしょう、由之に城郭の破却を命じます。慶長十四年（一六〇九）、由之は備前・下津井への転出、この時点で、城郭は取り壊されます。

その後、輝政末弟の長政が入り、輝政の死後は備前入りしていた正室督姫（良正院）の化粧料地となりますが、備前藩主の忠継が早世した元和元年（一六一五）、この地は輝政六男・輝興に与えられ、二万五千石の平福（佐用）藩が立藩するという経過をたどります。さらに、赤穂の政綱が後継のいないまま死去、そのあとへ輝興が赴任。そのため平福は廃藩、旗本領となり、以後、宿場町として発展し現在に続いていきます。

高砂城

高砂城は、六支城の最後に造営されます。この城の前史はよく分っていませんが、赤松系の城だったようです。三木合戦の際には、別所に与力し、明石近海の制海権を掌握し、毛利方との連携に当たっていたとされます。

慶長十年（一六〇五）、輝政は高砂新城造営に当たって重臣の中村主税正勝を当地に派遣します。当時の高砂海岸一帯は砂浜が広がり人家はまばら。正勝は、その人家を強制的に立ち退かせ、高砂神社内をも取り込んで新城建築に取り掛かります。「慶長播磨国絵図」では、「城」と表記されているのは姫路と、ここ高砂だけで、高砂の重要性を如実に表していると考えられます。船上の城とともに、池田藩の最重要海防拠点だったのでしょう。輝政は、法華山谷川河口右岸と一帯の大規模堤防をも築造しており、海防拠点として整備しています。

城郭の規模については、「高砂町方明細帳」などによりますと、天守は現在の高砂神社境内に築かれ、石壁を巡らせ十一の木戸を設置しています。本丸の規模は南北六十七間、東西五十

「高砂城趾」の碑

一間。現高砂神社の境内に城郭の中心部と家中の屋敷があり、町家も整備されています。しかし元和元年の一国一城令により破却され、高砂神社も現地に復旧。以後、ほぼ現在の町並みが整備され、高砂は近代港町へと変貌していきます。

六支城建造の目的

輝政の六支城建造については、二つの側面から総括できると考えます。一つは、池田家の播磨支配の徹底。もう一つは西国将軍として幕府政治の重要パーツを担うという積極的な姿勢の現われと見るべきでしょう。

広い播磨を統括するには、中心の姫路城だけでは威令が行き届きません。まず、姫路を「藩都」と位置づけ、輝政の力を播磨の隅々まで浸透させせようとします。そして要所ごとに統治拠点として六つの支城をたちあげます。さらに念を入れて、二人の腹心を東・西播磨の「仕置人」に指名します。一人は先述した高砂城主の中村主税正勝で東播磨を統括。もう一人は若原右京亮良長で西播磨全般支配を受け持ちます。

播磨を広域的に掌握するためには、六つの支城で分割統治した上で、二人の仕置人に支城を三つずつ管理させせ、その全体を姫路で輝政が統括支配。「分散と集中」という、相反する手法をうまく組み合わせた統治機構を築き上げたのでした。広い播磨地域の一体化と広範囲に点在する豊かな地域資源―播磨の富を一本化し池田家の力を増強することに成功したのでした。

こうして六支城は、地域支配の徹底に資すると同時に、池田家の幕府内での権勢を高めるために、大きく貢献するのです。各支城の役割は前述どおりですが、まとめますと①西方、北方からの反幕府勢力の侵攻を防ぐ西国防衛ゾーンの整備②特に瀬戸内沿岸部での監視警戒の強化③経済力の強化による池田家の「大大名化」への布石―などでしょう。これらを踏まえて、池田家の幕府内での立場を強化し、権力誇示を狙ったと考えられます。

しかし、慶長十八年（一六一三）、輝政の死去によって、六支城と播磨の様相は一変し、分割と集中による播磨の統治形態は、大きく揺らいでいくのです。

◇――まとめ

これまで、池田輝政という日本初の「世界遺産・姫路城」を築いた戦国武将の生涯と、姫路城を拠点とした輝政の政治、支城の動向などを見てきましたが、最後に二つだけ、私の思いを述べさせていただきます。

一点目は、広大な播磨エリアの過去、現在、未来を考えるうえで、輝政の存在というか、足

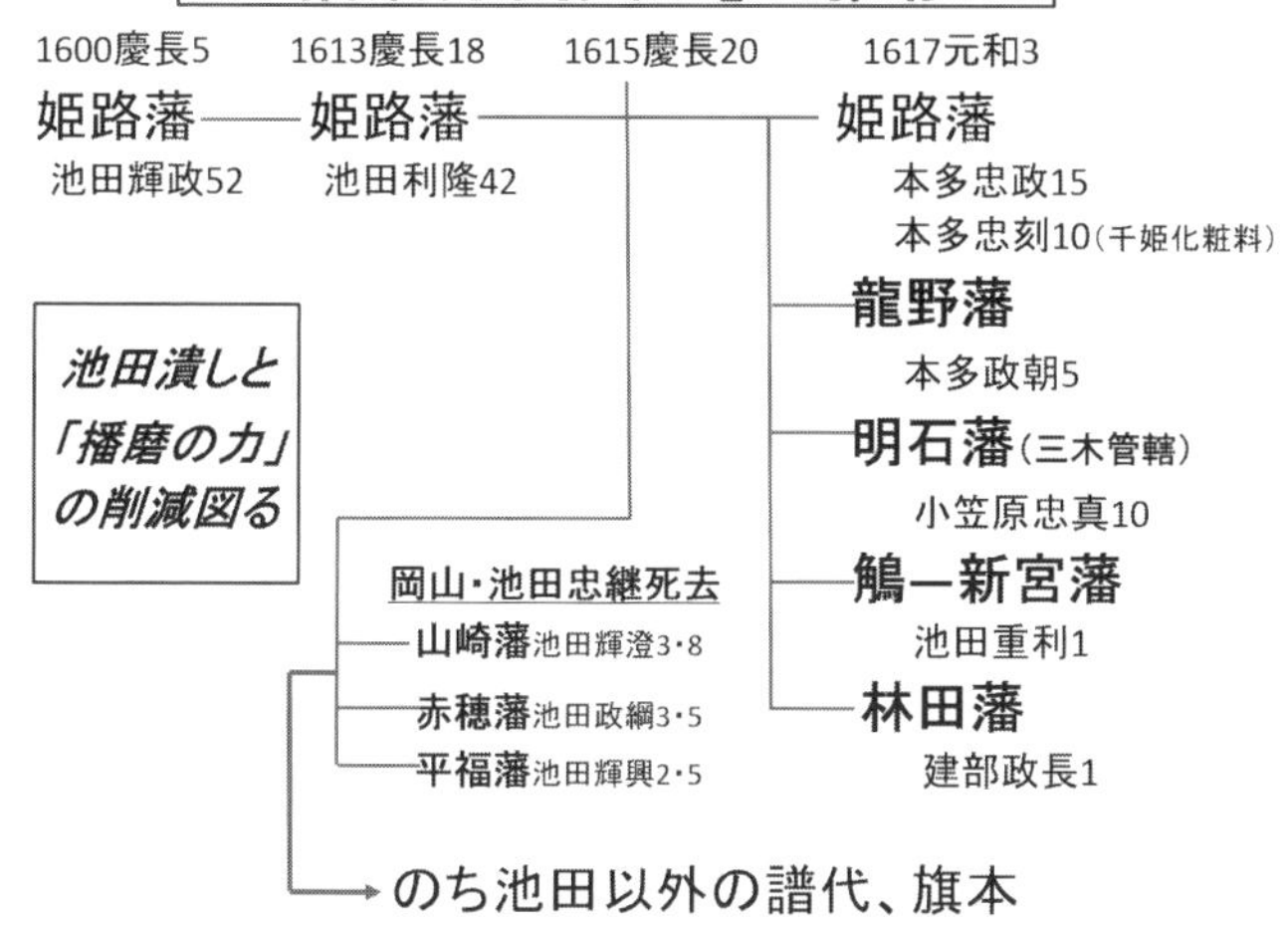

跡をもう一度見直す必要があるのではないかということです。地域マネジメントというのは、一つの地域拠点と、複数の別の拠点が共存してエリア内の富の管理など全体課題に挑戦するのが理想の形態です。輝政は、それを成し遂げようと六支城を手掛けたのですが、その死後、幕府は、池田家の大大名化を阻止するかのように播磨を徹底的に分割支配する方向にシフトしたと私は思います。姫路は「六つの手足」をもぎ取られ一応十五万石の〝大藩〟として、また有力名門譜代大名の領地として残りますが、日本の城の中で城主が最も多く入れ替わり、個性の弱い城となったまま近代を迎えることになります。近代の姫路は、地域中枢としての機能を大幅にそがれてしまいますが、輝政の足跡をたどってみますと彼

の挑戦は、地域復権のために強い示唆に富んでいるように思えるのです。

もう一つは、国際的文化財となった「世界遺産姫路城」と輝政の関係について、改めて見直す必要があるのではないかということです。例えば、同じくわが国の世界遺産第一号である法隆寺といえば、誰もが聖徳太子を連想しますが、姫路城といえば誰を思い浮かべるでしょうか。迷わず「池田輝政」と、答えていただける日を待ちたいと思います。

〈参考文献〉

本文中に明示していない部分は、『池田家履歴略記』『自治体史』(姫路市史、明石市史、三木市史、高砂市史、龍野市史、赤穂市史、佐用町史、長久手町史)『あかし楽歴史講座』『姫路城史上・下』などのほか、拙著『西国将軍　池田輝政』『播磨学紀要20・21合併号―姫路城連立式天守試論』などを参考にしました。ほかにも各種著作、論文の知見も参考にしましたが、一般講演であるため省略させていただきました。

地理学で考える姫路城下町の空間構造

山村 亜希

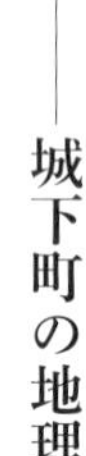

城下町の地理学

　ここでは、城下町という歴史的な存在を地理学の視点から考えます。地理学とは、読んで字のごとく、「地の理（ことわり）」を考える学問です。「地」とは土地・空間・景観・地域のことで、「理」とは仕組み・成り立ち・システムを意味します。「地」がどのように成り立っているのか（構造）、どのように存在するのか（立地・分布）、どうしてこのかたちをしているのか（形態）を考えるのが地理学です。地理学は現代のことをもっぱら扱いますが、私の専門である歴史地理学は過去の地理を扱う学問です。とりわけ私が関心を持っているのは、戦国時代から近世にかけての十六世紀から十七世紀につくられた城下町です。姫路もその事例になります。

　現代日本の多くの都市のルーツは城下町にあり、近世城下町という基盤の上に現代都市が成り立っています。現代都市を考える時にも歴史という要素は切っても切り離せません。歴史地理学は過去の地理を対象としますが、過去だけを扱っているわけではなく、それが現代にどのように変わっていくのか、あるいは活かされているのか、という視点を含んでいます。

◇——城下町をどのように考えるか

城下町の都市プランには、建設時期によって違いがあります。それをモデル化して分類したのが、歴史地理学の矢守一彦先生のご研究です（矢守一九八八）。この城下町モデルでは、戦国時代の山城や居館は町とは分離していましたが、豊臣期になると城郭の周囲に家臣を集住させた武家地を備え、城の最外郭（最も外側の堀・土塁）が武家地と町を全て囲い込む総郭（総構）型城下町が出現するとされます。さらに徳川期になると、町を最外郭で囲まない町屋郭外型城下町が多くなり、さらに最外郭は武家地すらも囲わない開放型城下町に移行するというものです。実際には、城下町には城郭・武家地・町だけでなく、寺町、職人町、足軽地などもあるのですが、それらは省略して武家地と町人地と外郭線という要素でシンプルに分類するのが矢守先生の城下町プランでした。この城下町モデルは、現在でも城下町研究のバイブルとなっています。

一方で、一九九〇年代以降になると、各地で発掘調査事例が増加し、考古学、建築学、歴史学、地理学といった多分野による都市遺跡の学際研究が進展します。その調査研究によって、武家地や町の形・機能、配置は、実際にはモデル化できないほど多様であることが注目されるようになります。政治と経済を二項対立的に措定し、他の要素や各地区の実態を省略することでモデル化を行った段階から、城郭・武家地・町それぞれの実態解明が進み、宗教・文化・遊興・交通・流通・都市農村関係といった多様な側面から城下町を考える研究段階になりました。そうなると、城下町の構成要素も、城、上級武家屋敷、中下級武家屋敷、直属の商工業者、市町、港、街道、条里、寺、地形環境、氏神、菩提寺のように、幅広く考えるようになってきました。単純化したモデル化ではこぼれ落ちてしまう構成要素にこそ、城下町の本質が現れる可能性もあります。また、大名の石高や政治的地位が城下町のプランや形態に直結するものなのかも、慎重に問わなくてはなりません。

播磨の城下町において、一例を示したいと思います。矢守先生の城下町プラン論では、姫路は総郭型、龍野は揖保川を総構えとすれば総郭型、揖保川の内側の河川（裏川・半田用水）を総構えとすれば内町外町型ということになります。しかし、姫路城下町の原型がつくられたのは総郭型が多く作られた豊臣期ではなく、関ケ原合戦以降の徳川期です。また、姫路は整然とした街区が特徴的ですが、龍野は道路が不規則で全体の形に統一感がありません。龍野に湾曲する不規則な道路が多いのはなぜか、龍野の道路に当て曲げによる遠見遮断の屈曲が少ないのはなぜか、といったことも城下町プランでは説明がつきません。あるいは、姫路には寺町がありますが、龍野では寺が分散していて寺町が作られなかった理由も説明ができません。このような疑問や限界を超えるためには、どのような研究視点やアプローチが有効なのでしょうか。

そもそも、城下町は真っ白なキャンバスの上に武士が思うままに筆をすべらせて建設する都市ではありません。古代・中世に何らかの意味を持つ場所が選ばれて城下町ができる場合がほとんどです。城下町は既存の構成要素を取り込みながら、新たな装いに変えていく事例が多いですが、オールドタウンを継承しつつも完全には移転・再編できなかった事例や、建設当時の文脈に強く左右されて本来作りたかった場所や形に建設できなかった事例もあります。いずれにせよ、城下町の立地や形態には、古代・中世の前代からの継承や地域の地理的状況が大いに影響します。土地固有の街道や港湾などの交通状況、荘園や水利の仕組み、市町の分布、集落形態などは、戦国時代までは地域ごとに多彩な在り方をしていました。

播磨の城下町においても、このような前代の「地理」をふまえて、どのように城下町が形成されてきたのか、その成り立ちを読み解くことで、どこにその画期や特性があるのか、浮かび上がらせることができるのではないでしょうか。城下町の成り立ち、すなわち「地」の「理」を解くことで、改めて城下町の特徴を捉え直すことができると考えます。城下町研究は矢守先生のご研究で言い尽くされてしまったように思われているためか、近年の歴史地理学においては研究が少ないテーマなのですが、やるべきことはまだ山のようにあります。城下町研究は、少なくとも私にとっては、魅力と可能性に満ちた研究テーマです。

姫路周辺の地形・交通路・村落

まずは、図1の明治期の五万分の一地形図から、姫路周辺の地形と交通路、集落のあり方を概観します。姫路の周囲は山がちで、大小様々な独立丘陵や山塊も数多くあります。瀬戸内海に向かって流れる市川と夢前川の運搬・堆積作用によって、下流に広い沖積平野が形成されました。市川や夢前川が作る南北方向に延びる谷は、上流と下流の地域間往来の通路となります。姫路から北に向かう但馬街道や夢前川に沿った主要道は、そのような南北交通の軸であったでしょう。このような縦軸によって、播磨の地域的まとまりが形成されていたことが推測されます。これに対して、山陽道、美作道といった広域交通路は、河川と山地をまたいで東西に通過します。自然地形の河川による縦軸に対して、広域交通路の横軸が複数箇所で交差することになります。

姫路以外の大規模な集落が、飾磨の港町でした。港町・飾磨の集落の大きさは、瀬戸内海水運の優勢を表しています。姫路と飾磨は同じ市川水系にあり、城下町は港町と同じ水系に属しながらも、両者の間は約五キロ隔たっていました。姫路城下町はやや内陸を通り、人の往来の頻繁な山陽道沿いに建設されましたが、輸送能力も迅速さも山陽道に勝る瀬戸内海の物流を利

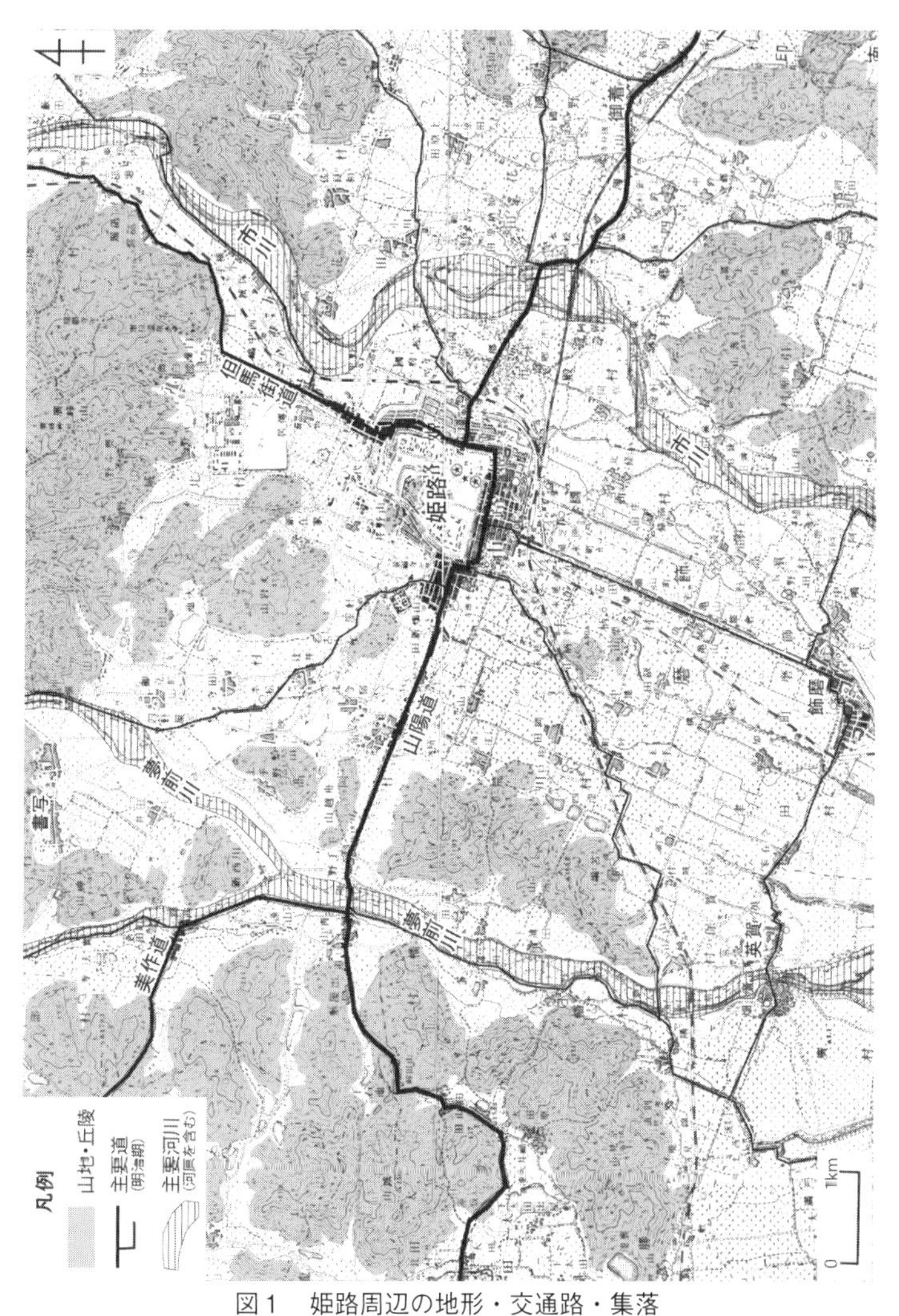

図１　姫路周辺の地形・交通路・集落
ベースマップは明治 36（1903）年修正「姫路」・同 40（1907）年修正「龍野」1：50000 地形図

用するため、飾磨は城下町の外港として位置づけられました。

また、地形図の集落に着目すると、姫路周辺には小さな村落が数多く立地していたことが分かります。大きさはどれもよく似ており、小規模ですが、数はとても多く、全体として分布密度が高いです。姫路南部の平野には村落とともに条里地割も良く残っています。ここから、姫路周辺の平野には、古代・中世以来、古くから開発がなされてきた豊かな生産領域が推定されます。そのような生産性の高い土地は村落の発達を促します。しかし、その中で目立って大きな村がないことも特徴です。数多くの小村が横並びの構造の村落社会であったのかもしれません。

◇市川の氾濫原と中州の国府

次に、姫路にクローズアップして旧地形を検討します。図2の明治期の二万分の一地形図を見ると、姫路の東を流れる市川が激しく蛇行していたこと、かつては市川の河原が相当広かったことが分かります。図2には、市川及びそれ以外の中小河川と『姫路市史』(姫路市史編集委員会編一九八八)で比定された窪地を加えています。いずれも、流路の形態からみて、市川を源流とする分流の旧河道と考えられます。図1からも分かるように、山間部から平野に解き放たれた市川は、姫路の北部から蛇行と分流を繰り返していました。図2にみるように、多数の河道が形成された結果、姫路城周辺は複数の中州から成る氾濫原となっていました。姫路城の西側を流れる船場川も市川の分流ですが、ちょうど船場川が市川氾濫原の西端であったと推定されます。姫路城の立地する小山（姫山）の東側直下にも、市川の分流である青見川（藍染

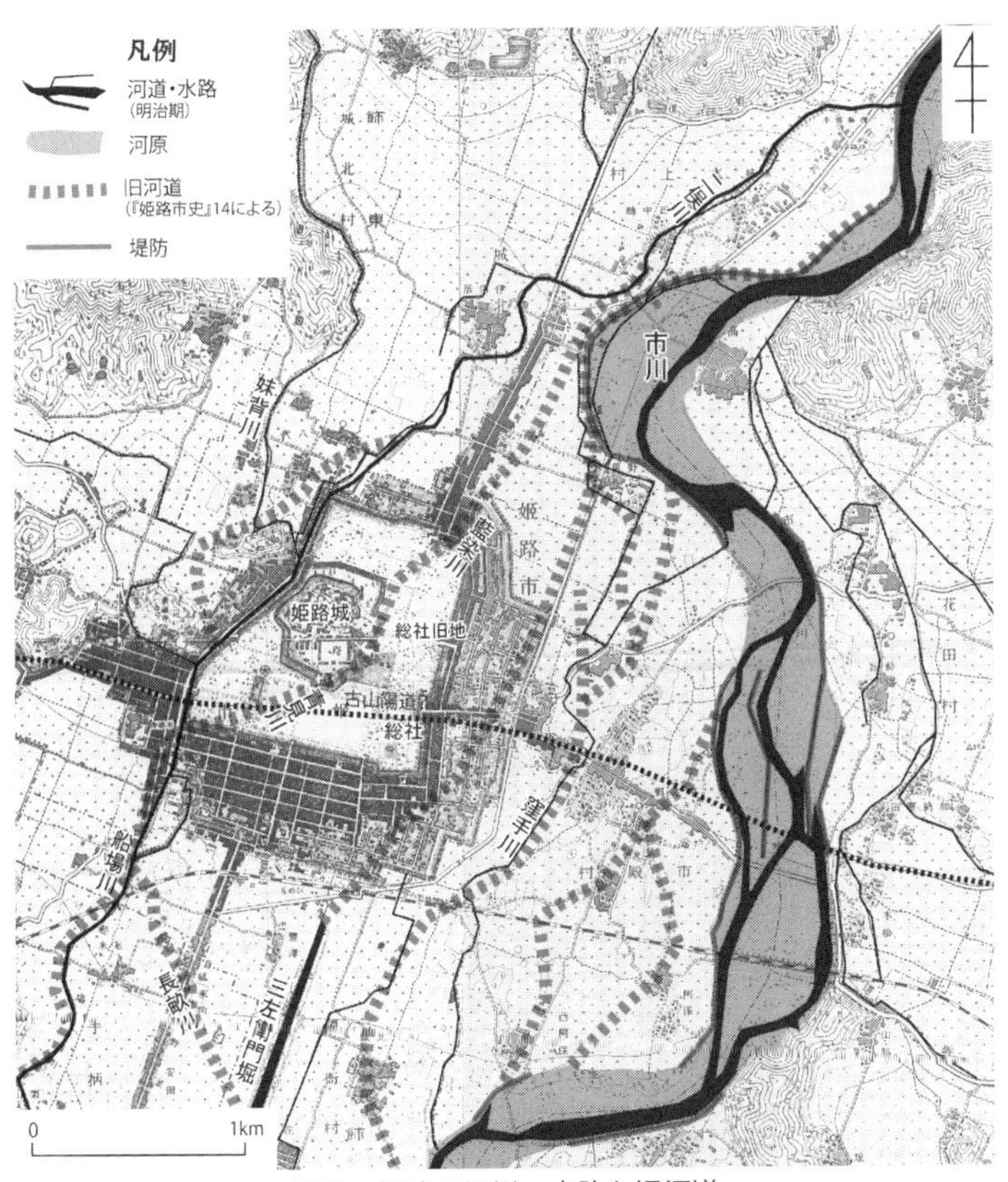

図２　姫路の河川・水路と旧河道
ベースマップは明治 26（1893）年測量「姫路」・「御国野村」1：20000 地形図

川）の旧流路がみえます。姫路城の外堀の一部は船場川の流路を、内堀の南東部は青見川の旧流路を利用したものと考えられます。城郭自体は姫山にあるので水害に強いですが、城郭以東・以南に広がる城下町のほぼ全域が、基本的には市川の氾濫原に重なります。

このように、数多くの河道の間に微高地の中州がつくられ、それらが島状に広がっていたのが、姫路の旧地形と言えるでしょう。もちろん、全ての旧河道が中近世に河川として流れていた訳ではなく、完全に陸地化した場所も、滞水する湿地状になっていた箇所もあったことでしょう。とはいえ、中州の集合体の氾濫原地形に城下町が建設されたことには変わりません。全国的にみても、彦根、広島、松江、大分のように、大河川下流部や湖沼の脇で、複数の河川が分流し、氾濫原やデルタ地形となっている場所に城下町が建設された事例は、数多く挙げることができますので、城下町の地形条件として特に不自然というわけでもありません。

古代・中世の播磨国府も、このような氾濫原の中州に立地していたと考えられます。播磨国府を構成する諸施設の具体的な位置や形態は特定されていませんが、播磨国総社である射楯兵主神社の旧地（現総社の北）からみて、姫路城下町に重なる場所に比定されています。図2から分かるように、そこは近世初期以前の山陽道が市川分流を渡河する地点付近であることから、渡河点に河原の宿が成立したことは想像に難くありません。中世後期における播磨から備前東部では、一般的に山陽道と大河川の交点に宿が成立していたとの指摘もあります（榎原一九九二）ので、国府の宿もその一例と言えるでしょう。山陽地方の河川は南北に深い谷を作り、その谷は山間部と平野部を結ぶ交通路となります。姫路の場合も、生野・竹田方面に向かう南北の但馬街道と東西の山陽道の交点で交通の要衝です。山陽道における河川との交点は、たとえ不安定な中州であろうとも、宿が成立しうる地理条件であったのでしょう。

◇――羽柴・木下期の姫路城下町と国府の宿

『姫路市史』（姫路市史編集委員会編一九八八）によると、十六世紀半ばに黒田重隆が御着城の出城として姫路城を築いたとされます。とはいえ、戦国期の播磨守護所は坂本城や置塩城であり、姫路城は播磨の中心的な政治拠点ではありませんでした。織田信長の命で播磨と毛利氏計略を行っていた羽柴秀吉は、小寺（黒田）孝高の勧めで、当面の戦略上、優れた立地の姫路城を拠点にしたとされます。『信長公記』にあるように、天正八年（一五八〇）には秀吉が姫路城を居城とし、普請を行っています。その後、秀吉の弟の秀長や木下家定が姫路城に入りました。

羽柴・木下期の姫路城下町の構成要素の位置を推定したのが、図3になります。当該期の町・村・寺社は正確な位置も形態も不明ですが、大胆に推定して地図化したものです。構成要素の位置の推定地を示す程度のものであることに、ご留意ください。

『姫路市史』（姫路市史編集委員会編一九八八・一九九一・二〇一八）によると、秀吉期の姫路城は東に向かって大手門を開き、その先に城下町が作られました。図３に挙げた町名は、『姫路市史』において、秀吉期に存在を確認ないし推定される町です。特に北東部一帯に秀吉期以来の町が多く分布していることが分かります。このうち生野町・竹田町は、秀吉の但馬征伐の後にそ

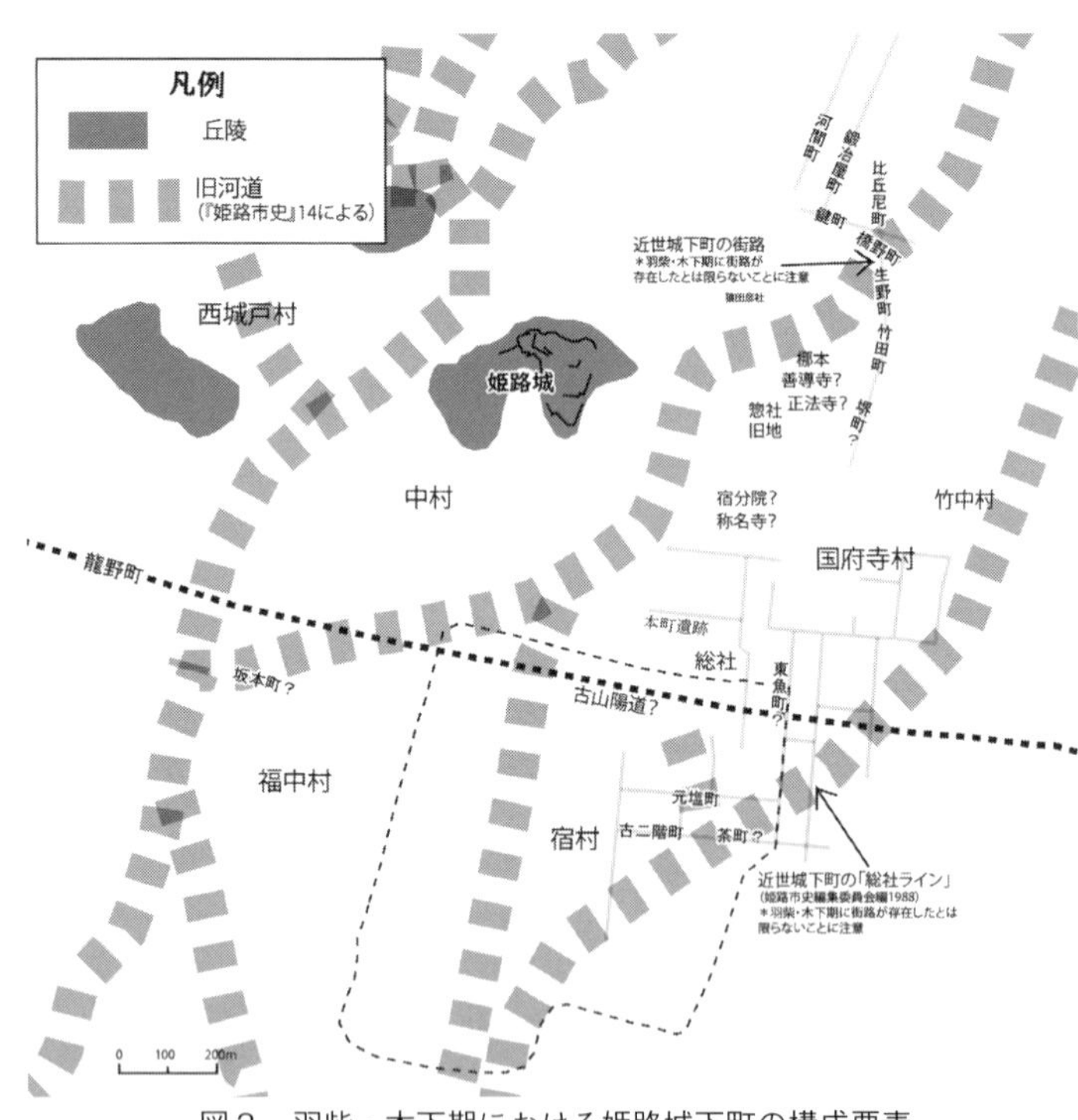

図３　羽柴・木下期における姫路城下町の構成要素

の地の町人を呼び寄せて町立てしたのだろうとされています。同様に、城の西南の坂本町は坂本城下からの移住が推定されています。城の西方の龍野町は龍野からの移住が推定されますが、天正八年に秀吉が楽市令の制札を出していることから、秀吉の城郭改修以前から市の立つ町場が形成されていたことも分かります。羽柴・木下期に移住が推定される町は、それぞれの出身地の方角に向かう街道に沿って、後の城下町の北東と南西という端に固まっています。

城南の後の城下町の中心部に何も存在しなかった訳ではありません。戦国期に記された「播磨府中めぐり」という地誌によると、姫山の南方一帯にかけて民家百軒ほどの中村の集落があり、その東南方にも民家百軒ほどの宿村の集落があって、その周囲には国府寺村、福中村、西城戸村などの村落の領域が広がっていたとされます。このうち宿村については、近世の「宿村絵図」（英賀神社蔵）からその領域を比定できますが、総社や古二階村を中心に、後の城下町の中堀と外堀の間に広がっていたようです。羽柴・木下期の姫路には、後の武家地や町人地となる城下町の中心部一帯に、複数の村領と宿村・中村の集落があったことを推定できます。この範囲にこれだけ多くの村があるとかなり密度が高いですが、それは先述のように、播磨は村落が発達した地域で、村の数が多いからでしょう。

興味深いのは、上記の記述から、姫山の南東にあった青見川の旧河道沿いに中村と宿村が比定され、総社、宿分院、称名寺といった古寺社や生野町・竹田町といった移住町も、青見川の左岸に推定される点です。戦国期に青見川自体が河川として流れていたかどうかは分かりませんが、池田期に掘削される内堀の南東部が青見川の旧河道を一部利用しているように、古代・中世には有力な市川の分流であったことが推測されます。船場川、青見川と後の三左衛門堀につながる小河川との間の中州に、羽柴・木下期の城下町が存在したのでしょう。

池田輝政期に付け替えられる以前の山陽道は、城の南側を直線的に通っていたことが推定されています（姫路市史編集委員会編一九九一）。古山陽道の宿として宿村が成立したと考えられます。播磨や備前東部では、宿にはしばしば倉が設けられ、物流の拠点となっていたこと、宿の商人たちは地域流通や隔地間交易の担い手であったことが指摘されています（榎原一九九二）。矢野庄の年貢京上を担った国府商人は、まさにこの宿村の商人でしょう。宿は単なる往来の宿場だけでなく、市の交易による経済機能も備えており、都市的な場でした。宿村の集落部が推定される古二階町は、総社の門前にあり、宿村は総社の門前町でもありました。

青見川を挟んでその対岸付近に広がっていたと推定される中村も、同等の集落規模でした。また、楽市令が出された龍野町は青見川沿いではありませんが、山陽道が船場川を渡る渡河点にあります。先に述べた様に、市川の氾濫原の西端が船場川に相当します。そのため龍野町は、氾濫原では比較的安定した場所になります。さらに、戦国期の船場川に通船は不可能にしても、牽引して物資を運搬することは可能であったでしょう。

なお、総社で行われる三ツ山大祭は戦国時代に原型があるお祭りですが、江戸時代になっても、この祭礼で三つの山を出すのは、宿村と国府寺村、福中村でした（小栗栖二〇一九）。城下町建設時に主に土地を提供し、町人地に組み込まれた三村を示唆しています。中村は集落跡地が武家地に変わり、中村が町人地として引き継がれず、住人が残らなかったために、祭礼には関与していないのかもしれません。

図3にみるように、羽柴・木下期には、広域的視野から戦略的立地を重視した姫路城と、山陽道と市川分流との渡河点に成立した宿や市及びその近辺に付加された移住町とが、未だ城下町空間としては一体化しておらず、分離した状況であったと推定されます。中心部には中世以来の村がそのまま残っていて、街区の再編はできていない状況でした。城も宿・市も、同じ山陽道のもたらす交通利便性に由来するものですが、異なる時期に異なる事情で成立したものです。姫路城があるから宿村・市が存在した訳でもありませんし、宿村や市があるから姫路城が拠点城郭になった訳でもありません。それでは、本来的に異なる志向を持った城郭と宿・市という二つの空間が、どのように一体化して「城下町」となるのでしょうか。

秀吉が天下統一を成し遂げていく時期につくられた城下町は、織豊系城下町、あるいは豊臣系城下町といい、長方形の街区で城下町を「面」として区画する形態が特徴です。しかし、姫路は城下町空間を「面」として分割して再編できておらず、道路に沿って「線」状の町並みが延びる中世都市的な形態（山村二〇〇九）の段階であったでしょう。豊臣期においても姫路城下町はまだ戦国期城下町のような中世的な形であり、織豊期城下町にはなり切っていなかったと考えます。

◇――池田輝政の姫路城下町

慶長五年（一六〇〇）の関ケ原合戦後に、徳川家康から池田輝政には播磨一国五十二万石が与えられ、輝政は姫路に入封しました。関ケ原合戦の後は徳川氏の覇権が決定的になりますが、まだ豊臣方も力を持って存続しているので、この時期の徳川氏は西国の動きを常に監視する必要がありました。徳川家康の娘婿である池田輝政が播磨を領国として任ぜられたのも、西国大名への軍事戦略的な抑えとしての役割が期待されてのものです。慶長十四年からは、大坂城包囲網の一翼を担うようになったとの指摘もあります（藤田二〇〇一）。

池田輝政は、未だ戦国期城下町のようだった姫路城下町を大幅に再編し、姫路城の大改修とともに城下町の町割を行いました。織豊期城下町の段階を十分に経ないで、戦国期城下町の様相から、一足飛びに近世城下町の形態が形成された点に、他の近世城下町とは異なる特徴があります。姫路は、旧来の宿・市・町・街道・寺社などの構成要素の位置や形を大幅に変更して近世城下町が建設された点で、全くの空白地に作られた訳ではないにせよ、「ニュータウン」的な様相の城下町建設であったと考えられます。

城郭の大改修と城下町の大規模な町割を行うにあたって、市川の氾濫原で中州の集合体という地形環境の整備を行わなくてはなりません。『姫路市史』（姫路市史編集委員会編一九八八・一九九一）によると、市川の付け替えといった大工事は行っておらず、市川右岸の城下町側に堤防を築いて、分流への河川の再流入を防いだことが指摘されています。明治期の市川には、蛇行地点で水の侵入を防ぐように堤防が構築されていますが、堤防は連続していません（図2）。これらの堤防が池田期の構築であるとは言えませんが、蛇行河川の要所に堤防を構築することで、効果的に浸水を防いで河道を制御する不連続堤の原初は池田期にまで遡るのでしょう。

ここからは、図4をもとに、池田輝政の城下町建設の特徴を検討します。図4は、中堀内の中曲輪に関しては、池田期の慶長五～八年（一六〇〇～一六〇三年）に描かれたとされる現存最古の「姫路城下町絵図」（岡山大学附属図書館所蔵）（姫路市史編集委員会編一九八六：付図一）における街路と堀のラインを記したものです。外曲輪とその外側の城下については、可能な限り古い段階の城下図で、町名や町域が分かる絵図として、一次榊原期（一六四九～一六六七年）の「姫路御城廻侍屋敷新絵図」（姫路市教育委員会所蔵）（姫路市史編集委員会編一九八六：付図二）を用いて復原しました。寺社に関しては、絵図に記載のあるもの以外も、『地名辞典』（平凡社地方資料センター編一九九九）をもとに、十七世紀半ばに存在したものを記入しました。

池田輝政は、城郭の大改修に加えて、内堀・中堀・外堀の三重の堀をめぐらせました。これらの堀のうち、内堀は青見川旧河道を一部利用したものです

図４　17 世紀半ばの姫路城下町

が、中堀と外堀は新たに位置を考えて設定されたものと思われます。内堀と中堀の間の中曲輪には、重臣や一族の武家屋敷が設定され、中堀と外堀の間の外曲輪には武家地・町人地・寺町が区分されて設定されました。外堀は城下町全体を囲い込む惣構であるため、その内側の居住人口や用途を考えたうえでラインを設定する必要があります。中堀も同様に、中曲輪に収容する重臣や一族の人数・身分や屋敷地の割り当てをふまえた上で、位置を決めたと考えられます。

池田輝政は、旧赴任地の三河吉田から大幅に増加した五十二万石にみあった数の家臣団を姫路に居住させる必要が生じました。さらに、後述する本城―支城体制の頂点に立つ城下町を整備しなくてはなりません。入念に検討をしたうえで、どこまでを中曲輪とし、どこまでを城下町とするかが、決められたのでしょう。その結果、中曲輪の内側にあった旧来の中村の集落や寺社は、総社を残して外曲輪に出されることになりました。中堀を掘って、中核的な武家地を一定の面積で確保し、新街区をその東や南の外側に設定することが、優先されたことがうかがえます。一方で、総社を中曲輪内に残したことからは、この地域における在地のアイデンティティの核となっていた氏神を、簡単には移転できなかったことを示しています。武士と町人が共生する城下町という都市アイデンティティの核として、旧来の場所の持つ歴史を含めて、あえて中曲輪に残したのかもしれません。

◇町割の基準線と町人地の配置

姫路城下町の町割には、「築城ライン」・「条里ライン」・「総社ライン」の三つの基準線があることが、『姫路市史』（姫路市史編集委員会編一九八八・一九九一）によって見出されています。「築城ライン」とは、池田期の五層の天守と同じ向きの町割で、城の南部の中曲輪・外曲輪に広く展開しています。姫路城下町における主流の町割となっています。「条里ライン」とは、築城以前からこの地に施工されていた古代・中世の条里地割と同じ向きの町割で、城下町の北東・南東・南部の端で、外堀の口付近に分布しています。「条里ライン」の街区は、下級武士の組屋敷となっていました。「総社ライン」とは、総社周辺に広がる正南北の町割で、羽柴・木下期には存在していた総社周辺の町場をそのまま取り込んだために、他とは異なる街区となったとされています。「総社ライン」は播磨国府の軸線を踏襲したともされています。

これらの指摘を図3・4で確認しながら、城下町の成り立ちを検討します。「総社ライン」の街区は、中曲輪から外曲輪にかけて中堀の存在を無視して展開していることから、中堀が新規に構築される以前の総社境内及び宿村の町場の範囲がうかがえます。中堀が総社の南側において南に向かって突き出しているのも、総社の旧来の境内に忖度をしたためでしょうか。「総社ライン」を残して旧来の町場を継承したために、城から見てその裏にあたる南東部の武家地は、「築城ライン」の街区とは軸線が歪んでいます。注目されるのは、東魚町―平野町の「総社ライン」の東側に並走するように寺町が設けられており、「総社ライン」の町割をこれ以上東に拡大できないよう、端を区切っている点です。宿村由来の旧来の軸線や町場の範囲を許容し包摂する一方で、それがさらに拡大することを寺町によって防いでいます。同様に寺町が町人地の境界となっているのが、その北側の上下久長町です。山陽道が京・大坂方面から姫路に入ったときに正面となる地点ですが、意図的に町人地を一筋の街道沿いのみとし、城南の「築城ライン」にみられるような複数の街路から成る「面」的な町割を施工していません。

旧来の町場を残しつつ、それ以上拡大させないのは、城の北東部も同じです。椅野町―生野町―竹田町付近は、秀吉期からの城下町と推定されています。当初から図4の形態であったわけではないと思いますが、中堀と外堀が接近して外曲輪の範囲が狭くなるうえに、中堀・外堀ともに屈曲し、それに規制された形態となっています。図2から分かるように、この箇所は北東の市川の攻撃面の延長にあたるので、そもそも町場や武家地を外部に拡大する意図はなかったのかもしれません。このように、姫路城下町においては、旧来の町場を核として、それを拡大する形で「面」的な町割が展開することはありませんでした。

一方で、新たに宿村と福中村の村領の中に創出されたのが、「築城ライン」に沿って「面」

的に展開する方形街区でした。この方形街区の横幅は東の中魚町から西の新町まで及び、中堀の直線部分と同じ幅であることから、「総社ライン」の町割を除外した場所に、中堀とセットで設定されたことが分かります。中堀の口から延びる直線街路が、そのまま「築城ライン」の街区となっている点も、城郭と連動した町割を示しています。「築城ライン」の町割の端には、東は幡念寺、西は慈恩寺・庚申寺・光明寺の寺院が配置され、寺町のような形態ではありませんが、ここも寺院が境界明示装置となっています。南北の町人地は、最大五筋の平行する街路から構成されていますが、その南端には寺町はなく、町人地は武家地と接しています。塗師屋町─紺屋町─大工町の筋に寺院が点在することから、この筋が南限の寺町ラインになる予定だったのかもしれませんが、結局はこの筋を越えて町人地が広がっています。「線」状に寺町を配置しないということは、むしろ町人地の発展を促進し、拡大余地を残したということかもしれません。結果的に町人地の南北幅は、中曲輪の上級武家地における内堀と中堀の間の幅に匹敵する大きさになっています。この大規模な長方形街区の施工による町人地の創出こそが、池田期の外曲輪における最大の特徴です。

外堀には本当であれば三左衛門堀（図2）が取りつき、飾磨港を経て瀬戸内海につながる舟運利用が可能になるはずでした。外堀に取りつく予定であった地点は、北条口より少し西側の中魚町の延長上と推定されます。中魚町は「築城ライン」の町割と「総社ライン」の町割の境界線にあたります。城南の長方形街区の端に港湾機能を追加する予定であったために、魚を扱う「中魚町」をタテ町として配置したと考えるのは、推測に過ぎるでしょうか。

「築城ライン」の長方形街区に、既存の市町であった龍野町が取り込まれていない点も注目されます。龍野町は、旧来の船場川に近い立地のまま据え置かれ、山陽道に沿って「線」状に延伸しました。龍野町の山陽道と船場川の水陸の接点という立地を評価して、あえて動かさなかったのでしょう。同時に龍野町のような既成市町の有力商人に、「築城ライン」の町割における主導権を握らせず、本陣を務めた国府寺家や那波家のような、宿村・福中村以外の外来の家に特権的な町人の地位を委ねたことが推定されます。池田氏は、いわば「ニュータウン」の町人地を城南に創出したかのような印象を受けます。

以上のように、池田輝政によって再編された姫路城下町の町人地は、全てを一方向に合わせて町割をするのではなく、「総社ライン」と「築城ライン」が混在しているのが特徴です。「総社ライン」では中世以来の宿村の方位や範囲が活かされていますが、それ以上の拡大を防ぐように寺町で境界を区切っています。城の北東部の生野町・竹田町周辺でも旧来の町を拡大させることなく、中堀・外堀でそれ以上の拡大を防いでいます。一方で、城南の耕地から新たに割り出した「築城ライン」は池田輝政のオリジナリティが発揮された独自の新街区です。中堀と連動させた範囲に大規模な長方形街区が施工されています。これらをふまえると、池田輝政の姫路城下町建設における都市計画の二大柱は、一族・重臣の上級武家地である中曲輪を設定することと、外曲輪の近世的な新街区の中に大規模で新しい町人地を創出することであったと考えられます。戦国期以来の町場・村落の資源を活用しつつも、それ以前の戦国期城下町の景観からは大きく変化させた近世城下町を建設したことになります。

大坂の陣後の元和三年（一六一七）に、因幡鳥取に移封となった池田光政に代わり、譜代大名の本多忠政が姫路城主となります。本多期には船場川の改修がなされ、港湾機能を担うようになった船場川沿いに材木町などが形成されます。また、船場川の右岸には真宗の本徳寺を移転させました。その一方で、城下町の中核部には大きな変更は加えられませんでした。近世初期の池田輝政による姫路城下町の都市プランは、池田氏が去った後も残り続けたことになります。

◇播磨の本城―支城体制

ここで視点を変えて、池田輝政期の播磨における城下町を概観します。関ヶ原合戦後の一六〇一年に入封した池田輝政は、広大な播磨国を治めるにあたり、本城の姫路城とともに、龍野、赤穂、高砂、平福利神、三木、船上（明石）の六つの支城を建設しました。これを本城―支城体制と言います。本城―支城体制は、全国各地で見られ、例えば阿波国にも徳島城を本城とする阿波九城という支城が作られました。支城は、数多くの戦国城郭が淘汰されていく過程で、選択され残された城郭であり、元和・寛永期の城郭整理令以降は廃城となる場合も多かったことから、本城―支城体制は中近世の過渡期を表す拠点城郭であるとも言えます。

播磨の六支城の多くは、陸路ないし海路の国境地帯に位置していました。赤穂は備前との海路の国境、平福利神は美作・因幡との陸路の国境、三木は摂津との陸路の国境、明石は摂津との海路の国境になります。このように、赤穂、平福利神、三木、船上（明石）の四城は、国境を優先した戦略的立地であり、そのような立地の城郭が支城として残されたとみることができます。よって、この時期の城下町には、城郭の維持に必要な兵站地としての意味が大きいと考えられます。

一方で、河川との関係でみると、姫路・龍野・高砂・赤穂は、それぞれ市川、揖保川、加古川、千種川といった主要河川の下流ないし河口部に位置しています。市川・揖保川の谷は但馬へ、千種川の谷は因幡へ、加古川の谷は丹波へ続く交通路であり、播磨と日本海岸の各地域とを結んでいます。また、千種川上流に利神、加古川水系には三木が立地し、河川は拠点城郭を結んでいました。このことをふまえると、近世初期の城下町には、河川や谷を伝った交通路との関わりが影響した可能性が高いと推定されます。それは、自然地形に規定されたまとまりであり、それ以前の地域構造を継承するものであったでしょう。

元和・寛永の城郭整理令以降、本城―支城体制は消滅しました。龍野城と赤穂城は、それぞれ龍野藩、赤穂藩の城として存続しました。一六一七年に龍野藩が成立し、本多氏、小笠原氏、岡部氏、京極氏が藩主として入ります。赤穂は、一六〇三年から郡代統治の時代を経た後、一六一五年に赤穂藩が成立し、池田氏が藩主となります。その後、藩主となった浅野氏によって一六四五年に城郭の拡大・改修が行われました。一方で高砂城は一六一五年に廃城となり、高砂の町は姫路藩の外港としての港町として発展します。このように支城は、近世には異なる道をたどることになりました。

戦国の動乱の世から安定した江戸時代に移行する過渡期に出現したのが、本城―支城体制です。池田輝政には、関ケ原合戦後の西国の押さえや大国播磨の把握が強く求められたことでしょう。それに応える城郭のあり方が、本城―支城体制であったと言えます。池田輝政期の姫路城下町において、大規模な長方形街区による町人町の創出が行われたのも、姫路を播磨の「首都」として、本城城下町を建設する意図があったためでしょう。一方で、大坂の陣後の城郭には、安定した藩政のための中枢行政機能が求められました。このような近世初期の短いスパンでの拠点城郭の役割・性格変化に伴って、城下町も空間構造を修正・変化させたことも十分に想定できます。本多期の姫路城下町が、池田期城下町の大幅な変更ではなく小規模な修正にとどまったのも、持続可能で安定的な城下町を求めた大坂の陣後のトレンドに沿うものと評価できます。播磨の本城―支城体制をふまえると、池田輝政期における姫路城下町の画期的な変化は、他の六支城の城下町と共通するものであったのか、相違点があるとすれば、それはどのようなものなのか、とても気になります。龍野城下町については、その形成過程と特徴を講演でお話ししたことがありますが、その他の播磨の城下町とそれらをふまえた比較についても、今後、私なりの歴史地理学の方法と視点で研究したいと思っています。

おわりに

姫路城下町の成り立ちを、前代からの景観をふまえて、復原図をベースに歴史地理学的な推定も交えながら読み解いてきました。姫路は、近世城下町には珍しく、古代・中世の国府を継承した位置にあります。中世の播磨国府は、市川の氾濫原で交通の要衝で宿の町場が立ち、周囲に多くの村落が発達した土地にありました。そのような土地において姫路城下町が創出されたことになります。複数の村落の領域の中に城下町の町場を建設した事例は、近江彦根（山村二〇一四）や丹波亀山（亀岡市史編集委員会編二〇〇四）といった近畿地方によく見られます。近畿地方は古代から政権の中心で、水田耕作の先進地域であり、村落が発達した地域です。城下町というと、その前身として中世の町場を想定しがちですが、人口は町だけでなく村にも多く分布しており、村落から城下町を割り出すことは、近畿においては合理的な都市建設手法でもあるのでしょう。

国府に重なるように建設された近世初期の姫路城下町は、総社を中心とした戦国期の宿村の形態を、城下町の町割の一部として取り込んでいきました。一方で、戦国期の姫路城下町における町人地をそれ以上拡大することはせず、寺町の配置によって既存の町の拡大を抑制しました。そして、城の南方のかつての村の領域に、城や中堀と連動した方位と範囲による大規模な長方形街区を建設しました。国府・総社の伝統的な空間・社会を包摂しつつ、独自の近世的な新街区を創出した点に、近世初期における姫路城下町の都市空間の画期があると考えます。以上のように城下町の成り立ちを読み解くと、池田輝政の姫路城下町は多くの武家人口を収容する政治都市であると同時に、播磨の本城城下町にふさわしい卓越した商工業機能を集積させるべく建設された経済都市として構想されたのではないかと考えます。

〈参考文献〉

姫路市史編集委員会編『姫路市史十　史料編　近世一』姫路市、一九八六
矢守一彦『城下町のかたち』筑摩書房、一九八八
姫路市史編集委員会編『姫路市史十四　別編　姫路城』姫路市、一九八八
姫路市史編集委員会編『姫路市史三　本編　近世』姫路市、一九九一
榎原雅治「中世後期の山陽道」（石井進編『中世の村と流通』吉川弘文館、一九九二）
平凡社地方資料センター編『日本歴史地名大系二九　兵庫県の地名』平凡社、一九九九
藤田達生「徳川将軍家の創出」（同『日本近世国家成立史の研究』校倉書房、二〇〇一）
亀岡市史編さん委員会編『新修亀岡市史　本文編二』亀岡市、二〇〇四
山村亜希『中世都市の空間構造』吉川弘文館、二〇〇九
姫路市史編集委員会編『姫路市史二　本編　古代中世』姫路市、二〇一八
小栗栖健治「城下町の誕生—村から町へ—」播磨学紀要二十四、二〇二〇
山村亜希「近世城下町の形成過程と都市計画」彦根城世界遺産登録推進協議会紀要一、二〇二四

秀吉の大坂築城と城下町大坂の建設

―本願寺から大坂城へ―

北川　央

今回は姫路城ではなく、大坂城の築城と城下町建設について、お話をさせていただきます。直接、姫路城に関するお話ではありませんが、同じ秀吉の築いた城ですし、大坂城の城下町は、その後各地に建設された城下町のモデルにもなりましたので、姫路城や姫路の城下町を考える上でも、少しは参考になるのではないか、と思っております。

さて、大坂城というと、まず豊臣秀吉の名前が思い浮かびますが、実は、大坂城は秀吉以前から既に存在していました。そして、大坂城の歴史をさかのぼると、明応五年（一四九六）に、本願寺八世の蓮如が建立した本願寺の大坂御坊にたどり着きます。まずは、その大坂御坊の草創から、話を始めたいと思います。

◇大坂御坊の建立

本願寺は、浄土真宗の宗祖である親鸞聖人直系の血筋を受け継ぐお寺です。しかし、蓮如以前には、高田派と仏光寺派が浄土真宗の二大勢力で、本願寺は親鸞の墓守の寺のような小さな存在にすぎませんでした。ところが、八世蓮如の出現によって、本願寺は一挙に巨大教団に発展し、日本仏教の中でも最大勢力の一つになっていきます。

蓮如は各地に行脚して布教を行いましたが、当時は村落が「惣村」という、村落共同体の結びつきの強い形態でしたので、蓮如が足を運び庄屋さんのお屋敷などで法話をすると、一村が丸ごと本願寺派にひっくり返るといった状態になり、本願寺は次々と多くの信者を獲得していきました。それまで天台宗や真言宗など、他宗の信者だった人々が浄土真宗に転じたわけですから、いろいろと宗教上の疑問が出てきます。そういった質問が各地の門徒から寄せられ、それに対して蓮如は非常にわかりやすい言葉で手紙を書き、浄土真宗の教えを伝えました。蓮如の孫である円如がそうした手紙約八十通を収集し、五冊の本にまとめました。これが『五帖御文(ごじょうおふみ)』です。この『五帖御文』に収められていない蓮如の手紙を「帖外御文(じょうがいおふみ)」と呼びます。『五帖御文』は本願寺派にとって聖典の一つになりました。のちに本願寺は東西に分裂しますが、東本願寺(大谷派)で「御文」と呼ぶのに対し、西本願寺(本願寺派)では「御文章(ごぶんしょう)」と呼んでいます。その『五帖御文』帖内四の十五にこんな一節が出てきます。

抑(そもそも)当国摂州東成郡生玉(いくたま)之庄内、大坂トイフ在所ハ、往古ヨリイカナル約束ノアリケルニヤ、去ヌル明応第五之秋下旬ノ比(ころ)ヨリカリソメナカラコノ在所ヲミソメシヨリ、人テニカタノコトク一宇ノ坊舎ヲ建立セシメ、当年ハ、ハヤステニ三年ノ星霜ヲヘタリキ。

大坂という在所は昔からどのような因縁があったのだろうか、明応五年の秋下旬に初めて大坂の地を見て、いいところだなぁと思い、一宇のお堂を建ててから、早くも三年の年月が経った、と書かれています。蓮如が大坂に御坊を建てたことが記されているわけですが、実はこれが「大坂」という地名の初出史料になります。今では、大阪市全域を「大阪」、さらには大阪府域全体も「大阪」と呼びますが、この頃の「大坂」は、摂津国の東成郡の生玉之庄の中の一つの字名にすぎませんでした。大阪城内には現在も「雁木坂」という急角度の坂道がありますが、こういった坂道が「大坂」という地名のもとになったのだと思われます。

蓮如の十男である実悟が著した『拾塵記』には次の一節があります。

摂津国東成郡生玉庄内大坂御坊ハ、明応第五秋九月廿四日ニ御覧始ラレテ虎狼ノスミカ也。家ノ一モナク畠ハカリナリシ所也。

ここでは、蓮如が大坂の地を見初めたのは明応五年九月二十四日と具体的な日付が記されています。また、御坊が建立される以前の大坂には虎や狼が住んでいて、家が一軒もなく、人間は住んでいなかったと書かれています。まさか虎はいなかったと思いますが、これを文字通りに受け取って、大坂御坊の建立以前、大坂には誰一人として人間は住んでいなかった、とお書きになった歴史家や小説家の方もおられます。けれど、これには少し注意が必要です。大坂は「生玉之庄」という荘園の中にあったわけですから、田畑を耕す人がいて年貢を納めていたはずで、人が住んでいなかったとは考えられません。

実は、本願寺派の北陸地方における拠点であった越前（現在の福井県）の吉崎御坊建立について蓮如が書いた『五帖御文』帖内一の八にも「年来虎狼のすみなれしこの山中をひきたいらげて」という表現が出てきます。こうした表現は、本願寺派が進出したことによって片田舎にすぎなかった地が急速に発展を遂げたということを、少し誇張して言っているのです。「虎狼のスミカ」「虎狼のすみなれし」は、そういうことを表現するために、本願寺がしばしば用いた常套句なのです。

また、蓮如の孫の顕誓が書いた『反故裏書』には「去明応第五ノ秋下旬、蓮如上人堺津へ御出ノ時御覧シソメラレ、一宇御建立」とあり、蓮如が当時本願寺のあった山科から堺へ行く途中で大坂の地を見初めたことがわかります。国際貿易港として栄えた堺には真宗寺というお寺があり、その境内には、堺周辺地域での蓮如の布教拠点となった信証院が設けられていました。蓮如はそこに向かう途中で、現在の大阪城の地を見初めたのです。

錦絵『石山大軍記』第一号「蓮如上人石山御堂草創シ給フ」（大阪城天守閣蔵）

ところで、皆さんの中には、蓮如が建てたお寺は「大坂御坊」ではなく「石山御坊」と呼ばれたのではないかと疑問をお持ちになった方がおられるかもしれません。これについては、近年の研究で、「石山御坊」「石山本願寺」という表現は戦国時代の史料には一切出てこず、後世になってから初めて出てくることがわかってきました。当時は、「石山御坊」「石山本願寺」ではなく「大坂御坊」「大坂本願寺」と呼ばれていたのです。では、なぜ後世になって「石山御坊」「石山本願寺」と呼ばれたのかというと、そこには二つの石山伝説が存在します。

一つ目の伝説は先ほどの『反故裏書』に記されています。蓮如が大坂で御坊の建設工事を始めると、いろいろと不思議な出来事があったというのです。

　ソノハシメヨリ種々ノ寄瑞（ママ）不思議等是有トナン。マツ御堂ノ礎（いしずえ）ノ石モカネテ土中ニアツメヲキタルガ如シ。

地面を掘ると、まるでここにお寺を建ててくれとばかりに柱穴の穿（うが）たれた礎石が出現したのです。実は、先の『五帖御文』帖内四の十五にあった「大坂トイフ在所ハ、往古ヨリイカナル約束ノアリケルニヤ」という部分は、この出来事を指しています。大坂御坊の場所（現在の大阪城）は、大阪市内で最も標高の高い上町台地にあります。特に東側の河内方面から見ると、ずいぶん標高差があって、山のように高い場所だったので、礎石の埋まっていた山ということで「石山」となりました。

現在は、大阪城公園のすぐ南に、中央大通をはさんで難波宮（なにわのみや）跡公園がありますが、もちろん大阪城と難波宮が同じ平面上に並存するのは現在のことで、当然、かつてはそんなことはありませんでした。古代には難波宮だけがあり、秀吉の時代や江戸時代は大坂城だけがあって、難波宮は存在しませんでした。

難波宮には、大化改新の際、飛鳥から都が遷されたわけですが、正式名称は「難波長柄豊碕宮（なにわのながらのとよさきのみや）」といいます。現在も大阪市内に「長柄」「豊崎」という地名が残っています。どちらも北区の地名で、大阪城からはだいぶ北に位置しています。そのため、長い間、難波宮は大阪城よりもはるか北に存在したものと考えられてきました。しかし、大阪市立大学の教授だった山根徳太郎さんは、難波宮は大阪城の南、法円坂（ほうえんざか）あたりにあったのではないかと考え、執念で調査・研究を続けられました。当時、学界からは、あんなところに難波宮があるはずはない、もし出てくるとしたらそれは難波宮じゃなくて「山根宮」だ、などと揶揄（やゆ）されたそうです。それでも、山根先生は諦めずに一生懸命調査を続けられ、ついに難波宮を発見されることになったのです。その後、決定的な証拠となる木簡も出土し、現在の難波宮跡公園の場所に間違いなく難波宮があったと確定したのです。ですから、あの場所に難波宮があったことは、つい最近明らかになったことで、当然ながら蓮如はそうしたことを知りませんでした。

今では、蓮如が大坂御坊を建立する時に地下から出現した礎石はこの難波宮の礎石だったのではないかと考えられています。けれど、そんなことを露とも知らない蓮如は、ここにお寺を建てるべく用意されていた、と考えたわけです。そして、誰が用意してくれたのかというと、聖徳太子だと考えたのです。

聖徳太子は「日本仏教の祖」と位置付けられ、各宗派が聖徳太子を崇めるわけですが、とりわけ太子信仰の盛んなのが浄土真宗です。親鸞は信仰上の悩みに陥って比叡山を降り、京都の六角堂で百日間の参籠をしました。その九十五日目に、夢に聖徳太子が現れ、そのお告げによって親鸞は法然に入門し、浄土信仰の道に入りました。そのため親鸞が宗教者として開眼したのは、聖徳太子の示現のお蔭であると感謝し、浄土真宗では他の教団以上に聖徳太子を篤く信仰するのです。

聖徳太子創建の四天王寺には、太子が未来を予言したとされる『未来記』というものが存在しました。その中に、末世に至り四天王寺の東北に新しくお寺が建てられるという記述がありました。蓮如は、地中から出てきた礎石はまさにこれで、聖徳太子が用意してくれていたものと考えたのです。

聖徳太子は、『日本書紀』編纂の時点で、既にスーパーマンとして描かれています。生まれながらに言葉を話せた、聖人の知識を持っていた、壮年になると一度に十人の訴えを聞いて誤らず理解できた、さらに将来のことを予知できた、と書かれています。この「兼ねて未然を知ろしめす」という予知能力の部分が発展して、平安時代の終わりから鎌倉時代にかけての時期に『未来記』が成立します。太子が予言したという体裁をとって偽作されましたので、史実を知った上で書いているわけですから、当然、聖徳太子が亡くなってから『未来記』が成立するまでの出来事について、「予言」は全て当たっていることになります。だから、『未来記』の記述は信用されたのです。『太平記』でも、天皇家が百代で滅びると心配した聖徳太子が未来記を書いて四天王寺に納めた、と記されていますし、南北朝の動乱の中、『未来記』の予言が気になった楠木正成が四天王寺に頼み込んで、その内容を見せてもらった、という記述も出てきます。このように『未来記』はたいへん有名でしたので、蓮如も『未来記』の記述を信用したのです。

そして、もう一つの石山伝説は先ほども紹介した『拾塵記』に記されています。

親鸞は僧でありながら妻帯しましたが、その子孫である本願寺の歴代上人もまた妻帯しました。それで親鸞の血統が東西本願寺の大谷家にこんにちまで継承されてきたわけですが、正室だけでなく、側室もいました。蓮如は七世存如の長男ですが、母親は存如の正室ではなく、本願寺で働いていた下女でした。ですから、蓮如は存如の長男ではあるけれども嫡男ではないという存在でした。蓮如の母は、可愛い我が子の将来にとって自分の存在が邪魔になっている、私がいる限り、息子はずっと「あの下女が生んだ子供」と蔑（さげす）まれる、と非常に悩みました。そして蓮如が六歳の時、意を決した母は、蓮如に「鹿子（かのこ）の小袖」、すなわち立派な着物を着せて、

鹿の子御影（堺市・真宗寺蔵）

絵師を呼び、蓮如の姿を描かせました。そして、完成した絵を持って、誰にも告げず、忽然と母は本願寺から姿を消したのです。後年、蓮如は自ら各地に足を運んで布教を続けたわけですが、この蓮如の布教の旅には、どこかへ行ってしまったお母さんを探す、という目的もありました。結局、お母さんは見つかりませんでしたが、不思議なことに、母が持ち出したはずの六歳の蓮如の肖像画だけが見つかります。この蓮如像は鹿子の小袖を着た姿で描かれているので「鹿子の御影」と呼ばれます。

滋賀県大津市に西国三十三所霊場の第十三番札所である石山寺があります。本尊は如意輪観音で、ふだんは秘仏であるため厨子の扉が閉められています。ところが、ある時、この厨子に「鹿子の御影」が掛かっているのが発見されたのです。本来、仏に性別はありませんが、石山寺の如意輪観音はまるで優しい女性のような、慈母のような姿をした観音様です。こうしたことから、蓮如の母は石山寺の如意輪観音だったのだ、如意輪観音が蓮如を産むために人間の姿で本願寺に下女として現れたのだ、蓮如は石山寺の観音の子供なのだ、という伝説が生まれることになりました。その石山寺の観音様の申し子である蓮如が建てた御坊なので「石山御坊」と呼ばれるようになったのです。

この二つの石山伝説により、当時は「大坂御坊」「大坂本願寺」と呼ばれたお寺が、後世、「石山御坊」「石山本願寺」と呼ばれるようになりました。

また近年では、秀吉が立派な石造りの大坂城を築いたことから、「石山」という地名が生まれたのではないか、とする考えも出されています。天正十八年（一五九〇）の小田原攻めのとき、秀吉が総石垣の立派な城を築いたため、その地が「石垣山」と呼ばれるようになったのと同じ発想です。

大坂本願寺と寺内町

蓮如の時代に本願寺は巨大教団に成長しましたが、それは他の宗派から信者を奪ったということですので、本願寺は他宗から敵視されるようになりました。とりわけ法華宗（日蓮宗）と敵対するようになります。そもそも、浄土真宗と法華宗はともに一神教のような色彩が濃厚です。本来、仏教は、大日如来や阿弥陀如来、薬師如来、観音菩薩や普賢菩薩、不動明王や愛染明王など多くの仏尊がいるという考えですが、浄土真宗では阿弥陀如来しか認めません。一方、仏教には、膨大な数の経典がありますが、その中で法華経しか認めないというのが法華宗ですから、浄土真宗と法華宗では、それぞれ認めるものが異なるのです。当時、京都で勢力を誇っていた法華宗とそのすぐそばの山科で急成長してきた本願寺の関係が良いはずがありません。

　浄土真宗は阿弥陀如来しか認めないといいました。ですから、本来なら阿弥陀如来を祀るお堂が一つあればいいはずです。ところが、現在、JR京都駅のすぐ近くにある東本願寺、その西側にある西本願寺に行きますと、どちらも大きなお堂が二つ並んでいます。一つは本堂の阿弥陀堂ですが、この本堂よりさらに大きいのが「御影堂（ごえいどう）」です。宗祖である親鸞聖人の木像（御影）を祀るお堂です。本願寺派でも、大谷派でも、ふつうのお寺ではお堂は一つですが、本山である西本願寺、東本願寺にはもう一つ、御影堂がある。すなわち宗祖親鸞の御影が祀られるお寺こそ、本願寺の本山である、ということを示しているのです。

　天文元年（一五三二）、法華宗徒らによって山科本願寺が焼き打ちされ、十世証如は大坂御坊へ逃れました。親鸞の御影は本願寺本山の象徴で、恰好（かっこう）の攻撃対象ですから、蓮如十三男の実従らが懸命に持ち出し、翌二年になって、無事、御影は大坂御坊へ到着しました。この御影の遷座をもって大坂御坊が本山となり、「大坂本願寺」と呼ばれるようになったと考えられています。ただ、近年の研究では、本願寺は、この時点では未だ山科での再興を諦（あきら）めておらず、その計画を破棄して、名実ともに大坂本願寺が本山としての機能を整えるのは天文六年三月頃であるとの考えも出されています。

この大坂御坊・大坂本願寺の周囲には寺内町が形成されました。天文五年の段階で既に、北町・清水町・南町・北町屋・新屋敷・西町という六町の存在が確認され、さらに檜物屋町・青屋町・横町・中丁などの枝町も成立します。

大坂本願寺も、山科本願寺のように、いつ焼き打ちされるかわからないので、各地の門徒が交代で大坂へやってきて警備にあたる「番衆」という制度がありました。おもしろいのは、門徒たちが大坂へ行くことを「上洛」と呼び、大坂に滞在することを「在京」と呼んでいることです。戦国大名にとっての「上洛」は天皇のおわします京都へ向かうことでしたが、本願寺門徒にとっては本願寺本山のある大坂こそが彼らの「都」だったわけです。当時の人坂は本願寺王国の首都だった、ということになります。

私は、しばしば織田信長にとって最大の強敵は誰だったかという質問を受けます。尋ねたメディアの方々が期待する答えは武田信玄や上杉謙信といった名前なのですが、私は信長にとって最強の敵は本願寺、あるいは足利義昭だったと答えるようにしています。別に命をてらって言っているのではなく、ほんとうにそう思っています。

そもそも、本願寺は信長や信玄・謙信ら戦国大名と同じ土俵の上で語れる存在ではありません。中学・高校の教科書や副読本には、時代ごとの戦国大名の勢力図が掲載されています。織田信長や武田・上杉・北条・今川・毛利・尼子・長宗我部・大友・島津・龍造寺といった大名たちの勢力範囲が色分けされ、時代とともにそれぞれの勢力が推移する様子がわかるようになっているのですが、そうした地図で、本願寺はというと、大坂のところにポツンと点が打ってあるだけです。もし本願寺の勢力がその程度であるならば、全く恐るるに足らない存在ですが、決してそうではありません。本願寺は、戦国大名と同じ地図上で表現できない勢力なのです。

戦国大名が自分の領民だと思っている人々も、本願寺からすれば彼らは本願寺の門徒ということになります。大名が自分の領国だと思っているところも、そこは本願寺の門徒たちが住んでいる本願寺王国の一部ということになります。戦国大名のそれとは別に、もう一枚日本地図を用意しないと、本願寺の勢力範囲は表現できないのです。そして、もう一枚の地図で表すと、当時の本願寺の勢力範囲は織田信長のそれよりずっと大きくなるはずです。「安芸門徒」といわれるように、毛利氏の領国は本願寺の一大勢力圏でしたし、越前から加賀・能登・越中・越後といった北陸地方、信長や家康のお膝元の尾張・三河もまた本願寺勢力の強い地域でした。領民だけではありません。戦国大名の家臣もまた真宗の門徒であるというケースもありました。有名な例としては、徳川家康の重臣である本多正信は、家康が三河一向一揆と対立した時、主君家康ではなく、一向一揆の側に身を投じました。こうした各地の一向一揆を指揮し、その頂点に君臨したのが大坂本願寺だったのです。このように本願寺は、戦国大名と同じ論理、同じ地図では表せない巨大勢力だったわけです。

◇――石山合戦

本願寺十一世顕如が美濃の郡上惣門徒中に宛てた元亀元年（一五七〇）九月二日付の書状には、織田信長が本願寺に対し、寺地を明け渡すよう要求したことが記されています。当然、顕如は信長の要求をはねつけ、同年、本願寺は信長と戦闘状態に突入します。いわゆる「石山合戦」の始まりです。戦いは十年間におよび、戦の天才信長をもってしても、ついに大坂本願寺を落とすことはできず、天正八年（一五八〇）、正親町天皇の調停によって両者は和議を結びました。これにより、本願寺は大坂から出ていくことになり、顕如は紀州鷺森（現在の和歌山市）へ退去しました。

しかし、顕如の長男である教如は徹底抗戦を主張し、大坂に残って信長と戦い続けます。本願寺は顕如を支持するグループと教如を支持するグループの真っ二つに分かれ、これが本願寺の東西分裂の遠因となりました。後に、顕如を支持したグループが西本願寺、教如を支持したグループが東本願寺に分立することになったのです。徹底抗戦を叫んだものの、既に本願寺全体でも信長に対し劣勢でしたから、半分になった教如のグループだけで、信長に太刀打ちできるはずがありません。結果的に教如は信長に敗れ、天正八年八月、大坂から退去します。その際、大坂本願寺と周辺の寺内町は二日一夜燃え続けて全焼しました。

◇織田信長の大坂城

信長が朝廷に提出した天正八年三月十七日付の起請文には「大坂退城」という文言が何回も出てきます。本願寺が大坂から出ていくことを「城から退く」と表現しているのです。また、江戸時代初期に小瀬甫庵（おぜほあん）が著した信長の伝記『信長記（しんちょうき）』にも「當城を相渡し然るべき」、「大坂の城うけ取の奉行」といった記述があり、ここでも大坂本願寺が「城」と表現されています。そして、信長・秀吉に仕えた太田牛一（ぎゅういち）が著した『信長公記（しんちょうこうき）』には、大坂本願寺は「加賀国より城作を召し寄せ」て築かれたという記述があり、本願寺は名前こそ「寺」ではあったものの、城作りの職人によって建設され、城郭のような外観を呈していたことがわかります。

また、『足利季世記』では大坂本願寺が「摂州第一ノ名城」と称えられています。『信長公記』には、

抑（そもそ）も大坂は凡（およ）そ日本一の境地なり。其子細は、奈良・堺・京都に程近く、殊更（ことさら）に淀・鳥羽

より大坂城戸口まで舟の通ひ直にして、四方に節所を抱へ、北は賀茂川・白川・桂川・淀・宇治川の大河の流れ幾重共なく、（中略）日本の地は申すに及ばず、唐土・高麗・南蛮の舟海上に出入り、五畿七道集りて売買利潤富貴の湊なり。

と、信長が大坂を最大限に評価していたことが記されています。

信長は、大坂本願寺の跡を「大坂城」として使い始めました。但し、秀吉の長浜城や柴田勝家の北ノ庄城、明智光秀の坂本城のように、家臣を城主とする城ではなく、あくまでも自身の城として利用しました。『細川忠興軍功記』に、「天正十年春、信長様御代、大坂之御城御本丸は丹羽五郎左衛門長秀殿御預り、千貫矢倉は織田七兵衛に御預け被成、被召置候由之事」という記述があります。春は一月から三月の間を指しますので、本能寺の変が起こる六月二日の数ヶ月前のことになりますが、信長は大坂城の本丸に丹羽長秀、千貫矢倉のある二の丸には甥の織田七兵衛（津田信澄）を配置していたことがわかります。信長は、和泉国の支配拠点となった岸和田城でも、本丸に織田信張、二の丸に蜂屋頼隆というように、別々の武将を入れて、互いに競争させ、監視させるという方法を取っています。これが信長の手法だったのでしょう。大坂城もそうした体制で運営されたことがわかります。

ところで、戦国時代には何人かの大名が上洛を企てたといわれます。たとえば、今川義元は駿府、武田信玄は甲府、上杉謙信は越後の春日山に本拠を置いたまま上洛戦を展開しました。

たしかに彼らは強大な大名でしたので、彼らの力をもってすれば、京都を陥落させることは可能だったかもしれません。けれども、本拠地がそれほど遠かったら、長期にわたって京都を維持することは困難です。その点、信長は尾張の清洲から始まり、勢力の伸長とともに、小牧山、岐阜、安土と、本拠を西へ西へと移してきました。ここが他の大名たちとは一線を画する、信長の凄いところです。信長は、京都に近い安土に本拠を置いたからこそ、何かがあればすぐに駆けつけて京都を守ることができたのです。そして、安土を本拠としている時代に本能寺の変が起こり、信長が非業の死を遂げたため、「安土桃山時代」というように時代の名前にも「安土」の地名が残りました。しかし、はたして信長はそのまま安土を最終的な本拠にするつもりだったのでしょうか。安土の先を考えていなかったのでしょうか。

本能寺の変が起こった天正十年六月二日の時点ではまだ、大坂城は四国の長宗我部攻めの最前線でしたので、そこに本拠を移すには危険が伴いました。ですが、四国平定が済み、中国の毛利氏をもう少し西へ追いやった段階で、信長は本拠を安土から大坂へ移すつもりだったのではないか、信長は最終的な本拠地として大坂を考えていたのではないかと私は思います。そう考える一つの材料が『川角太閤記』です。

『川角太閤記』は、「太閤記」とはいうものの物語ではなく、秀吉家臣の田中吉政に仕えた川角三郎右衛門が、秀吉や秀吉の時代に関することを書き留めた覚書です。そこに、本能寺の変の後、中国大返し途上の秀吉から、大坂城の御番衆に内々に手紙が届けられたことが記されています。その内容は「其の御城何方へも相渡されまじく候。其の子細は、上様の御跡御次ぎなさるべく天下人え目出たく相渡さるべく候」というものでした。つまり、大坂城は信長の跡を継いで天下人となる人がお入りになる大切なお城なので絶対に誰にも渡してはならない、と秀吉が言って来たというのです。大坂城は天下人の入る城という認識があったことがわかります。これは、信長が安土の次に大坂城に本拠を移すことを考えていた一つの証拠になるのではないでしょうか。

◇——秀吉の大坂築城

本能寺の変後、秀吉らが六月十三日の山崎合戦で明智光秀を討ち、六月二十七日には清洲城に秀吉、柴田勝家、丹羽長秀、池田恒興という四人の織田家宿老が集まり、いわゆる「清洲会議」が開かれました。そこで摂津一国は信長の乳兄弟である池田恒興のものとなり、池田恒興が新たな大坂城主になることが決まりました。けれど、信長の後継者をめぐる争いは秀吉と柴田勝家に絞られ、翌天正十一年四月の賤ヶ岳合戦で秀吉が柴田勝家に勝利します。その翌月の天正十一年五月に、前田利家の娘で後に秀吉の側室となるまあ姫に宛てた秀吉自筆の手紙が残っています。

いそぎ其方へまつ〳〵参可申候へとも、さかもと（坂本）ニい（居）申候て、大ミ（近江）うちのちきやう（知行）あらた（改）めさせ、又ハしろとも（城共）わら（破）せ申候て、こゝもとひま（暇）をあけ（明）候ハゝ、大さか（坂）をうけとり候て、人数いれおき、くに〳〵のしろわり（城破）候て、これいこ（以後）むほう（無法）なきやうニいたし申候て、五十ねんもくに〳〵しつまり候ようニ申つけ候

急いであなたのところへ飛んでいきたいのだが、自分は今、坂本城にいて、近江の知行改め（村落の生産高、実効支配の調査）や城破（しろわり）（山城や砦の破却）をやって忙しくしている。そうした作業が一段落して時間ができたら、池田恒興から大坂城を受け取って軍勢を入れ、各地の城破もして、今後は無法な戦争が起こらないように、五十年も平和が続く国にしてみせる、と書いています。大坂城を拠点に全国を平定し、平和な社会をつくってみせるという、高らかな宣言になっています。そして、この手紙にある通り、秀吉は池田恒興に大坂城の明け渡しを要求し、池田恒興は美濃の大垣城へ移りました。

奈良・興福寺の子院多聞院の僧英俊が書いた『多聞院日記』の天正十一年六月二日条に、「去年ノ今日ハ信長生害消肝了、京都ニテ種々弔在之云々、（中略）羽筑今日大坂へ始テ入城云々」とあります。去年の今日は信長が殺されたという知らせを聞いて驚いた、今日は京都の多くの寺で信長一周忌法要が行われた、秀吉（羽筑＝羽柴筑前守）が大坂城へ入城したらしい、と記

豊臣秀吉木像（大阪城天守閣蔵）

されています。多くの一周忌法要の中で最大のものが秀吉主催の大徳寺でのそれで、そこには秀吉こそが唯一無二の信長の正当な後継者であることを世間に広く知らしめるという狙いがありました。秀吉は信長の後継者として大坂城へ入り、ここを根拠に天下統一に邁進することになったわけです。はっきりと「大坂へ始テ入城」とあり、既にあった大坂城に秀吉が入ったと記されています。秀吉が全く一から大坂城を築いたわけではないのです。

　秀吉は類まれなる政治家であり、今の言葉でいうメディアミックスを行いました。何か事があるたびに側近の大村由己に物語を作らせました。これらの物語を総称して「天正記」と呼びますが、その一つに『柴田退治記』があります。そのタイトルでもわかるとおり、正義のヒーロー秀吉が悪漢柴田勝家を退治するという物語です。その中で、

　秀吉は摂津の国大坂において城郭を定む。かの地は五畿内の中央にして、東は大和、西は摂津、南は和泉、北は山城。四方広大にして、中に巍然たる山岳なり。麓を廻る大河は淀川の末、大和川流れ合ひて、其の水即ち海に入る。大船小船、日々岸に着く事、数千万艘

と云ふ事を知らず

という記述があります。いかにも秀吉らしい誇張表現ですが、信長と同じく、秀吉もまた大坂の地を最大限に評価していたことがわかります。

そして秀吉による大坂築城が始まります。公卿で、吉田神社の神主でもあった吉田兼見が開始されたばかりの築城工事の様子を目撃しています。彼の日記『兼見卿記』天正十一年九月一日条に、「巳刻発足和泉堺、至平野見物、（中略）自今日大坂普請之由申了」とあり、朝、堺を出発して平野を見物した、今日から大坂城の築城工事が始まった、と明確に記されています。「河内路罷通、里々山々、石ヲ取人足・奉行人等数千人不知数」とあり、兼見は、平野から京都へ帰る途中に、信貴・生駒の山々で数千人もの奉行・人足が大坂築城に使う石を取るために働いている様子を目にしています。

秀吉の大坂城は、四期にわたる大工事を経て最終的な姿に完成しました。第一期工事が天正十一年九月一日から同十三年四月頃、第二期工事が天正十四年正月から同十六年三月頃、第三期工事が文禄三年（一五九四）正月から同五年頃、第四期工事が慶長三年（一五九八）六月から同四年頃です。

イエズス会の宣教師であったルイス・フロイスの一五八五年十月一日（天正十三年閏八月八日）付の書簡には、

筑前殿はまず同所（大坂）に甚だ宏大な城を築き、其中央に甚だ高い塔を建て堀・壁及び堡塁を設けた。（中略）右は悉く旧城の壁及び堀の中に築かれたが、古い部分も皆改築して、堡塁及び塔を附し、其の宏大・精巧・美観は新しい建築に匹敵している。殊に重なる塔は金色及び青色の飾を施し、遠方より見え一層壮厳の観を呈している。

とあり、秀吉は旧城の構えを利用して大坂城を築いたが、それがあまりにも素晴らしく、立派に仕上がったので、まるで新しい城ができたような印象を受けた、と記されています。

また、『フロイス日本史』には、秀吉の建設した大坂城は「建築の華麗さと壮大さにおいては安土山の城郭と宮殿を凌駕した」とあり、一五八四年一月二十日（天正十一年十二月八日）付のルイス・フロイス書簡にも、大坂城の「諸建造物は、信長が安土山に於て造りたるものに比して、二三倍宏壮華麗なり」とあります。フ

大坂夏の陣図屏風より「大坂城部分」（大阪城天守閣蔵）

ロイスは、信長の安土城について、「その構造と堅固さ、財宝と華麗さにおいて、それらはヨーロッパのもっとも壮大な城に比肩し得るものである」と絶賛しました（『フロイス日本史』）。そのフロイスが、秀吉の大坂城を信長の安土城より「二三倍宏壮華麗」と言っているのです。しかもこの時点で、大坂城はまだ第一期の築城工事の真っ最中なのです。『モンタヌス日本誌』は一六六九年にオランダのアムステルダムで初版が刊行され、その年のうちにドイツ語版、翌年には英語版・フランス語版も刊行され、長い間、ヨーロッパの人びとが日本を理解する際に基本とされた書籍ですが、そこには、「此城の建築が、巨額の費用を惜まず、よりて世界第八の奇観を以て称せらるるに至りしは、太閤様の力なり」と記されています。中世のヨーロッパでは、とても人間が作ったとは思えない壮大な建造物が「世界の七不思議」と呼ばれました。ローマのコロッセウム、アレクサンドリアのカタコンベ、万里の長城、イギリス南部のストーンヘンジ、ピサの斜塔、南京・大報恩寺の瑠璃塔、イスタンブールの聖ソフィア大聖堂がそれらですが、秀吉の大坂城はそれらに次ぐ「世界八番目の不思議」と称えられたのです。豊臣時代の大坂城は、最外郭の惣構を含めると、東はＪＲ大阪環状線、北は大川（旧淀川）、西は東横堀川、南は空堀通りという範囲になり、その面積は、現在の特別史跡大坂城跡のおよそ七倍にも達します。秀吉の大坂城はこれほどの巨大城郭として完成したのです。

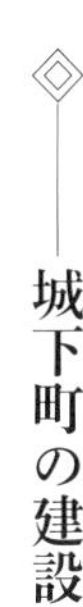

城下町の建設

戦国時代には城が山の上にあり、城下町はその麓にあったため、城下町は「山下（さんげ）」と呼ばれました。先ほどの『柴田退治記』に、「南方は平陸にして、天王寺・住吉・堺津へ三里余り、皆、町・店屋・辻小路を立て続け、大坂の山下となるなり」とあります。秀吉は大坂城から堺まで続く城下町を建設しようとしたのです。

一五八四年一月二十日（天正十一年十二月八日）付のルイス・フロイス書簡にも、「新たに造る町の拡大に意を用ひ、大坂より三レグワの距離に在る堺の町に接続せしめんとす、而して本年工事を始めたるに拘（かかわ）らず、既に約二レグワの天王寺まで家続きとなりたりといふ」と記されています。城下町は堺まで繋げる計画で工事が始まり、ごくわずかの期間で既に天王寺まで家続きになったのです。秀吉は大坂城の築城よりも先に城下町の建設を開始していたことがわかります。『柴田退治記』は秀吉特有の誇張を含む表現がしばしばみられますが、フロイスの書簡によって、この城下町建設に関しては決して誇張ではなかったことが裏付けられます。

『フロイス日本史』には「かくてあたかも信じ難いようなことであるが、わずか四十日間に二千五百以上の家屋が完成した」とも記されています。『兼見卿記』天正十一年八月三十日条

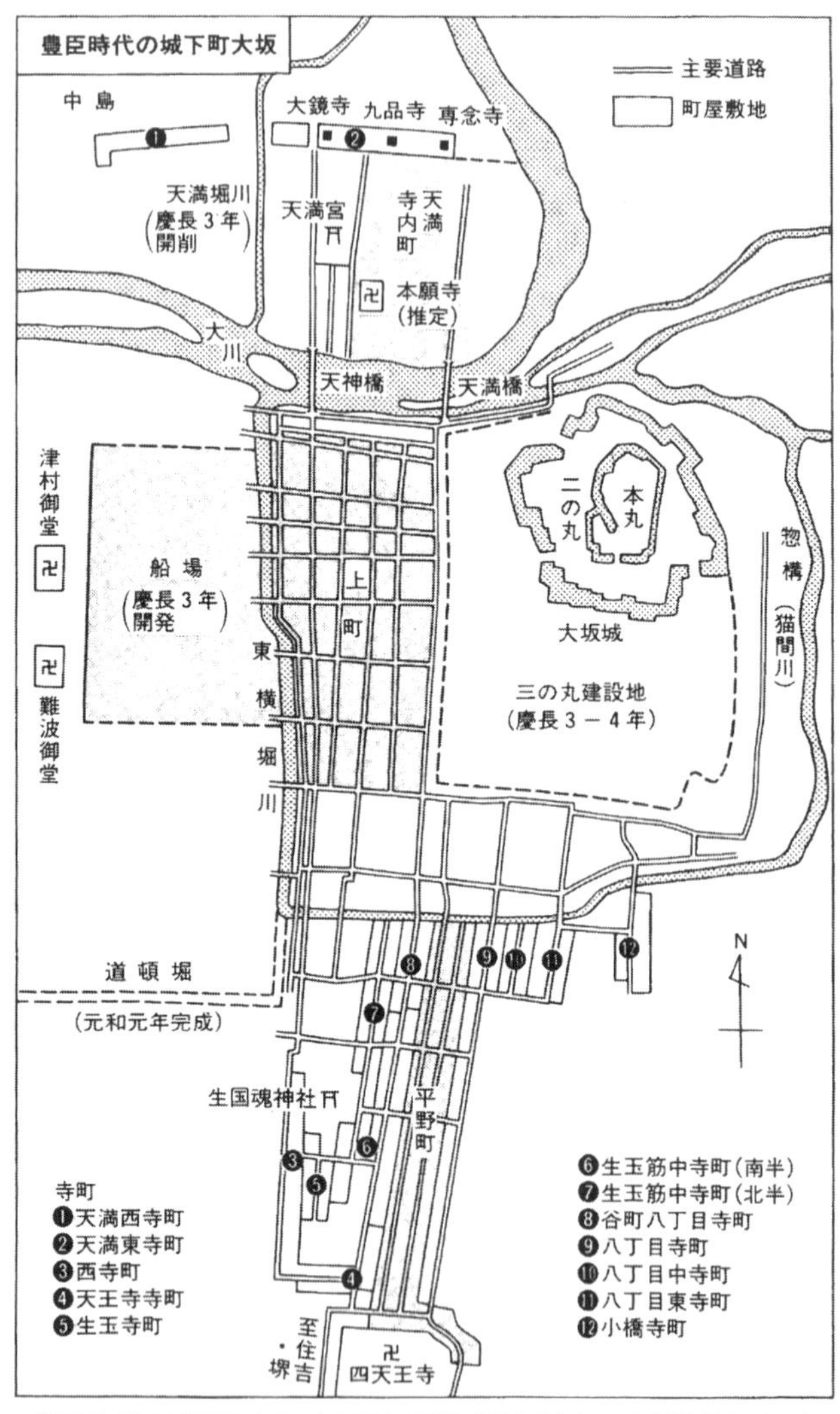

豊臣時代の城下町大坂（内田九州男『豊臣秀吉の大坂建設』より）

にも、「長岡越中宿所へ音信、屋敷普請場ニ在之、即面会、築地以下普請驚目了、宿所未仮屋之躰也、諸侍各屋敷築地也、広大也、在家天王寺へ作続也」とあり、細川忠興（長岡越中）屋敷の普請現場に行くと、立派な築地塀が出来上がっていて驚いた、細川家以外の武将の屋敷もすべて立派な築地塀で、屋敷も広大だ、もう天王寺まで町がつながっている、と記しています。猛烈なピッチで城下町の建設が進んでいる様子がよくわかります。

では、この大坂城と四天王寺の間に新しく建設された町にはいったいどのような人びとが住んだのでしょうか。一五八四年一月二十日（天正十一年十二月八日）付のルイス・フロイス書簡に、

> 堺の彼方約一レグワ半又は二レグワの所に、城の如く竹を以て圍ひたる美しき村あり、名を平野（ひらの）と言ふ、（中略）此処に大に富める人々居住せしが、羽柴は使を遣し、其町を一層盛なるものとなさんため、大坂に移らんことを求めたり

とあって、裕福な平野の町人たちが移住させられてきたことがわかります。このため、新しくできた町は「平野町」と呼ばれるようになりました。『兼見卿記』天正十一年九月一日条には、吉田兼見が平野を訪れると、「當在所悉天王寺へ引寄也、竹木堀以下埋之也」、すなわち、住人がすべて天王寺に引っ越してしまい、環濠も埋め立てられて廃墟となった平野の様子が記されています。

このように、大坂城と四天王寺の門前町を「平野町」でつなぎ、さらに住吉、そして国際貿易港として栄えた堺までを結ぶ計画で、秀吉の城下町建設工事は始まりました。戦国時代の二大商業都市であった平野と堺をともに大坂の城下町に組み込もうとしたのです。秀吉は大坂を巨大な経済都市にすることを目論みました。

さらに秀吉は京都から大坂への遷都を企てます。

一五八四年一月二十日（天正十一年十二月八日）付のルイス・フロイス書簡に、

> 羽柴は又若し可能ならば、都の町を同所（大坂）に移さんと決し、（中略）使者を内裏の許に出し、大坂に移らんことを請ひ、信長が安土山に於いて、内裏のために造りしものに劣らざる立派なる宮殿を作らしむべしといへる由なり

とあり、秀吉が朝廷に使者を送り、信長が行幸用に安土城内に建てた宮殿よりもさらに立派な宮殿を用意するので大坂へ遷都してほしい、と願い出たことが記されています。これに対して正親町天皇は、遷都は、三百年余りの間、前例のないことなので大いに考慮を要する、もし公家たちがこれに賛成するのなら、その後に可否を考えたい、と返答したと記されています。

一五八四年一月二日（天正十一年十一月三十日）付のルイス・フロイス「一五八三年度　日本年報」にも、秀吉の遷都計画について、

> 又聞く所に依れば日本の王なる内裏及び都の主要なる寺院を此所に移さんとしてゐる。都

から同所までは十三レグワある故、此移転に要する経費と困難は非常なものであるが、若し之を厭ひ又は反対する者があれば、當八四年には都の市に火を放つて焼払ふと誓つたといふことである。

と記されています。

大坂遷都の計画については、イエズス会宣教師の記録にしか出てこないことから疑う考えもあったのですが、実は、国内の史料にも記述があり、天正十一年九月十五日付の本多忠勝書状に「来春者、京都をも大坂へ可引取之由候」と書かれています。

このように、秀吉は大坂城を築いて天下統一の拠点とし、さらに大坂への遷都まで計画したのですが、結果的には、逆に秀吉が京都に移ることになりました。天皇から関白の職を授かり、秀吉は京都に聚楽第を築いて、ここに本拠を移したのです。さらに晩年には伏見に本拠を移し、秀吉は伏見城で六十二歳の生涯を終えました。

最後に、秀吉最晩年の慶長三年（一五九八）に行われた新たな城下町建設に触れておきたいと思います。

秀吉は後継者である秀頼のために、慶長二年正月、京都の下京東部で新たな築城工事をスタートさせました。同年四月、新城建設の場所が禁裏東南の地に変更となります。同年九月二十六日、秀吉は秀頼をともなってこの城に入り、二十八日には参内し、秀頼は宮中で元服しました。

そして、秀頼は従四位下左近衛少将に任ぜられています。
この洛中の城は「京の城」「京都新城」「秀頼卿御城」などと呼ばれましたが、最終的に秀吉は、秀頼に大坂城へ入るように遺言します。これにともなって行われたのが大坂城の第四期築城工事です。一五九八年十月三日（慶長三年九月三日）付のフランシスコ・パシオ書簡には、
それから国の統治者が亡くなると戦乱が勃発するのが常であったから、これを未然に防止しようとして、太閤様は日本中でもっとも堅固な大坂城に新たに城壁をめぐらして難攻不落のものとし、城内には主要な大名たちが妻子とともに住めるように屋敷を造営させた。太閤様は、諸大名をこうしてまるで檻に閉じ込めたように自領の外に置いておくならば、彼らは容易に謀叛をお越し得まいと考えたのであった。
と記しています。秀吉は、秀頼を守るために、「日本中でもっとも堅固な大坂城に新たに城壁をめぐらして難攻不落のものとし」たのです。さらに、パシオは、
大坂城に新しくめぐらされた城壁の長さは三里にも及びました。その労力に対して支払われた賃金は数千金にも達しましたが、太閤様はこれについてすこしも支払うことはなかったのです。その区域内にはそれまでに商人や工人の家屋七万軒以上があったのですが、すべて木造でしたから、住民自らの手ですべて二、三日中に取り壊されてしまいました。その命令に従わぬ者はみな、財産を没収すると伝えられていたのです。ただし、立ち退きを

命ぜられた住民に対しては、長く真直ぐな道路で区分けした代替地が与えられました。そしてそれぞれの家屋は、軒の高さが同じになるように、また檜―日本における最良の材木―材を用いるようにと命令されました。この命令に従わなかった者は、地所も建築に必要な材木も没収されると言うことでした。

と記しています。

これにより、第四期工事で、新たに大坂城内に組み込まれることとなった地域の住民たちが、強制移住させられ、彼らの住むニュータウンが建設されたことがわかります。この強制移住について、光徳寺（真宗大谷派）の『松谷伝承記』は

慶長三年戊戌大坂町中屋敷替につき當寺の房舎東成の郡―今の上堺町―をさりて同西成郡―今の南久太郎町壱丁目―に引移す

と記し、浄安寺（真宗大谷派）の『浄安寺由緒書并記録』には

慶長三戊戌大坂町中屋敷替之節町人一同ニ（安土町上町ヨリ）今ノ安土町三丁目表口五間裏行廿間屋敷へ引越

とあるので、「大坂町中屋敷替」と呼ばれたことが知られます。浄土真宗寺院は、かつて一向一揆を組んで織田信長や豊臣秀吉、徳川家康に対抗した歴史があるため、寺町に入って特権を得ることは許されず、町人たちと一緒に町中に存在しました。したがって、光德寺や浄安寺

の引越先から、町人たちの移住先を知ることができます。両寺が移転した「南久太郎町壱丁目」も「安土町三丁目」も船場の地名です。大坂築城の第四期工事にともない新しく開発されたニュータウンとは「船場」だったのです。船場（北船場）は、海辺の低湿地を開発して新たに建設されました。そして、江戸時代になると、さらに南船場・西船場・島之内・堀江が次々と開発され、大坂城の城下町は大坂城西側のウォーターフロントに大きく発展していくことになったのです。

秀頼は、父秀吉の遺言にしたがい、慶長四年（一五九九）正月十日に大坂城に移ります。豊臣家の本拠地が再び大坂城に戻ってきたのです。そして、慶長二十年五月八日、大坂夏の陣に敗れた豊臣家は大坂城で滅亡しました。

今回は、蓮如の大坂御坊草創から始まって、大坂本願寺、信長の大坂城、池田恒興の大坂城と、秀吉以前の大坂城前史をたどり、その後、大坂城へ入った秀吉が、どのように築城工事を行い、城下町大坂をどのように整備・開発したのか、そして秀吉は大坂で何をやろうとしていたのかというお話をさせていただきました。

池田輝政、城下町姫路を造る

―村から町へ―

小栗栖　健治

◇はじめに

本日は播磨学特別講座「姫路の城下と播磨」の第5講、テーマは「城下町姫路の誕生―村から町へ―」でございます。姫路は播磨国の国府がおかれ、山陽道（西国街道）が通過し、北に向かう但馬街道、西北に向かう因幡街道の起点でもありました。また、南には港として飾磨津があり、瀬戸内海を臨む地に位置していました。姫路の都市的発展は、中世以前に形成されているのですが、現代社会の姫路の祖型はやはり池田輝政による姫路城の築城に始まるといっても過言ではありません。

池田輝政による姫路城の築城は、姫路の町や村の様相を一変させました。姫路城の縄張りが行われ、天守、城下町が建設されることによって、城地となった町や村は解体され、そこで暮らしていた人たちの暮らしは失われることになりました。

本日は、池田輝政の姫路城築城という時期を中心に、築城以前の姫路の風景とその後の変容、そして、中世に形成されていた姫路の伝統が、新しく建設された城下町の社会構造や暮らしにどのように影響を与え、また、受け継がれてきたのか、こうしたことがらについて話してみたいと考えています。

池田輝政の姫路城築城

さて、慶長五年（一六〇〇）の徳川方を東軍、豊臣方を西軍として覇権を争った関ヶ原の合戦は、東軍が勝利し、徳川方の武将・池田輝政が城主として姫路に入りました。この時、姫山には羽柴秀吉の姫路城がありましたが、池田輝政はその城を解体し、新たに縄張りを行い、内堀・中堀・外堀に囲まれた総曲輪の姫路城を完成させました。商工業者が居住する地域・町場は中堀の南側を中心に建設されました。

では、城下町ができる前の姫路はどのようなところだったのでしょうか。姫路城や播磨の歴史を研究されていた橋本政次さんは、『姫路城史』（一九五二刊）に姫路を「寒村離々として」と書かれています。「寒村離々」とは小さな村が点在している、このような意味になるのでしょうか。

池田輝政が築城した姫路城は、原野に建設されたのかというと、そうではありません。天守は姫山に築城されましたが、城下町は姫山の山麓・山下に建設されました。「池田家履歴略記」には、

> 姫山（中略）の下なる宿村・中村・国府寺村の三村をも合て、皆姫路と号す。元来城地狭隘（じょうちきょうあい）（秀

吉の城のこと）なれは、伊木長門に命せられ再興ある。伊木引縄して五重の天主を作り、（中略）内外の郭をひろめ、八十八町の市鄽（市や町）を開き、（中略）九年にして功なりぬ。

と記されています。姫山の山下にある宿村・中村・国府寺村の三村を合わせて姫路と称し、この場所に曲輪を展開させ「八十八町の市鄽を開」いた。つまり、宿村・中村・国府寺村の三つの村に城下町を建設した、と。この「池田家履歴略記」には書かれていないのですが、福中村も城下町になりましたので、宿村・中村・国府寺村、そして福中村、この四つの村が姫路城を築城する城地となりました。つまり、城地・城下町となった場所には中世以来の村が存在し、人々の生活が営まれていました。

姫路城は、慶長十四年（一六〇九）、九年という歳月を費やして完成したのですが、ここで池田輝政の築城イメージを確認しておきたいと思います。

姫路城の縄張りは、東西南北をほぼ直線で結び、正方形に近い形で完成しています。天守を中心に捉えると、東と南は外堀からの奥行は深く設計されていることが分かります。東は西国街道（山陽道）の入口、南は飾磨津、瀬戸内海を意識していることが分かります。

東側は、山陽道・西国街道から姫路の町へ入る重要な場所にあり、そこには外京口門が設けられました。また、外京口門と内京口門の間に但馬街道の起点がありました。外京口門の付近が基本的に武家地であったことは、姫路防衛の要地であったことを窺わせています。

南側は、基本的に町人地で山陽道・西国街道を通過させていました。山陽道の取り込みは、経済的発展が企図されていたと考えられることです。城下町と姫路の外港・飾磨津を結ぶために飾磨街道が整備され、また、三左衛門堀が計画されましたが、実現することはありませんでした。

西側は、船場川を外堀としていましたので、本城までの奥行きは浅くなっていました。奥行きの浅さは防衛という観点からは課題を残すことになりました。池田氏の後に姫路に入った本多氏は西の丸の整備、そして、船場川を改修し高瀬舟を就航させることにより、新しい町場・船場地域が建設されることになります。曲輪の外とはいえ、実質的に城下町は拡張され、経済・文化・防衛を担う一角が誕生することになりました。

北側は、船場川と但馬街道の間に外堀は廻っていません。この場所には中間町と足軽町が配置されていました。

池田輝政の築城イメージはこのようなことになりますが、城下町の東側と南側の整備には精力が注がれていました。

「宿村絵図」から探る姫山山麓の村

(1)「宿村絵図」

ところで、城下町となった四つの村については具体的な位置や範囲などを示す史料は確認されていませんでしたので、最近まで中世の村と池田輝政の姫路城との関係は明らかになっていませんでした。ところが、そうしたことの一端を明らかにする史料が確認されました。それが、資料1の「宿村絵図」(英賀神社蔵)です。

宿村の範囲を朱線(資料1では点線で示す)で囲み、そこには「宿村地内町」と書かれています。朱線で示された「宿村地内町」は、北は「中村地内」、東は「国府寺村分地内」、南は「北条村地内」・「芝原村地内」・「南畝村」、西は「福中村地内」・「福中村地内町」に接しています。「宿村地内町」と接するこれら村々は、中世段階の村の境を示しています。

この絵図には「中村」や「福中村」などの村と表記しているところ、それに対して「宿村地内町」と「福中村地内町」の町と表記しているところがあります。この「町」と表記されているところは城下町になったところ、破線で囲まれた範囲は宿村の範囲、「宿村地内町」は城下町となった地域を示しています。

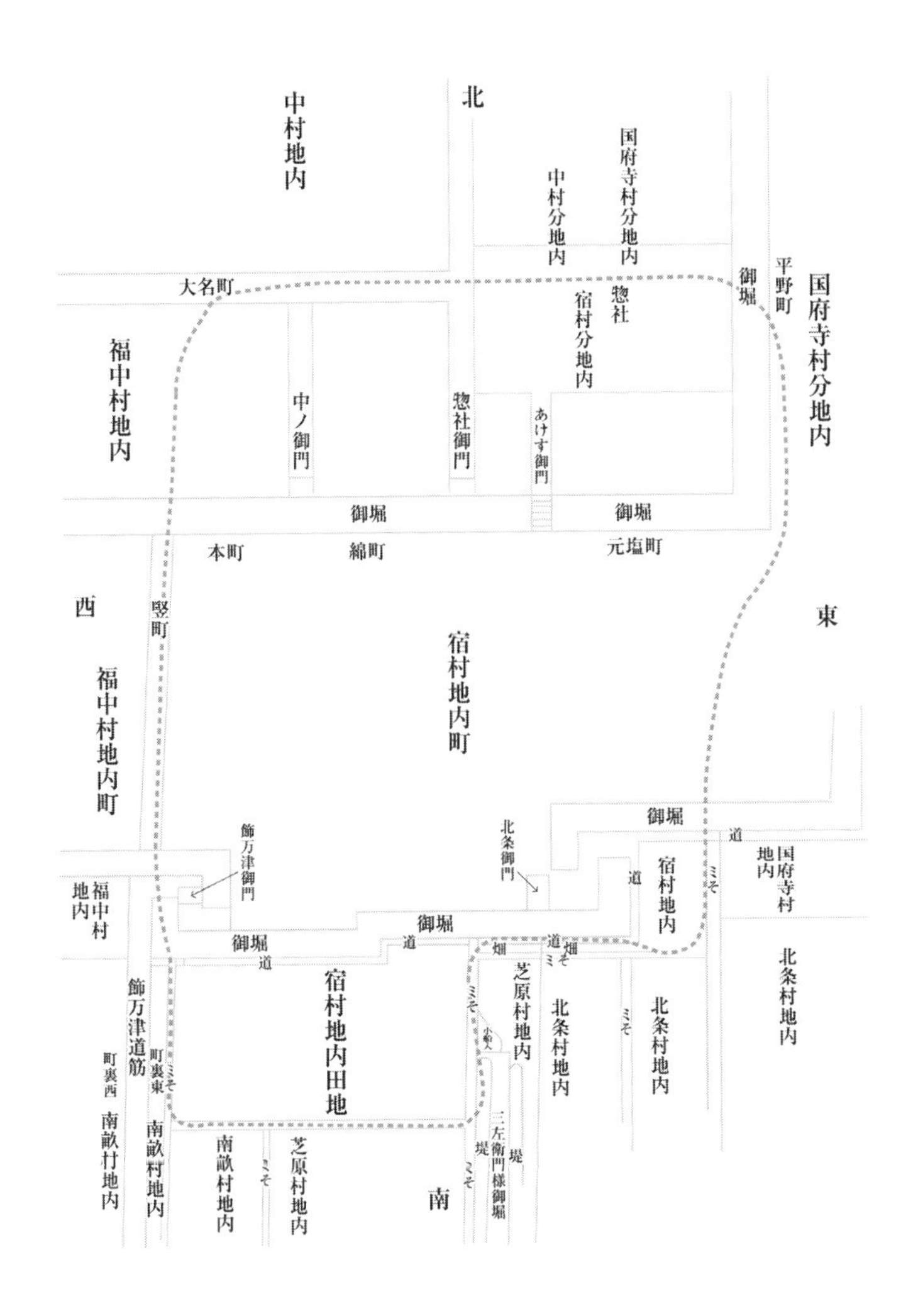

資料１　宿村絵図の解読図（英賀神社蔵）

この絵図が示す宿村の範囲を「姫路御城廻侍屋敷新絵図」（十七世紀中期）により示したのが、資料2です。白い点線の範囲が宿村です。その範囲は、北は大名町と総社の境内、東は平野町の筋、南は飾磨津御門と北条御門の外堀の南、西は竪町の筋に及んでいます。宿村の北部は大名町に隣接していました。

中曲輪と外曲輪を結ぶ城門として「中ノ御門」・「惣社御門」・「あけす御門（鳥居先御門）」があり、南には外曲輪に入る「飾万津御門」・「北条御門」が設けられていました。また、宿村の範囲に成立した町は「姫路御城廻侍屋敷新絵図」によると、

本町、立町、西二階町、西紙屋町、ぬしや町、しろかね町、内たうふ町、新町、わた町、中二階町、中こふく町、こてや

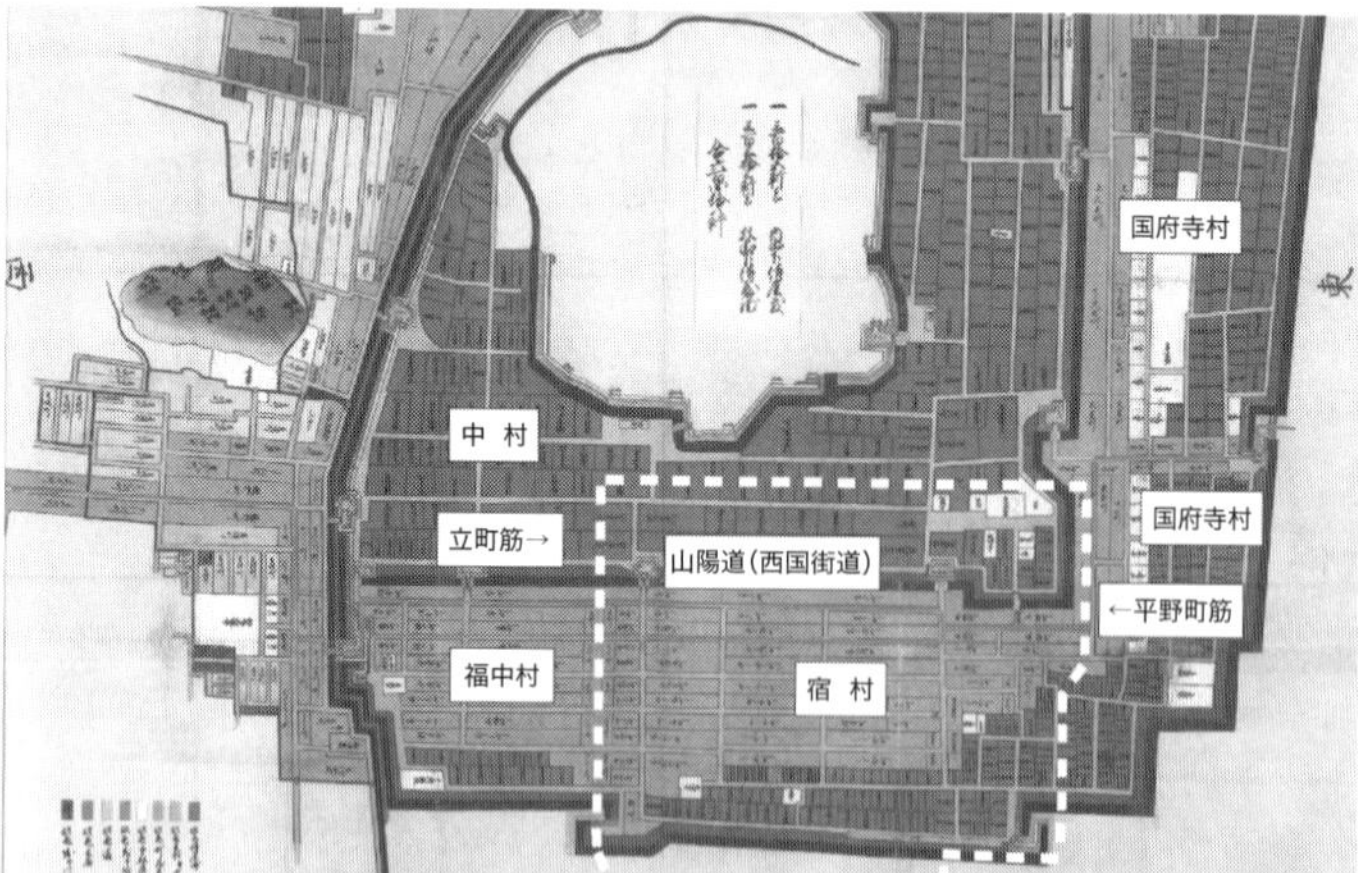

資料２　宿村の位置と山陽道（元図は『姫路市史』第10巻史料編近世１付図「姫路城下町絵図」　姫路市教育委員会蔵）

町、東二階町、東紙屋町、紺屋町、大工町、中の魚町、本塩町、小二階町、ときや町、いつミ町、茶町、東魚町、平野町、

の二十四町、面積としては城下町南部の町人地の半分以上を占めています。これらのなかで元塩町・綿町・本町は、城下町の七十あまりの町を代表する「御城下町・頭丁」・「惣町頭町」とされ、これらの町も旧宿村の範囲にありました。このようにみれば、かつての宿村の上に姫路城の防衛拠点である城門、そして、多くの町の成立していることが分かります。宿村が城下町建設において、中心となった村であることが分かってきます。

宝暦十二年（一七六二）に成立した『播磨鑑』は、姫路の「七不思議」の一つとして「横ニ竪町」をあげています。姫路の町は基本的にヨコに長く作られています。これをヨコ町と呼ぶのですが、そのヨコ町の中にあってタテに長い「竪町」がある、これは不思議だということです。「宿村絵図」からこの竪町の筋が、中世には宿村と福中村の村境にあたりますので、城下町の町割りをする目安となる場所ではなかったのかと推測されることです。そして、宿村の東の端は平野町ですので、この平野町の東が国府寺村、つまり、平野町筋が宿村と国府寺村の村境であったことが「宿村絵図」から分かってきます。

（2）解体された中世の村

「宿村絵図」（資料1）の情報から城下町となった中世の村は、東から国府寺村・宿村・福中村、そして、福中村の北に中村の位置していたことが分かりました。

次に、解体された中世の村は、姫路城の建設によってどのように変わったのでしょうか。

まず、国府寺村です。

天守東側の中堀から京口門の東方に位置した村。城下町の建設にともない国府寺村の西部は城内に取り込まれ、城下町の一部となりました。国府寺町はその遺称です。村は外堀の東に残ったことから、国府寺村は村として存続します。後の城東町です。正保三年（一六四六）の「播磨国郷帳」（村高を示す場合は以下これによる）によれば、江戸時代の村高は四百七石余りでした。

次に、宿村です。

国府寺村の西に位置した村。宿村のほとんどは城下町となり、飾磨津御門の南側に僅かな田畑が残りました。江戸時代を通じて基本的に人家はなく、村としての機能は失いました。十八世紀に姫路藩の藩主であった榊原氏時代の「姫路領分図」（姫路市立城郭研究室蔵）には「宿村田地、村これ無し」と書かれています。宿村には田地はあるが、村としての機能はない、という意味になります。江戸時代の村高は七十五石余りでした。

次に、福中村です。

宿村の西に位置した村。城下町の建設のともない、福中村の東部は城内に取り込まれました。福中町はその遺称です。宿村と同様に村の中心部が城下町となり、備前門の西側に田畑が残りました。福中村という村名は残りましたが、基本的に人家はなく、村としての機能を失いました。「姫路領分図」には「福中村田地、村これ無し」と書かれています。江戸時代の村高は三百五十三石余りでした。

最後に、④中村です。

姫山の南から福中村の北方に展開した村。「姫路領分図」には「中村田地、村これ無し」と書かれています。江戸時代の村高は二百三十二石余りでした。

城下町の建設により、宿村と福中村は町人地、国府寺村は町人地と武家地、中村は高禄の家臣の屋敷地・大名町（侍屋敷）へと姿を変えていました。そして、商人や職人の町人地は大名町の南、中堀と外堀の間に設けられるのですが、その場所が現在の姫路駅前の繁華街へと発展していきます。

◇――山陽道（西国街道）の宿駅―国府と宿村―

ここで、山陽道（西国街道）の道筋を確認しておきたいと思います。姫路は古来より幹線道路である山陽道が通る交通の要衝でした。姫山の南に国府が置かれたことから、城下町姫路の一帯はかつて国府と書いて「こう」と呼ばれていました。姫路付近の室町時代の宿場として、「御着」「国府」「今宿」があり、この「国府」には名所として和歌に詠まれた「国府渡」がありました。『播磨府中めぐり』は「高尾北一反上、小みぞ有、国府の渡りと云う」と記しています。高尾について『播磨国衙巡行考証』は、「高尾ハ今茶町也」とその場所を特定していることからすると、この渡りは茶町の数十メートル北にあったことになります。

『播州名所巡覧図絵』(享和三年序:一八〇三)は、①「国府渡」は白井川の下流、宿村の東側にある、②白井川は橋の町(橋之町)から南へ流れている、③宿(村)の入口は今の平野町である、とその伝えを書いています。おそらく「国府渡」は平野町付近を南北に流れる白井川に設けられた渡りで、その渡りを越えて宿村へと入っていきました。「国府渡」を越えて国府・府中へ入るのですが、そこが宿村、宿村は国府に成立した宿場町でした。ただ、残念なことに白井川の川筋が、現時点では確認することができません。

国府には年貢米を輸送する商人(康安元年:一三六一 東寺百合文書)の存在を確認することができ、宿村には紺屋(天文二十一年:一五五二 正明寺文書)がありました。また、『播磨府中めぐり』に、「高尾に夜ほつ多し」と記しています。「夜ほつ」は遊女のことですので、高尾の付近には多くの遊女がいました。こうしたことから「国府」は、中世後期になると町場化していたことが分かってきます。

城下町となった四つの中世の村は、山陽道と結びついた村々でした。そして、この四つの村の一つに宿村という名前の村がありますが、この村こそが姫路の宿場町に由来する名前になります。

大永二年（一五二二）のことですが、播磨国の守護赤松政村は国府寺村、宿村、福中村に対して三ツ山大祭の「装山」を作ることを命じていました。この三つの村は山陽道に面し、宿駅などの経済活動を背景に、財力を有す豊かな村であったことを推測させてくれます。

◇―国府寺村の中世―「国府寺村絵図」を読む―

（1）「国府寺村絵図」

「宿村絵図」をもとに姫路城築城以前に存在した中世に村について検証を加えてみましたが、この付近の中世を窺ううえでもう一点興味深い絵図があります。江戸時代の終わり十九世紀後半に成立した姫路藩領の地誌『村翁夜話集』に収録されている「国府寺村々長　上村氏所持図縮」が収録されています。これは国府寺村周辺を描いていますので、以下、「国府寺村絵図」と記すことにします。資料3です。

この絵図は、外曲輪の竹ノ門付近から外京口門・国府寺町から国府寺村付近を描いています。外堀が示されていますので、地理的には比較的理解しやすい場所です。外堀の西側に国府寺村、高畑村、幣橋村、竹中村、東側に津田村、轟村など、中世にあった村の名前を見ることができます。

この図の着目すべき点は、竹ノ門から入ったところに、上から「殿町」「外殿町」「トノ町」と書かれていることです。中世の村落社会において「○○殿」と「殿」の敬称を付された地侍などは、一般の農民とは区別され、殿腹あるいは殿腹衆と呼ばれていました。では、この地域にいかなる地侍が居住していたのか、その点を明らかにしなければなりません。

姫路城が築城されると、国府寺村は外堀の西は曲輪に取り込まれ、外堀の東に国府寺村が残されました。そのことを地図で示したのが資料4になります。中世の国府寺村の範囲は実線の枠、点線の枠が江戸時代の国府寺です。そして、後述するように、中世にはこの国府寺村を本拠とする播磨の名家・国府寺氏が居住していました。

(2) 姫路と国府寺氏

この国府寺氏は明治二十一年(一八八八)に姫路を離れ、東京に移られましたので、姫路では聞くことのない名前になりました。

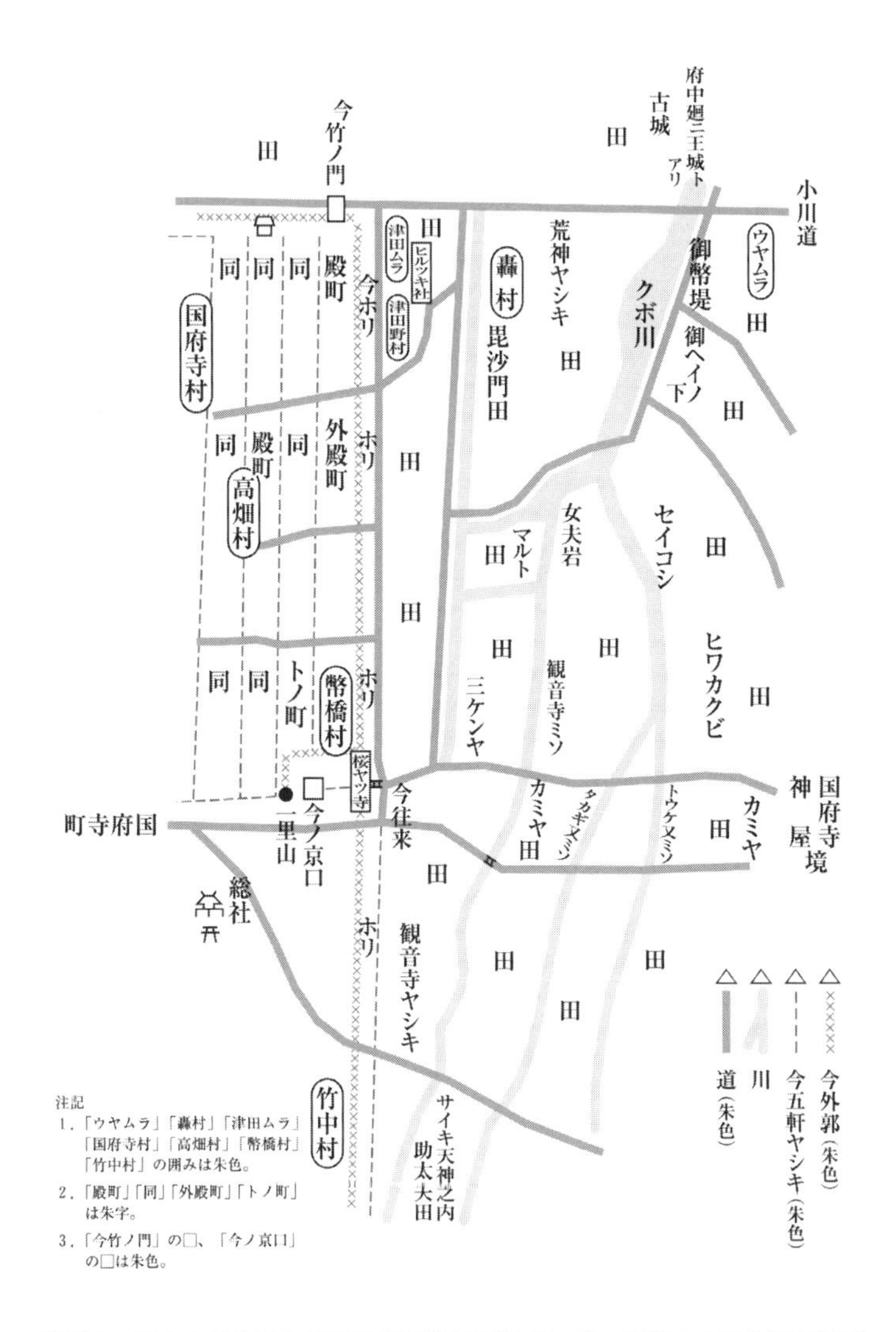

資料3　国府寺村絵図の解読図（『村翁夜話集』第一冊　姫路市立城内図書館蔵）

国府寺氏のことは、十四世紀中期に成立した『峯相記』に「志深庄国府寺ノ事」として、国府寺氏の由緒が語られます。

志深庄国府寺の事。昔、巻尾の姫君と申す人坐(いまし)き。宮を産み奉たりけるを、継母この宮を大路に捨てられたりけり。旅人哀れみ悲しみ奉りて、急ぎ懐(いだ)き取り奉り、父の宮に申したりければ、取り上げ給いて、親王に立て奉り、汝は何の国の者ぞと御尋ねありければ、播

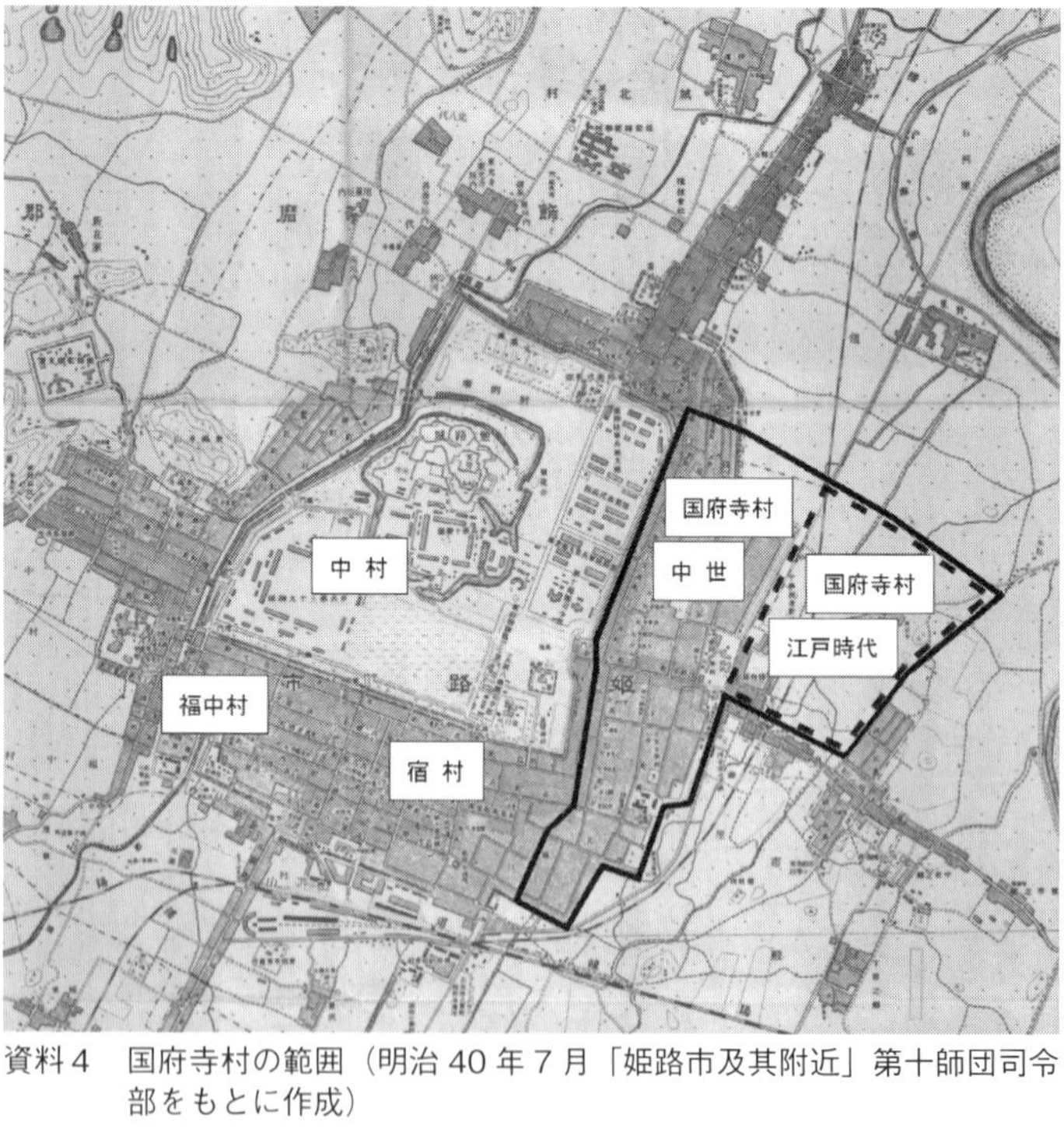

資料４　国府寺村の範囲（明治 40 年７月「姫路市及其附近」第十師団司令部をもとに作成）

磨国の者なりと申す。即ち播磨守に成されけり。我が本住所なりとて、志染（深）にて国務を行いけり。志染（深）の国符（府）この地なり。和泉国巻尾寺はこの宮の御願所と云々、何帝・何世の事ぞや尋ぬべし。

ここには、次のことが書かれています。

①昔、巻尾の姫君という人がおられて、宮を生んだ。（この姫は、姫山に祀られる富姫のこと）
②この宮は継母によって大路に捨てられ、高貴な旅人に拾われた。
③親王に取り立てられた宮は、生国を播磨と話したところ播磨守に任じられた。
④住所が志深であったことからその地で国務を執り、その場所が志深国府であると。

この物語に記される国府寺氏の祖先譚は、国府寺氏のもっとも基本とすべき由緒で、十四世紀の頃には既に成立していました。

『村翁夜話集』は江戸時代の国府寺氏について、

国府寺氏代々町人頭たり。御城引渡の節、立会に出る先例なり。城主御入部の時、御入りありて御盃を殿様へ差し上げ、殿様より国府寺へ御返盃これあるなり。

また、

本多美濃守殿（池田輝政の誤り）の御代、今の本町に来たる。慶長十四年、今の居宅を賜る。

と記すとおり、町人頭、城主交代時の立ち会い、城主入部に際して国府寺家で盃を交わす、また、慶長十四年（一六〇九）に藩主から居宅を賜るほどに、姫路において特別な格式を持ち伝えた家筋であったことが分かります。

◇――国府寺氏の居館と政所

国府寺氏の系譜を話しましたが、国府寺氏は姫路の守護神ともいえる富姫の系譜を伝える家柄でしたが、その後、数世代を経て国府寺氏は継嗣の無い時期を迎えます。「国府寺氏略譜」は、次のように記しています。

以上七世、国府寺と並び称す。時に国府氏は嗣なし。播磨大掾巨智大夫延昌の媒（なかだち）をもって、当国揖保の郡司乙春氏を迎え、国府氏を続かせしむ。これ寛和年中なり。府中の一の宮（播磨国総社）を修造の時、巨智延昌と同じく奉行たり。これ寛和二戊戌五月五日なり。

国府寺氏の継嗣は播磨大掾巨智大夫延昌の仲立ちによって揖保郡の郡司乙春氏を迎えて相続させるのですが、これは寛和年中（九八五～八七）のこととされています。

『播州府中めぐり拾遺』に載せられている矢田部乙春の由緒を整理すると、次のようになります。

①「久家高あきら（明）若御ぜん」は乙春の大祖神とされる夫婦で、揖保郡矢田部村高明山（相生市陸町　光明山）に祀られていたが、志深政所一里山に移し祀った。

②その後赤松の命によって矢田部乙春の子孫を国府寺政所の後継者とした。これを志深政所といい、今の姫路国府寺氏がその末裔である。

ここでは、矢田部乙春の祖神である久家高明、若御前が遷された志深政所一里山に着目してみたいと思います。

この一里山は、「国府寺村絵図」（資料3）に書き込まれています。竹之門を南に下がると「今ノ京口」、ここに外京口門、その左に「一里山」と書かれています。この一里山は前述したように国府寺氏の中興となった乙春の祖神「久家高明若御前」を祀る場所でした。

また、『村翁夜話集』に載せられている国府寺氏の由緒（第五冊　惣社の項）には、

十五代次郎左衛門一里山下に居宅す。十七代次郎左衛門、青山合戦。小寺方にて武功あり。

と記されています。この青山合戦は永禄十二年（一五六九）に起きた赤松政秀と黒田孝高の合戦と考えられますので、国府寺氏は十六世紀の頃には「一里山下ニ居宅」を構えていると伝えられていました。

国府寺氏がどの様に伝承されてきた氏族なのか、『峯相記』をはじめとして由緒書と系図の

内容から繙いてみましたが、史実かどうかは分かりません。ただ、そうした中にあって、先祖を祀る一里山、居館を構える一里山は、国府寺氏にとって本貫の地とも言える重要な場所であったことが分かります。そして、この付近一帯が国府寺村であったこと、その古名が志深でした。『村翁夜話集』が「今ノ城内桜町ノ辺ヨリ京口・五軒屋敷ニ至リ凡テ国府寺ト云」と記しているとおりです。「国府寺村絵図」に記される「殿町」は、国府寺氏とその一族郎党が蟠踞した土地柄に由来すると考えられることです。「国府寺村絵図」が示す一里山の位置からすると、一里山の場所に国府寺町が置かれたようです。

『峯相記』に記載されている「志染（深）の国府」、『播州府中めぐり拾遺』に記載されている「志深政所」ですが、その跡は、城東町の白山神社と真宗寺があるところで、南側と東側に堀り割りが残されています。この場所の小字名は「城の内」と呼ばれ、大正七年（一九一八）まではその面影を残していたようです。

池田輝政の築城イメージ

国府寺氏と国府寺村との関係について記してきましたが、国府寺村の西側半分は国府寺氏と強く結びついた土地柄でした。これまでから国府寺村の集落は、外堀の東側にあったとされ、立ち退きは少ないと考えられてきました。農民の居住地はそうであった可能性は高いのですが、「国府寺村絵図」による限り、国府寺氏を中心とした殿原衆は外堀の西側、国府寺村の西部に住んでいたことから居住地を失ったことに間違いありません。池田輝政による町割が完成した慶長十四年（一六〇九）、国府寺氏は本町に居宅の地を拝領し、姫路の大年寄、町人頭、本陣として、重責を担うことになります。国府寺氏に対する池田輝政の厚遇は播磨の名家としての伝統と格式だけでなく、姫路城東部・国府寺村西部の本貫の地を明け渡すという実質がともなっていたと考えられることです。

池田輝政が国府寺氏から得た国府寺村の西半分は、姫路城東側の防衛において、重要な役割を果たすことになります。そのことは、外京口門が一里山に設けられていることからも明らかです。つまり、外京口門から本城までの奥深さは国府寺氏の協力を得て国府寺村を取り込むことができなければ実現しませんでした。

◇──中世の村と住人の系譜──臨時祭礼に出仕する「山付」の家筋──

姫路城の築城は四つの村を解体することによって実現しましたが、解体された中世の村と新たに建設された城下町、そこに地域社会としての連続性・伝統を見いだすことはできないのか。

ここで、播磨国総社に受け継がれてきた二十年に一度開催される三ツ山大祭（臨時祭）を取り上げ、城下町と中世の村との連続性を示してみたいと思います。

江戸時代、三ツ山大祭は晴天七日の期日で行われ、その最終日は「神式」と呼ばれていました。この神式は、現在の中の日大祭に相当するものです。この日、三つの山に設けられたそれぞれの舞台で御能（猿楽能）が奉納されていました。東の山・二色山は国府寺村、中の山・五色山は宿村、西の山・小袖山は福中村が支配し、御能の役者もこれらの村々が勤めることになっていました。

既に述べたとおり、この三つの村の中で宿村と福中村は基本的に人の住まない村となっていましたが、三ツ山大祭には宿村と福中村が登場しています。その実態はどのようになっていたのか。嘉永七年（一八五四）「総社臨時大祭礼諸書留」は三つの山で行われる御能の番組の中から、東の山を示してみました。

資料5　三ツ山（左〈東〉から二色山・五色山・小袖山）の配置（2013年3月31日撮影）

臨時御祭礼罷り出で候人数の覚

国府寺治郎左衛門　上村次兵衛　竹田町黒田屋藤左衛門
福居町菊屋市兵衛　鍛治町津田屋利助　堺町荻野屋孫兵衛
上久長町八木屋長左衛門　亀井町大工長兵衛　古二階町大工重四郎
茶町平松屋八左衛門　国府寺町高砂屋儀平　平野町太布屋惣治郎
茶町大塚屋孫十郎　生野町津田屋吉兵衛　茶町桧物屋利右衛門
宮之内　肥留　大野町樽屋与右衛門　茶町佐渡屋利兵衛
茶町藍屋次右衛門　茶町木屋彦左衛門　南町三木屋仲右衛門

〆　拾八人

西紺屋町米屋瀬八　茶町白國屋太蔵

〆　五人

右五人者、休株の者に御座候。

国府寺村磯吉　同村卯之助　同村寅蔵　同村弥之助

〆

右四人者罷り出で候家筋には御座なく候得共、役者不足につき相勤め、この度ばかり差し出だし申し候。

右は臨時御祭礼に罷り出で候家筋の者にて御座候。已上。

嘉永七寅年八月　　国府寺村庄屋上村次兵衛

書き出しは「臨時御祭礼罷り出で候人数の覚」となっているのですが、文末では「臨時御祭礼に罷り出で候家筋の者」と書かれています。この記述からここに名前を書かれている人たちは、臨時祭礼に出仕することができる特別な家筋であることが分かります。『村翁夜話集』はそれぞれの山に属した「家筋の者」を「東ノ山付之者」「南ノ山付之者」「西ノ山付之者」と記しています。

三つの山の「山付之者」について、嘉永六年（一八五三）四月の願書（上村家文書）に、

当九月臨時御祭礼の儀、三ツの山へ罷り出で候者どもへ先例の通り相勤め候様仰せ付けなさせられ畏み奉り候。右御祭礼に付、御能并びに諷（謡）囃子ども前々より筋目の者ども相定り、御神事相勤め罷りあり候ところ、

とあります。「山付の者」は姫路の城下町にあって「御能並びに諷（謡）囃子ども前々より筋目の者ども相定り」、つまり筋目の家でないと務めることができないという権利を保有している人たちでした。

この「臨時御祭礼罷り出で候人数の覚」を整理すると次のようになります。そして、「山付之者」が移り住んだ場所を示したのが資料6になります。

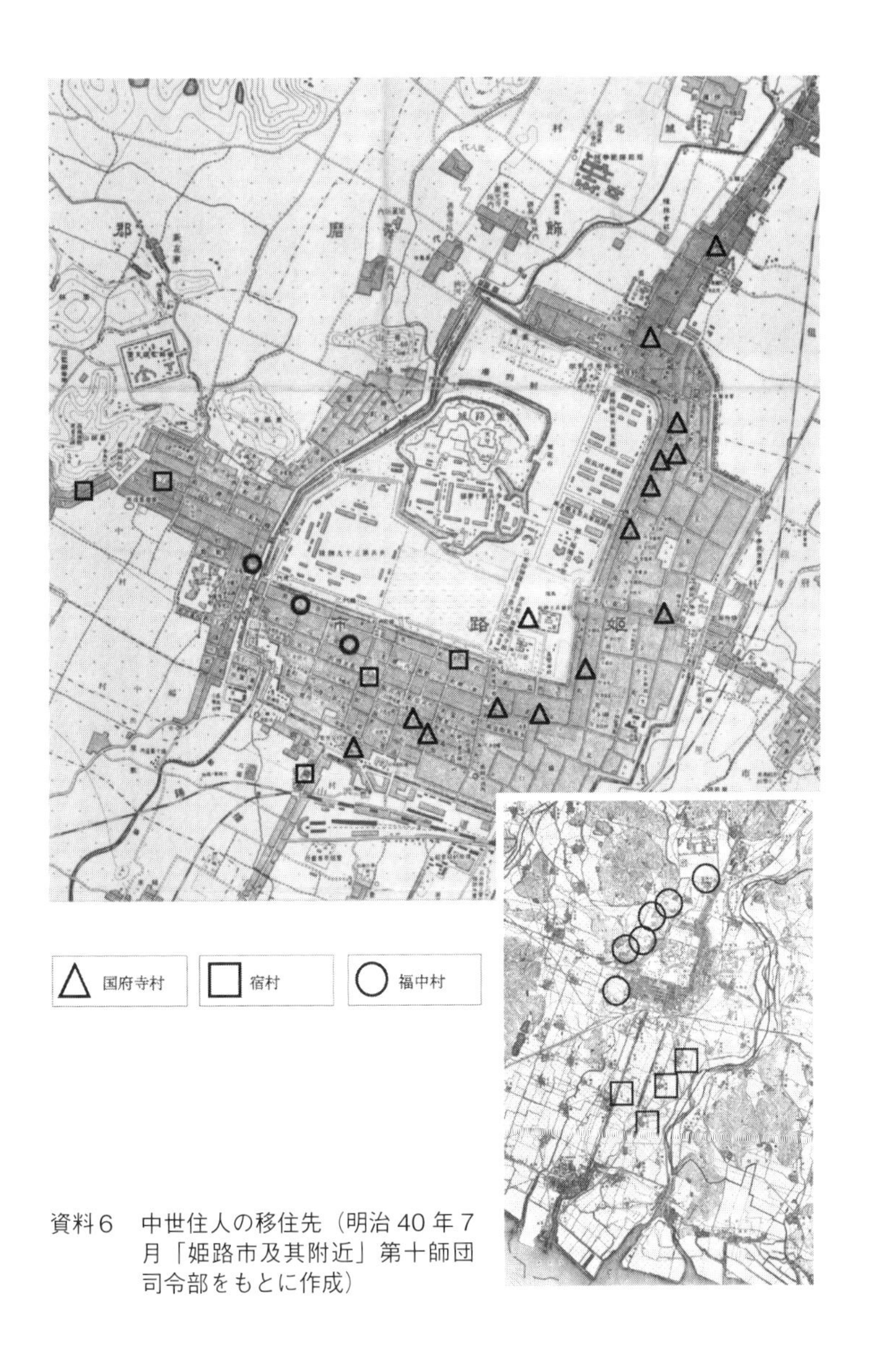

資料6　中世住人の移住先（明治 40 年 7 月「姫路市及其附近」第十師団司令部をもとに作成）

①【東の山　国府寺村】「東之山付之者」

東の山は、二色山。この山は国府寺村が支配していました。「山付之者」は本町の国府寺次郎左衛門と国府寺村の庄屋上村次郎兵衛を筆頭に二十三人によって構成され、その内の五人が「休株」。「山付之者」は城下の町に住み、その地名からかつての国府寺村の「殿町」周辺の町に多く住んでいることが分かります。「山付之者」に曲輪の東に残った江戸時代の国府寺村の住人のいないことからすると、「山付之者」はおそらく「殿町」に住んだ地侍の系譜を引く住人ではないかと推測されることです。

②【中の山　宿村】「中之山付之者」

中の山は、五色山。この山は宿村が支配していました。宿村には国府寺氏のような特別な家筋を見ることはできません。全体は三十人によって構成され、その内の十人が「休株」。「山付之者」は約三割が城下の町に住み、残る七割は城下町の東と西方向の村へ移り住んでいます。城下町では、町名からするとかつての宿村内に成立した町に移住した者が多いようです。十八世紀の「姫路領分図」に「宿村　田地、村これ無し」と記される宿村ですが、住居を構えている人がいます。

③【西の山　福中村】「西之山付之者」

西の山は、小袖山。この山は福中村が支配していました。福中村にも国府寺氏のような特別な家筋を見ることはできません。全体は十三人によって構成されています。「山付之者」は約三割が城下の町に住み、残る七割は曲輪の北側の村に住居を構えています。町名からすると、かつての福中村内に成立した町が多いようです。十八世紀の「姫路領分図」に「福中村　田地、村これ無し」と記される福中村ですが、住居を構えている人がいます。

「臨時御祭礼に罷り出で候家筋の者」は、かつての国府寺村・宿村・福中村の住人による「山付之者」により構成されていました。三つの山を支配した「山付之者」は、国府寺村二十三人・宿村三十人・福中村十三人、全体で六十六人になります。

「山付之者」は、それぞれ国府寺村・宿村・福中村に属しているものの、住んでいるところは既に述べたとおり姫路の城下町や周辺の村々に点在し、住んでいる村や町を異にしていました。国府寺村・宿村・福中村の旧住人は、村を離れて以降も播磨国総社と強い関係を持ち、三ツ山大祭などには中世以来の自分たちの権利として参加していたことが分かります。四つの村の解体、城下町の建設が、姫路の中世と近世を断絶させたのか、そうした危惧を持ったのですが、そうではなかった、歴史の続いていたことが分かりました。

◇――中世の村の伝統と城下町

(1) 城下町祭礼に残る中世の村

三つの山は、東から東の山・中の山・西の山と呼ばれ、東の山を国府寺村、中の山を宿村、西の山を福中村が山元としてそれぞれ支配していました。この三つの山を支配する村の配置は、城下町ができる前の中世の村の位置関係、東から国府寺村・宿村・福中村の並びと一致しています(資料5)。

ところで、中世の住人の末裔が「臨時御祭礼に罷り出で候家筋の者」を構成し、その家筋は「山付之者」と呼ばれていました。この「山付之者」は臨時祭礼(三ツ山大祭)の中でどのように位置づけられていたのでしょうか。

嘉永七年(一八五四)に行われた三ツ山大祭の風流は、山(三ツ山)、御能、五種神事、謡囃子、曳き物、造り物、俄によって構成されていました(資料7)。これら風流の中で、最も古い要

資料7　臨時大祭礼(三ツ山大祭)の風流の構成(嘉永7年:1854)

時代性	風流	担当する村・町
鎌倉時代	五種神事	国府寺村、宿村、福中村
室町時代	三ツ山	国府寺村、宿村、福中村
室町時代	猿楽(御能)	国府寺村、宿村、福中村
室町時代	謡囃子	国府寺村、宿村、福中村
江戸時代	造り物	姫路町
江戸時代	曳き物	姫路町
江戸時代	俄	姫路町

素になるのが「五種神事」です。競馬・弓鉾指・一つ物・神子渡・流鏑馬の五種類の祭礼芸能は、平安時代末期から鎌倉時代にかけて都・都市で流行していました。それが荘園支配を背景に都から地方へもたらされ、播磨国総社の祭礼に取り入れられたものでした。

その次に古い要素が、山と御能です。総社の祭礼に山が登場するのは大永元年（一五二一）のことですが、それと同じ頃に御能が行われるようになります。それぞれの山に属した謡囃子の登場は十六世紀の頃と推測されますので、ここまでは、池田輝政が城下町を建設するよりも前の時代のことになります。

江戸時代の謡囃子は東の山に属した大野町・野里寺町・鍛治町、南の山に属した西紺屋町、西の山に属した南畝村が担当していました。「田原藤太龍神鐘引」・「石橋人形」・「花車」の曳き物は謡囃子を構成する一つの要素として登場していました。俄や練り物、そして、町屋を飾った造り物の登場は城下町姫路が経済的に発展して以降のこと、おそらく十九世紀の頃と考えられます。

このように、三ツ山大祭に登場する風流は、ある特定の時期に全てが登場したというものではなく、三ツ山大祭の風流は鎌倉時代から江戸時代の終わりの頃まで、長い時間をかけて完成されました。そして、これらの中で、三ツ山の「やま」の支配、五種神事、山の舞台で行う御能、これらは国府寺村、宿村、福中村の住人、つまり、中世の村の系譜をひく「山付の者」によって独占されていました。

また、享保十八年（一七三三）に行われた三ツ山大祭の様子を描いた「臨時大祭礼之絵図」（東京国立博物館蔵）には、祭礼を見物するために設けられた桟敷が描かれ、城下の各町には二畳から六畳程度が割り振られていましたが、三つの山の麓に設けられた国府寺村と宿村の桟敷はそれぞれ四十畳、福中村の桟敷は三十六畳、他の町と比して広い桟敷を有していました。これらからも分かるように、三ツ山大祭は中世の村の住人の末裔によって、中世以来の伝統の受け継がれていたことを示しています。

◇おわりに

最後にまとめておきたいと思います。池田輝政による姫路城の築城、そして、姫路が村から町へと姿を変えていく、その展開について話してきました。

姫路城築城において、槇尾姫以来の系譜を伝える国府寺氏の存在に着目しましたが、当代史料はなく、後世に作られた、あるいはまとめられた系図と由緒書から伝承的世界を探ることにとどまっています。ただ、国府寺氏の存在は大きく、姫路の歴史を繙く上で大きな課題となっています。

姫路城が築城されることによって、中世の村は曲輪の中に取り込まれ、姫山と山麓の村はその景観を大きく変えました。中世以来、その場所にあった村が消え、新しく町が建設されたのですから、それは大きな変化でした。村から町への変化、それによって姫路の歴史は連続性を失ってしまった。そのように思えたのですが、歴史の連続性は播磨国総社の三ツ山大祭の中にその一面を見ることができました。

新しく誕生した城下町姫路には、江戸時代に行われた三ツ山大祭に登場する国府寺村、宿村、福中村の中世以来の村の住人をいわば「旧住人」、そして、城下町成立以後に移り住んできた人たちを「新住人」とする、構図が成立していました。つまり、中世以来の郷村の祭礼の系譜をひく部分を「旧住人」が担当し、華やかな造り物や俄など都市祭礼の賑わいの部分を「新住人」が担当していた、このように整理することができます。

江戸時代における三ツ山大祭の賑わいは、中世の村の住人の系譜を引く「旧住人」と新しく城下町に移り住んで来た「新住人」のコラボレーションにより作り出されていたということです。

いかがだったでしょうか。城下町姫路のはじまり。本日の講座はこのあたりで終わりにさせていただきたいと思います。

※本稿で用いた史料は、基本的に読み下しています。

姫路城下町の考古学

中川 猛

◇——はじめに

姫路城というと、多くの方は国宝の大天守を思い浮かべられると思います。大天守が城を代表するものであることは間違いありませんが、城郭としての姫路城は、内堀、中堀、外堀で囲まれた範囲をいいます。その範囲は野里からＪＲ姫路駅の少し北側、山陽電車の姫路駅付近までです。江戸時代の姫路城は残念ながら天守群等の一部を除き、第二次世界大戦の戦禍により大半が焼けてしまいましたが、姫路城の痕跡は遺跡として中心市街地の地面の下に残っています。遺跡となった姫路城の名称は、正確には中堀以内の大部分が特別史跡姫路城跡、中堀から外堀にかけての範囲を姫路城城下町跡と呼んでいます。ここでは、煩雑になるためその区別はせずに姫路城跡として統一することとします。

姫路城跡の発掘調査は、昭和五十一年からはじまり、これまでに五〇〇次近い調査を実施してきました。発掘調査は、これまでに天守群のある内堀に囲まれた内曲輪、武家屋敷の並ぶ中堀内の中曲輪、外堀に囲まれた町人や寺社のある外曲輪など、あらゆる場所で行い、様々なデータが蓄積されています。発掘調査というと、何か研究上の目的があって行っているように思われるかもしれませんが、姫路城跡の調査は、研究目的ではなくライフラインの整備や学校、マンションの建設などに際して地面の下の遺跡が破壊されてしまう前に、遺跡の記録をとるために行うものがほとんどです。そのため、一つ一つの調査面積は限られ、姫路城跡全体でみれば小さな点に過ぎません。しかし、これまでに実施してきた五〇〇次近い調査をつなぎ合わせていくことで、点から線へ、線から面へと広げて考えることが可能となります。本日はそのような調査の積み重ねから見えてきた姫路城を紹介したいと思います。

◇―過去を知る方法

まず最初に、話の中に出てくる言葉の説明をしておきたいと思います。発掘調査では、昔の人の生活の痕跡を遺構、生活に使っていたものを遺物と呼び、こうした遺構と遺物のまとまりを遺跡と呼んでいます。江戸時代の姫路城跡が遺跡にあたり、町屋や武家屋敷にあった礎石や井戸などが遺構にあたります。井戸などの中から見つかる割れた茶碗やすり鉢などが遺物にあたります。では、こうした痕跡が見つかると何がわかるのかというと、そのままでは単なる穴や井戸跡、割れた茶碗に過ぎず、過去のことを何一つ説明してくれません。こうした遺構と遺物から過去を読み取る方法が考古学です。

さて、江戸時代のことを知るには、何も考古学によらずとも古文書や文学など当時の人が記したもの、あるいは古典落語などで雰囲気は十分わかると言われる方もおられるかもしれません。しかし、全国的に見ればこうした史料は数多く残されていますが、姫路城に限れば意外に少なく隔靴掻痒の感はぬぐえません。また、残された資料は人が書いたものである以上、そこには誇張されたり、誰かにとって都合のいいこと、あるいは単純な間違いがある可能性もあり、書かれた内容をそのままうのみにすることはできません。

他にも、当時の風景を描いた絵画や城下町の絵図も残されており、それらを通じて当時の風景や城下町をビジュアルとして知ることはできますが、デフォルメや誇張もあり、やはり誰かが描いたものである以上、文献史料と同じように実際を知る上で注意しなければならない部分があります。

その点、発掘調査で見つかる遺構と遺物は、誰かが実際に使っていたものであり、生活の痕跡という点で文献史料や絵図のような制約がないことが大きく異なります。例えば、城下町の絵図に描かれた姫路城の外堀の一番端の隅角部分、絵図にも描かれていますが、現在のどの場所にあたるのか、どんな状態の石垣だったのかといった具体的な情報を知ることはできません。しかし、発掘調査で見つかることによって現在の地図に石垣の場所を示すことが可能となるとともに、石垣の組み方から江戸時代の初めの頃に造られたものであることが具体的にわかります（写真1）。

このように江戸時代のものがそのまま見つかることによって、計測したり、観察したりすることができるというのが、他の資料にはない考古学の最大の特徴といえます。どの資料や方法が一番ということではなく、文献・絵画・遺構・遺物など様々な資料に基づき様々な角度から調べることで、より具体的に姫路城の姿を描くことができるようになっていくのです。

考古学の基本は集めることです。集めたものを分類・比較し、検討することで過去を読み解いていきます。そのため、素材が多ければ多いほど、精度が高まります。そこで今日は、これまでの発掘調査からわかってきた武家屋敷・町屋の内部の様子、町屋の生業とその移り変わり、城下町の道路からわかること、そして、最後に姫路城がこの地に築かれた理由について、簡単にふれたいと思います。

写真１　姫路城跡南東隅の外堀石垣

1　武家屋敷

まず、武家屋敷を紹介したいと思います。武家屋敷での発掘調査はこれまでに多く行っていますが、武家屋敷は、総じて敷地が広いことから一軒を丸々調査したのは、外曲輪の茶町（現古二階町）にあった中下級の武家屋敷の一例だけです（写真2）。この屋敷の面積は約四〇〇㎡で、道路から約一三m入った位置に母屋があり、その西側には蔵が

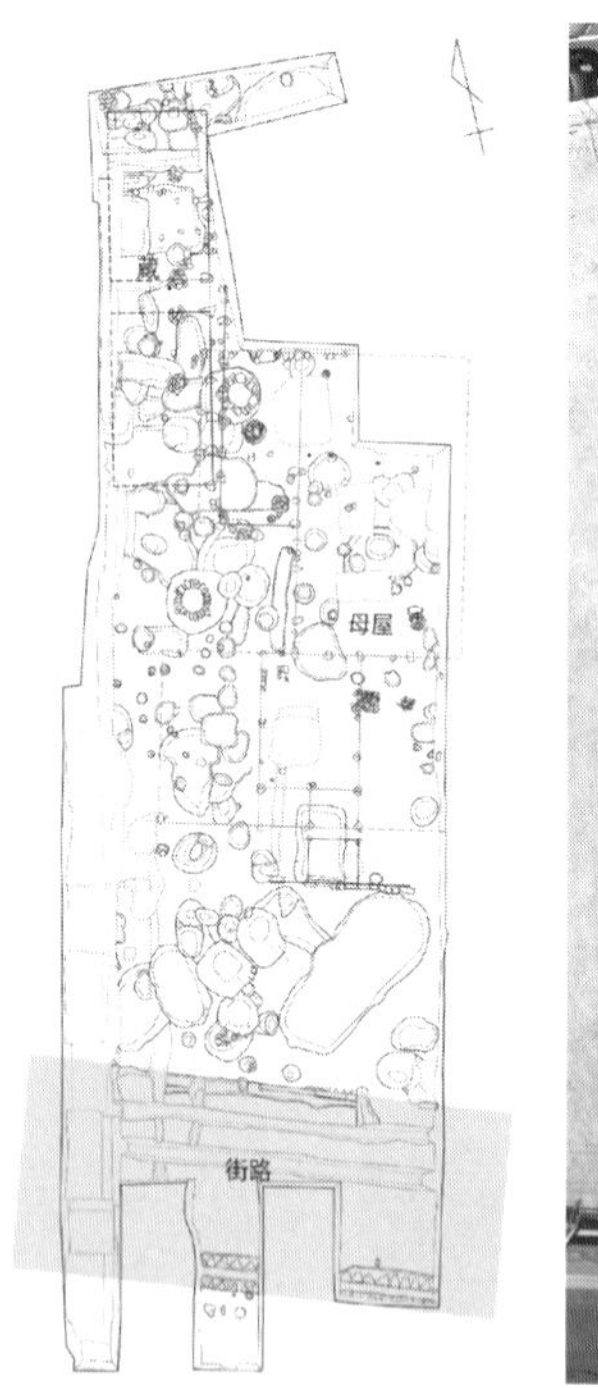

写真２　古二階町の武家屋敷（左）平面図、（右）空中写真

ありました。蔵の大きさは約四〇㎡で、蔵を建てる前には地鎮が行われています。道路から母屋までの間には建物のない空間があり、おそらく畑や庭木などがあったと想像できます。道路際の塀沿いには犬の墓があり、屋敷内で中型犬を飼っていたこともわかります。この屋敷に住む武士の名前などは、発掘調査ではわかりませんが、絵図に住人の名が記されていることで、江戸時代中頃にこの場所に住んでいた人物が「斎田善右衛門」ということがわかります。さらに『酒井家家臣禄』という史料には、斎田さんの仕事や家族構成などの個人情報が記されています。文献史料からわかることと発掘調査でわかる家の大きさや蔵の有無、地鎮の有無、犬の存在などの情報を踏まえればより多角的、具体的に斎田さんという武士を知ることができるようになります。

国道二号より北側の中曲輪には、斎田さんの上司にあたる階層の藩士らの武家屋敷が広がっていました。こうした武家屋敷は、藩士の所有物ではなく、藩から貸与されたもので、今でいうところの社員寮や官舎にあたります。屋敷内の建物の修繕をするにも藩に届け出が必要であるなど、かなり厳密に管理されていたようです。現在、大手門の南にある家老屋敷跡公園は、歴代姫路藩の筆頭家老の屋敷があった場所です。酒井時代の筆頭家老である高須隼人邸を描いた絵図が残っており、それによれば、屋敷の中に池があったことがわかります。さすが、筆頭家老ともなると池付きの屋敷に住んでいたんだといえそうですが、実は、この時期には筆頭家老だけではなく、中曲輪東側の姫路医療センターや淳心学院にあった中上級クラスの武家屋敷の多くから池跡（写真3）が発見され、武家屋敷に池があったことがわかっています。こうした池は、全部がそうであったかどうかはわかりませんが、江戸時代の最初からではなく、江戸時代後半、ちょうど酒井家が藩主となった頃から作られるようになりました。屋敷内の池は敷地の南側で見つかることが多く、武家屋敷内の建物配置に一定の規則性があることもわかってきました。

2 町屋

次に町屋を見ていきます。姫路の町屋は、間口が狭く、奥行きの長い形状で京都の町屋と同じです（写真4）。まず、通りに面して建物があります。建物の幅は様々ですが、奥行きは一五mぐらいのものが大半です。隣接する町屋との間には隙間はなく、建物同士は接しています。町屋の境は、基本的に江戸時代を通じて固定され、住人が変わっても、建物が改築されても敷地の境界は変

写真3　淳心学院で見つかった武家屋敷の池跡

わっていません。

建物の背後には井戸のある水廻りの空間があります。井戸は水が出る深さまで掘り下げ、水の出が悪くなると作り直すことから、一つの町屋の調査で江戸時代の初めから近現代に至るまでの井戸が、建物の背後の同じ場所から何基も見つかります。このように姫路では水を井戸から確保していました。一方、赤穂城下町では河川から水を引く上水道が整備されていました。一見するとそちらの方が進んでいるように思われますが、赤穂は海に近いことから、地下水を

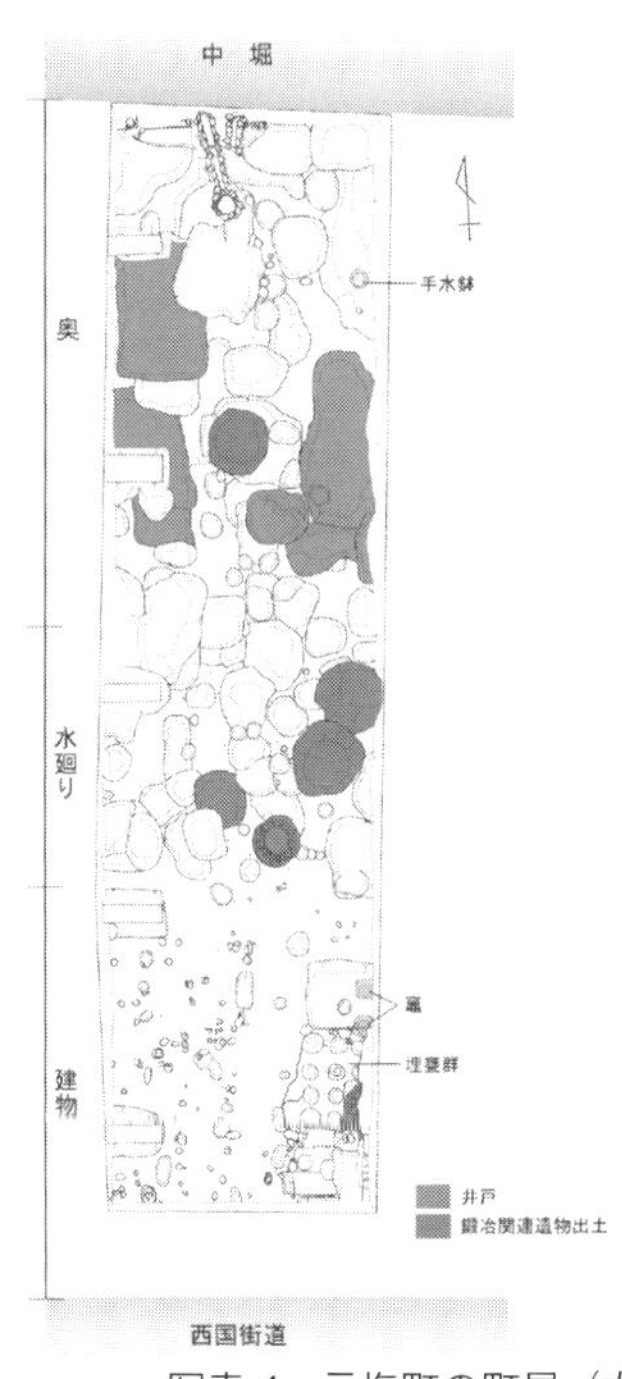

写真４　元塩町の町屋（左）平面図、（右）空中写真

得ることが難しく河の上流から引水してくる必要があったため上水道が整備されたのです。姫路は地下を掘れば水が出ることから、赤穂に比べると労少なく水を手に入れることができたのです。また、調査件数の多い姫路城跡の外曲輪南部では、今のところ共同井戸の存在は確認できません。時代劇で目にするような町人らが集う井戸端の光景は、姫路では見られなかったと思われます。水は人間が生きていくうえで欠かせないもので、かつては、水を得る方法もその土地ごとに様々だったのです。

写真５　福中町で見つかった鞴の羽口と砥石

水廻り空間よりも奥は、町屋ごとに利用の仕方が異なっています。畑として利用したり、離れや蔵が建てられたり、庭が造られたりと様々です。ただ、そうした様々な利用をしつつもどこかの時期には必ず、茶碗や生活残滓などを処理するためのゴミ穴が掘られる点は共通しています。そのため、町屋の裏手は当時の情報を知るための遺物が多く見つかる場所となっています。町屋を知るには、裏手を掘るのがおすすめです。

出土する遺物の中には、職業に関わる遺物もあります。その一つが鞴の羽口と鉄滓です。鞴の羽口とは、鉄を加工する際に炉の火力を上げるために風を送る装置（鞴）の先端のことです（写真5）。炉内で高温にさらされるため、頻繁に取り換えられた使用済みの羽口が大量に見つかります。鉄滓とは、鉄が溶けた残滓のことで、これらの遺物が見つかることで、その場所で鍛冶などの金属加工が行われていたことがわかります。

これまでにまとまって見つかっているのは、福中町、本町、竪町、元塩町、東呉服町、鍛冶町などです。鍛冶町や呉服町などの名前は、その場所に鍛冶屋や呉服屋が集まっていたことに由来する職名町と説明されることが多いです。その説明どおりであれば、鍛冶町に限ってこうした遺物が見つかるはずですが、実際はそうではなく呉服町にも鍛冶屋があり、元塩町にも鍛冶屋があったことがわかってきました。本町の調査地は、中ノ門から延びる道路と参勤交代も通った西国街道が交わる交差点の角にあたる町屋です。江戸時代後半には玉椿で知られる「伊勢屋」があり、道路を挟んだ向い側には姫路藩のお触れを知らせる御高札場があるなど城下町の一等地にあたります。こうした場所でも金属加工が行われていたことがわかります。その他に福中町は江戸時代の後半には、城下一の宿場町でしたが、ここでも火を使用する職業が営まれていました。

次に遺構から職業がわかる例として、五軒邸一丁目の調査があげられます。ここでは、周囲が赤く焼けた三基の穴が見つかりました（写真6）。この赤く焼けた穴は竈の跡です。丸くなった部分が竈の口にあたり、直径は九〇㎝から一mぐらいあります。この口の部分に巨大な鍋をはめ込んで使用します。普通の竈は地面の上にありますが、この竈は地面を掘りこんで作られています。これは半地下式竈と呼ばれる大量の湯をわかすための専用の竈です。

半地下式竈は、たつの市にあるうすくち龍野醤油資料館で見ることができます。明治時代のものですが煉瓦で造られた半地下式の竈とそこで使用された巨大な鍋が展示されています。龍野と言えば、醤油作りが盛んですが、こうした竈は醤油造りに限定されたものではなく、醸造に必要な大量の米や大豆などを蒸すのに用いられました。

写真6　五軒邸一丁目で見つかった半地下式竈

この発見により姫路でも醸造業が営まれていたことがわかってきました。発掘調査では何を醸造したのかまでは明らかにできませんが、文献から江戸時代前半の姫路城下町には、七〇〜一〇〇軒の造酒屋があったことがわかっています。こうした記載から調査で見つかった半地下式竈は、酒米を蒸すために使われた可能性が高いと考えられます。竈の横には酒を絞るための男柱と呼ばれる頑丈な柱を据えつけるための穴が見つかりました。酒造業の盛んな伊丹郷町の調査で見つかっている半地下式竈や男柱の跡とよく似ています。しかし、姫路の場合は、蒸す場所と絞る場所が近く、作業場所の配置は伊丹郷町とは異なっており、姫路の独自性もうかがうことができます。この五軒邸一丁目の調査地では、三軒の町屋を調査し、そのいずれの町屋でも醸造業を行っていることがわかりました。そのほか、道路を挟んだはす向かいにあたる大黒壱丁町の調査でも醸造業の痕跡が見つかっています。この二つの調査区は、西国街道から分岐した生野（野里）街道に面しており、街道沿いに造酒屋が立ち並んでいたのかもしれません。

さて、これまでに紹介してきた職業に関わる調査例は、実は全て江戸時代前半の事例です。江戸時代後半には「伊勢屋」や宿場町となる場所ですが、江戸時代前半には全く異なる職業が営まれていたことがわかります。江戸時代後半にはこうした職業が特定できる調査事例は少なく、単に見つかっていないだけという可能性もありますが、全体的に鍛冶や酒造という、工業や産業に関わる職業が城下町内で行われなくなっているといえます。つまり、同じ姫路城下町であっても江戸時代前半と後半とで城下町の様相は大きく変化していることがわかるのです。例えば、龍野城下町では近代・現代に至るまで醤油造りが行われ、城下町のあちこちに醤油工場があり、今も醤油蔵や煙突が残っていますが、姫路城下町にも江戸時代の前半には七〇〜一

○○軒の造酒屋が営まれていたことから、そのまま残っていればおそらく龍野と似たような煙突や蔵のある景観の城下町となっていたかもしれません。

鍛冶屋についても同様です。鍛冶に関係する遺構は江戸時代前半の中でも最初の頃、年代で言えば一七世紀前半頃のものが多く見つかっています。その当時は、城郭や武家屋敷の建築、城下町の建設など、姫路の城下町が出来つつあった時期にあたります。鍛冶関連遺物は、おそらくそうした中で、必要に応じて城下町の各所で鍛冶が営まれた痕跡といえます。ただし、東呉服町では、江戸時代前半から後半まで鍛冶を営んでいた痕跡が確認できていますので、職人の所在と職名町は必ずしも厳密には対応しないこともわかっています。

江戸時代後半には文献から様々な職が確認できますが、町屋内で製造するのではなく、品物の販売や卸といった商業が盛んに行われていたのではないかと推測できます。このように発掘調査成果から江戸時代前半と後半とで、城下町の職業に違いがあることが明らかとなってきました。同様に武家屋敷においても江戸時代後半には池が作られるなど、江戸時代前半と後半で様相が変化していることもわかってきています。

◇──姫路城下町の道路

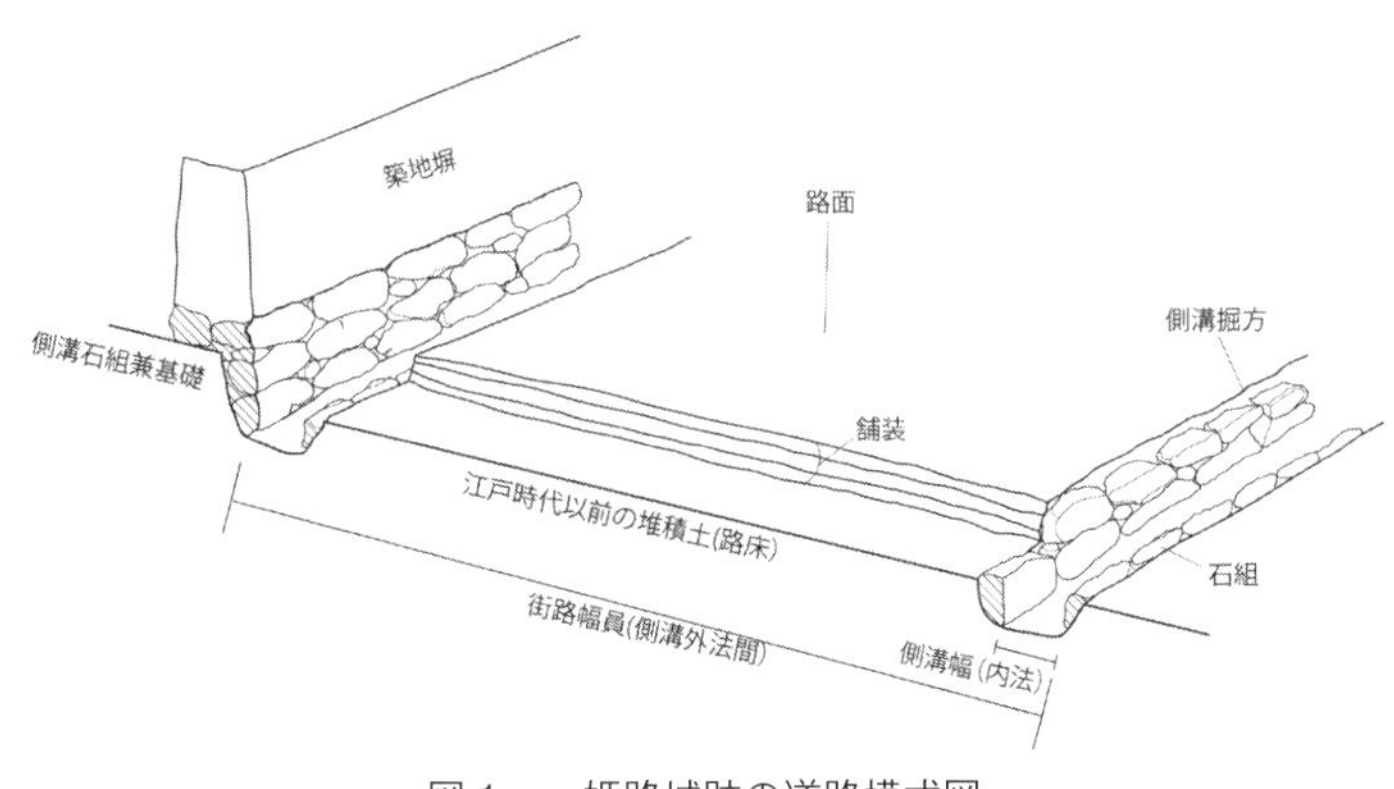

図１　姫路城跡の道路模式図

次に、城下町の道路をみていきたいと思います。道路は絵図にも描かれ、どこにあったのかは発掘調査を行わなくてもある程度わかります。特に外曲輪においては、現在の道路は江戸時代の道路の位置とほとんど変わっていません。大手前通りや御幸通りなどの明治時代以降に新しく造られたものや戦後の区画整理で付け替えられたものを除けば、今も皆さんが歩いている場所の大部分が江戸時代の人が歩いた場所なのです。発掘調査でわかってきた江戸時代の道路を具体的に紹介したいと思います。

　姫路城下町の道路は、両側もしくは片側に石組みの側溝があり、道路部分は舗装されていました（図1）。舗装といってもアスファルト舗装や石畳ではなく、砂利舗装です。一見すると何も手の加わっていない自然のままにみえますが、ぬかるみや凹みができないように砂利を用いて表面を硬くしています。

道路の舗装を細かくみると、砂利の層とあまり砂利を含まない層の二層構造になっていることがわかります。道路としては、全部砂利にしてしまう方が硬くてよいのではないかと思いますが、江戸時代のはじめの頃から二層構造となっており、技術として確立していたことがわかります。

この砂利敷きの舗装は、明治時代に造られた生野鉱山寮馬車道（銀の馬車道）の路面の状況とよく似ています。今後、詳しく調べていかなければなりませんが、銀の馬車道を造るにあたって、江戸時代から培われた在地の土木技術が取り入れられている可能性は高そうです。

先に道路の舗装は、江戸時代のはじめから二層構造であるといいましたが、なぜそれがわかるかというと、道路の路面は何度か嵩上げされています（写真7）。写真は道路の嵩上げがわかるように階段状に掘り分けていますが、この一段一段が異なる時期の舗装にあたり、嵩上げの度に同じ技術で整備されていることがわかります。路面が嵩上げされれば、同じように町屋も嵩上げされ、そ

写真７　古二階町で見つかった道路跡

の結果、江戸時代前半と後半で町屋内の地面の高さが変わっていきます。それを上から下へ順番に調査していくことで、先に町屋の職業で説明したように江戸時代前半と後半の違いなどがわかってくるのです。ただし、道路と町屋の嵩上げのどちらを先に行ったのか、また、何がきっかけで嵩上げすることになったのかはまだわかっていません。姫路城は江戸時代に何度か洪水被害にあっていますので、こうした自然災害が一つのきっかけになっているのではないかと推測しています。

道路に見る違い

発掘調査で見つかった道路を実際に測り、まとめたものが表1です。表によれば内曲輪の三の丸大路の道路幅は二一・五m、現在の家老屋敷跡公園に整備した大手筋にあたる南北道路は一七m、家老屋敷跡公園南側の大名町東西方

表1　姫路城跡の道路一覧

曲輪	調査場所	道路名	道路幅	側溝形態	側溝幅	石材
内曲輪	三の丸広場	三の丸大路	21.5m	両側	70cm	凝灰岩
中曲輪	家老屋敷跡公園	下馬先広場南	17m	両側	70cm	凝灰岩
	家老屋敷跡公園	大名町	10.7m	両側	94cm	凝灰岩
	姫路医療センター	上岐阜町	7.1m	両側	50cm	凝灰岩＋河原石
	淳心学院	下岐阜町	6m	両側	50cm	河原石＋凝灰岩
	県立歴史博物館	中ノ丁	5.2m	片側	30cm	河原石＋凝灰岩
外曲輪	北条口二丁目	伽屋町	4.9m	両側	30cm	河原石
	古二階町	茶町	5.5m	片側	30cm	間知石

向の道路は一〇・七m、東側の姫路医療センターで見つかった上岐阜町の道路は七・一m、淳心学院で見つかった下岐阜町の道路は六m、北側の兵庫県立歴史博物館で見つかった道路は五・二m、外曲輪の北条口二丁目の道路は四・九m、古二階町の道路は五・五mと内曲輪から外曲輪にかけて段階的に道路幅が狭くなっていることが確認できます。

その他に、道路側溝の形状、側溝の幅、使われた石にも違いがあります。内曲輪や中曲輪の南部では凝灰岩という石を割ったもの使用し、見た目にも整然と作られています（写真8）。対して中曲輪東側と北側では同じ石材も使っていますが、河原で拾える円い石も使用していま

写真８　（上）中曲輪南部、（下）外曲輪の道路側溝

す。中曲輪の南側の道路に比べるとやや簡略化しているように見えます。外曲輪の町屋部分では河原石を主に使用し、割石はわずかに認められる程度です。道路の幅については、これまでの調査で幅を変えた事例は見つかっていないことから、城下町を造る時点で何等かの基準に基づいて幅を決めたと考えることができます。側溝に使っている石材の違いが江戸時代の初めからそうであったのかはわかりませんが、江戸時代の終わりには場所ごとに差があったことは確実です。絵図だけでは、こうした道路の幅や使用する石材に差があることはわかりません。

江戸時代は身分制の社会であり、城下町におけるハード面にもそうした差が表れていたと考えています。もちろん、当時の人がこうした違いをどこまで意識していたのかはわかりませんが、少なくとも三の丸大路や家老屋敷跡公園の道路は、幅が広く割石による整然とした立派な道路と認識していたのではないかと思います。側溝に用いられる、石の違いは管理の違いに原因があるのではないかと考えています。つまり、側溝の幅が大きく、割石を使用する場所は姫路藩にとって重要な部分、そうした場所は藩が直接管理し、それ以外の場所については、修理の度に割石と河原石が混じるようになり、町人地については、藩の関わりがかなり薄れ、経済性が優先されていったのではないでしょうか。発掘調査で見つかった道路遺構から読み取れることを話しましたが、これを裏づける史料はありませんので、今後そうした史料が発見されるのを期待しているところです。

◇姫路城下町の基層

考古学が他の学問に比べて優位な部分として、同一場所を通時代的に見ることができる点があります。どういうことかと言うと、同じ場所で調査をしていて江戸時代より古い時代の遺構や遺物が見つかることで、その場所がどういう変遷をたどって現在に至るのかを直接知ることができます。文献史料から、姫路には奈良時代に播磨国府が置かれ、その後、中世には播磨府中、中世後半には宿村や国府寺村などの村があったことがわかっていますが、それらがどこにあって、どう変化していったのかは、わかっていません。考古学はこうした古い時代についても明らかにすることができ、「姫路」という都市がどのように発展していたかを知ることができます。最後にこの点を簡単に説明したいと思います。

姫路は播磨国の中心であるとか、交通の要衝であるなどと言われ、そうしたことを背景に姫路城がこの場所に築かれたと説明されることがあります。そうした言説の元となるのが、奈良時代の播磨国府の存在です。国府とは旧国ごとに一つ置かれた地方行政機関のことです。播磨国では飾磨郡に置かれたことが『和名抄』という平安時代の文献に出てきます。この播磨国府の所在をめぐっては、江戸時代から現代に至るまで様々な説が出されましたが、現在では播磨国総社付近が有力な候補地となっています。

発掘調査でも武家屋敷や町屋の遺構の下から奈良時代の遺構が見つかっています。播磨国総社の周辺では、奈良時代の瓦が見つかることが多く、瓦の見つかる範囲は総社を中心に東西五〇〇m、南北五〇〇mです。奈良時代の瓦葺き建物は、役所か寺院に限られますが、これほど巨大な寺院は考えにくいことから、役所であると想定できます。また、瓦とともに見つかる遺構は、ほぼ正確に東西南北に沿って建てられており、主軸を真北方位としていることがわかります。真北方位は平城京や平安京、各国の国府の方

写真９　姫路駅構内で見つかった奈良時代の道路跡

位にも採用されています。瓦の出土や遺構の主軸方位から播磨国総社周辺に播磨国府の中心があることは間違いなさそうです。

播磨国総社周辺よりも更に離れた場所でも近年、奈良時代頃の遺構が次々に見つかっており、その多くが真北方位をとっています。最もまとまった状態で見つかったのが、JR姫路駅で見つかった豆腐町遺跡です（写真9）。ここでは、正確に東西方向に延びる幅六mの道路跡と道路に沿った建物、多くの土器とともに、漆が付着した土器も大量に見つかっています。瓦はほとんど出土しないことから、役所ではなく、漆工房などがあったことがわかります。漆は貴重品で生産量も限られることから、当時の一般の集落で目にすることはほとんどありません。また、これらの工房の主軸が真北方位をとることから、計画的に建てられた播磨国府に関連する工房であると考えられます。総社付近から姫路駅周辺まで、真北方位をとる奈良時代の遺構が点々と見つかっていることから、姫路城下町と播磨国府が重なっていることは間違いありません。

西国将軍、播磨宰相とも呼ばれた池田輝政が播磨一国を支配するのに最適な地を「姫路」に定めたのは、この地に播磨国府が置かれていたことと無縁ではありません。播磨国府が置かれることで、「姫路」は交通の要衝となり、播磨国の中心となったのです。播磨国府と姫路城、一見すると何の関わりもないように思えますが、姫路城は播磨国府を基層としてこの地に存在しているのです。

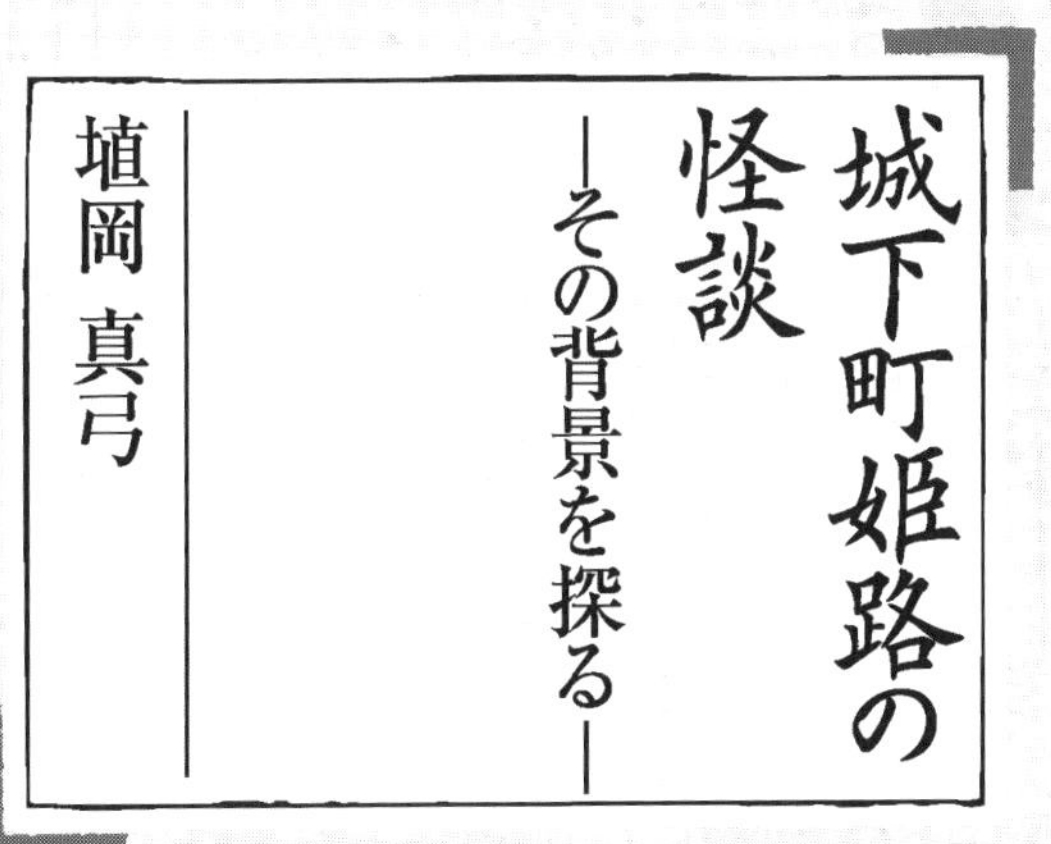

城下町姫路の怪談

―その背景を探る―

埴岡 真弓

◇――春名忠成著『西播怪談実記』について

今回は文化的な側面、伝承の世界の中で、城下町としての姫路の特性を考えてみたいと思います。その素材として取り上げるのは、江戸中期に著された『西播怪談実記』（以下、『実記』）という書物で、西播磨で起こった不思議な出来事、怪談・奇談が八十七話収められています。なお、二〇〇一年に神戸新聞総合出版センターから出版した『播磨の妖怪たち「西播怪談実記」の世界』（共著、小栗栖健治・埴岡真弓）は、『実記』を現代語訳して解説をつけたものです。まず、『実記』について紹介しておきましょう。

著者の春名忠成は佐用宿の商人で、十八世紀前半から末頃まで生きた人でした。本家は新宿村大庄屋の春名（衛藤）家で、父の清兵衛が分家し、佐用で「那波屋」という屋号で商売を始めました。材木屋だったと考えられています。忠成は佐用村大庄屋の岡田光倜に師事し、和歌を嗜む地方文人でもありました。『実記』の序文は、師匠である光倜が書いていています。岡田家は松江藩の本陣を務める旧家で、光倜は京都の古義堂で伊藤東涯に儒学を学び、公家の烏丸光栄に和歌を習った人物です。著書もあり、播磨で広く名を知られた光倜を中心に周辺の地方文人らが集まる和歌のサークルができ、その集まりに忠成も参加していました。

『実記』の版元は、吉文字屋という大坂の本屋です。吉文字屋は大坂本屋仲間二十四軒の一つで、二代目鳥飼定栄は忠成の従兄弟でした。まず、宝暦四年（一七五四）に『西播怪談実記』として五十話が、同十一年に『世説麒麟談』という題で三十七話が出版され、後に、この二つを前後編として合わせたものが『西播怪談実記』八冊本として刊行されました。『実記』は版を重ねたようで、明治になってからも『絵本見聞西国奇談』という題で出版されています。

表1は、『実記』が出版された前後の時代を年表にしたものです。この時代は、田沼意次が様々な規制緩和を行って新しい試みをした時代であり、平賀源内をはじめとする多くの博物学者が輩出され、江戸時代なりの科学的な精神が盛んになった時代でした。播磨では、多くの地誌が作られています。地誌の出版も、社会科学的な探究心の発露だったのではないでしょうか。

ところで、この時代の博物学者の一人に、田村藍水に入門して平賀源内とともに学び、膨大な石を収集して「石の長者」と称された木内石亭がいます。春名忠成は、この石亭と交流がありました。石亭は、安永二年（一七七三）に刊行された『雲根志』の中で、忠成のことを「和歌をよくして好事風流の人なり」と記しています。忠成から自然銅などの奇石を贈られたことも記しており、忠成は博物学者としての側面も持っていたことがわかります。

そうした人物であったためか、忠成はその地で語られていた話を自分が聞いた通りにそのまま記録するという姿勢で『実記』を記しました。光儁も、序文に「偽り作れる事ならねば怪談

表１　『西播怪談実記』の時代

年号	西暦	出　　来　　事
宝永　5	1708	貝原益軒、『大和本草』編纂。片山醇徳、『播陽宍粟郡志』を著す
6	1709	五代将軍綱吉、死去。六代将軍家宣、「生類憐れみの令」廃止
正徳　2	1712	寺島良安、『和漢三才図会』を著す
享保　1	1716	八代将軍吉宗、享保の改革を開始
8	1723	三木通職、『播州村名故事記』を著す
17	1732	榊原政岑、姫路藩主となる
享保年間		吉文字屋市兵衛（忠成の従兄弟）、三日月村新宿に定栄庵建立
元文　1	1736	青木昆陽、薩摩芋御用掛、幕臣となる
5	1740	衣笠明親、『播州揖西郡龍野志』を著す
寛保　1	1741	松平明矩、姫路藩主となる
寛延　2	1749	酒井忠恭、群馬・前橋より姫路へ入部。寛延の大洪水
宝暦　4	1754	春名忠成、『西播怪談実記』前編 50 話出版
5	1755	岡田光儞、『播磨古跡考』を著す
6	1756	木内石亭、田村藍水に入門。同門の平賀源内らと交流
10	1760	天川友親、『播陽萬宝智恵袋』を編纂
11	1761	忠成、『世説麒麟談』37 話出版
12	1762	平野庸修、この頃『播磨鑑』編纂
明和　6	1769	田沼意次、老中となる
安永　2	1773	石亭、『雲根志』出版
3	1774	杉田玄白、『解体新書』を著す
5	1776	源内、エレキテル（長崎で入手）を修理、実験を行う
天明　3	1783	浅間山噴火、天明の大飢饉
7	1787	松平定信、老中となり、寛政の改革を開始
寛政　6	1794	蘭学者、「おらんだ正月」を祝う

実記」と記しています。いわば民俗学のフィールドワークのような聞き書き集でもありました。民俗学者の柳田國男の著作にも、『実記』のことが出てきます。『実記』の話の舞台は子どもの頃から怪談・奇談を聞き集めていた佐用周辺が多いのですが、それだけでなく城下町・姫路をはじめ龍野の町や赤穂、宍粟、あるいは家島まで広範囲にわたっています。忠成は商人でしたから、成人の後は商用で歩き回ったルート上で話を聞く機会も多かったのでしょう。

◇城下町姫路の怪談・奇談 ―『西播怪談実記』を読む―

さて、姫路城下の話は、表2に示した八話です。江戸など大都会をのぞけば、城下町でどのような怪談・奇談が語られていたかはなかなか記録に残っていません。この八話は貴重な手掛かりといえるでしょう。番号は、全八十七話の通し番号です。1番の皿屋敷だけは中世の話ですが、その他はすべて忠成が生きた時代の話です。42、55、60番はいずれも元塩町関連の話で、元塩町は材木関係の人々が住んでいたとされる場所ですから、材木屋だったらしい忠成の知人がそこにいて情報源となったのだろうと推測されます。

三つの話の概要を紹介し、その背景を読み解いてみたいと思います。

表2　『西播怪談実記』所収の城下町姫路の怪談・奇談一覧

番号	年代	話　名	備　考
1	中世	姫路皿屋敷の事	小寺氏の時代
25	宝永	姫路本町にて殺し犬形変する事	三左衛門堀に死骸を廃棄
29	正徳	姫路を乗物にて通りし狐の事	年行司所に届いた手紙
39	宝永	姫路櫻谷寺の住持幽霊に逢し事	住職は佐用出身
42	正徳	姫路外堀にて人を呑んとせし鯰の事	三左衛門堀が舞台
55	享保	どうがめ瓜をぬすミし事	中堀が舞台
60	享保	韮を喰し鯰しぜんと害に逢事	中堀が舞台
84	寛延	ひめ路梅雨松の事	寛延2年の大洪水

①「姫路皿屋敷の事」―城下町の怪談の典型―

【概要】小寺氏の時代、ある武家が家老衆を招待して宴を催し、秘蔵の十枚揃いの信楽焼の皿を出した。使い終わった皿を腰元が箱に納めていたが、一枚落として割ってしまい、割れた皿を箱の一番下に納めた。宴が終わると主人に「信楽焼の皿を持参せよ」と言われ、持っていくと「私の前で数を改めよ」と命じられる。腰元は「一枚、二枚……」と皿を数え、九枚まで出して躊躇した。「あと一枚は」と聞かれ、「さきほど粗相を致して」と答え終わらぬうちに主人に斬られてしまう。まもなく、毎夜、幽霊が「一枚、二枚」と皿の数を数え、「三枚、四枚、五枚、六枚、七枚、八枚、九枚。ああ、悲しや」と泣き叫ぶようになった。高僧の追善供養や祈祷など手を尽くしても効き目はなく、新しい屋敷に引っ越したものの、ほどなくその家は断絶してしまった。

忠成は、この話の最後に、桐の馬場に皿屋敷と言い伝える屋敷があり、寛延の今も亡魂が来るためか空き屋敷となっている、昔のことだが皿屋敷の事は確かな話だと記しています。

読み本や歌舞伎となった播州皿屋敷の物語に比べると非常に素朴で、江戸時代中頃の城下町姫路で世間話として伝わっていた皿屋敷伝説を示す貴重な史料です。他に、姫路藩主となった酒井家の家臣六人が旧聞古事をまとめた『六臣譚筆（ろくしんたんひつ）』にも、世間話としての皿屋敷伝説が記されています。五軒屋敷（五軒邸）にある小幡九郎右衛門の屋敷に、皿屋敷に仕えたお菊の墓である石地蔵が祀られていて、この石地蔵は霊験あらたかで信じる人が多かったとか。小幡家に吉凶の変事があれば、決まって前夜に家内の者にお告げがあったこと、この家では菊を作ることを禁じていたことなど、小幡家とお菊伝承との関わりを示す興味深い史料です。

注目されるのは、この史料にも「井戸は霧（桐）の馬場にある」とされている点です。桐の馬場は、中曲輪に設けられた乗馬の修練所でした。その場所は、中曲輪の北東隅、姫路城の鬼門に位置していました。この場所に桐の馬場が造成されたのは、池田輝政の時代ではなく、次の本多忠政の時代でした。図1・1・1・2は池田家時代（一六〇〇〜一七）と第一次本多家（一六一七〜三七）以降（図は第一次榊原時代（一六四九〜六七））とを比較したものです（該当部分を白枠線で囲っています）。輝政の時代にはこの部分は武家屋敷が立ち並んでいましたが、本多家の時代になると、藩士の数の変動などがあり、空き屋敷となったのか、武家屋敷を更地にして馬術訓練場にしたと考えられます。

皿屋敷の伝説は姫路だけでなく、江戸の番町をはじめとして全国で五十カ所ほど見つかっており、松江、金沢、近くでは尼崎など、城下町に多く伝わるといわれています。民俗学者の宮田登さんは、皿屋敷は「城下町の怪談」という側面を持つとし、その一つの例として皿屋敷の「皿」は更地の「更」だと指摘しています。城下町を造成する過程で、そこにあった中世以来の古い村などが潰されてしまう事例は少なくなかったでしょ

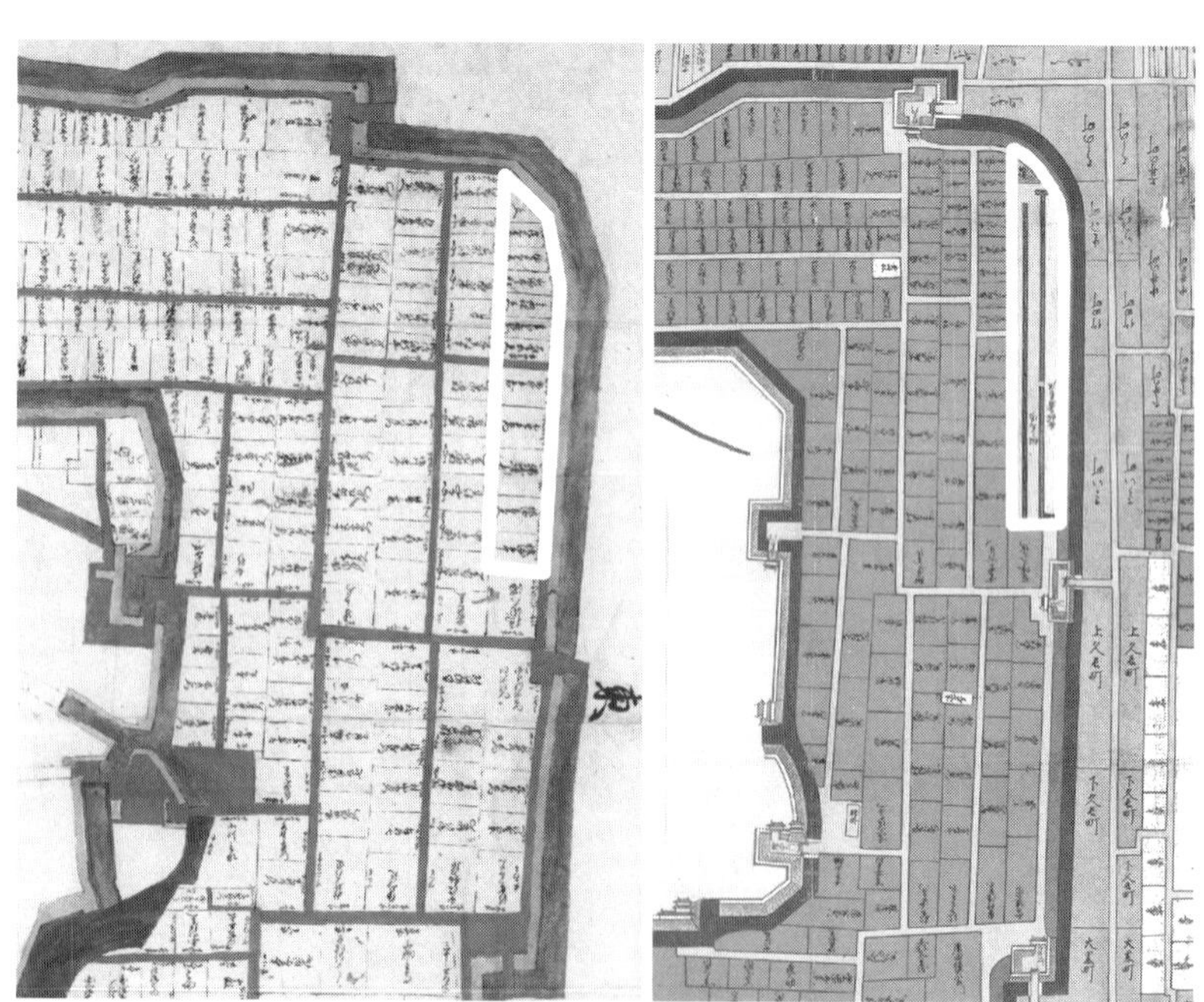

図 1-1 「姫路城下町絵図　池田時代」部分　図 1-2 「姫路御城廻侍屋鋪新絵図」部分
（いずれも『姫路市史』10 巻附図より転載）

う。姫路でも、宿村、福中村、国府寺村などがあった場所に新しく城下町がつくられました。新しい都市、城下町が形成される時、その土地の形だけでなく、中世以来の在地構造、そして、宗教的な体系なども再編成されたと考えられます。そうした大きな変革の中で、いわば排除されていった旧体制からのさまざまな反発が起きたことは想像に難くありません。皿屋敷伝承も、そうした動きの中で成立したと考えることができるのではないでしょうか。

また、桐の馬場のある辺りは、天正時代初めの様子をその時代の地誌などから推測した「姫路古図」に「椰本」と記されている場所です。秀吉によって現在地に移される前の播磨国総社、射楯兵主神社があり、現在の善導寺（姫路市坂田町）がその系譜を引く椰寺という古刹があり、他にも色々な神仏が祀られていた、いわば「聖地」と意識されていた場所でした。近世以前の「聖地」は、時代を経て「怪異」が起きる場と意識されるようになっていったのでしょう。そうした背景を考えると、江戸時代の姫路の人々が皿屋敷やお菊井戸の所在地として桐の馬場を想定したことも自然な流れのように思えます。やはり、皿屋敷の話は、城下町姫路を代表する怪談といわねばなりません。

なお、皿屋敷伝説については、以前『はりまの伝説散歩』（二〇〇二年、神戸新聞総合出版センター）に「皿屋敷はワンダーランド」という拙文を載せています。

②「姫路を乗物にて通りし狐の事」―「狐飛脚」からの連想―

【概要】 正徳年中（一七一一～一六）の初め、姫路の年行司所へ一通の先触れの書状が届いた。書状には「御典薬木下雲庵一人が、肥前国長崎へ薬草改めの御用のため派遣され、御朱印人足四人が下し置かれる。人足の数を証文通りに往路・帰路の各宿で滞りなく準備せよ正徳二年辰三月日」とあった。宿役の者が人足を用意して待っていると、翌日、駕籠に乗った医者が供回り三人でやってきて、次の継ぎ立ての宿場、正条（たつの市）の宿へと向かっていった。その三日後、「薬草改めの御用医者一人と従者三人が肥前国長崎へ、宿ごとに御朱印人足で通行したと報告があったが、これらの者たちは狐で、各宿の人々を誑かして通行していったとわかった。今後これらの者が通ったら捕まえ、どのように処罰してもかまわない」という書状が届き、皆が狐に騙されたと悔しがった。しかし、その書状もまた狐の仕業だった。触れ出し、触れ止めと、二度も狐の書状に騙されたという。

この狐の話は、今回とくに注目してみたい話です。狐の話は『実記』の中に十二話もあって、姫路近辺でも朝日山から書写山へ通っていった花嫁行列が実は狐の嫁入りだったという話があります。狐が化けた話、狐火の話など、だれもが狐の話として思い浮かべる「化生のもの」としての狐の話がほとんどです。狐はそもそも農耕と結びついた霊獣として信仰されていたとされ、その霊力への畏れが化け話や狐火の話の背景にあると考えられています。

「姫路を乗物にて通りし狐」も狐が化けた話ではあるのですが、農村で語られた狐の話とは少し趣を異にしています。舞台となったのは、城下町・姫路の町人地に設けられた年行司所でした。年行司所は姫路の町政を司る町年寄たちの会所で、一年交代で「年行司」を務める町年寄が取り仕切っており、城主や町奉行、あるいは幕府からの命令を伝えたり、実施したりすることが役目の一つでした。姫路は三軒の本陣を擁する西国街道の宿場町でもありましたから、年行司所に長崎へ派遣されていく幕府の医者のために各宿場で四人ずつ人足を準備しなさいという命令書が届いたわけです。年行司所に届いた公式文書が狐の書いた書状だったという話は、農村社会では見ることのできない狐の話といわねばなりません。

注目されるのは、この話の力点が狐が手紙で人間を騙したところに置かれている点です。狐の手紙に関しては、たとえば、『宮川舎漫筆』(文久二年(一八六二))に「狐の書翰」という美濃国の話が載っています。元禄年間(一六八八～一七〇四)、井上与三次郎という者が親しくしていた狐が「用事があって旅立つ」というので、餞別の銭などを与えると喜んで「これに謝するに書を以てす」と言い、立派な書を残したとか。この人は老僧の姿で現れる「野干正元坊」という老狐の手蹟も多く持っており、深い学識を持っていた狐、沢蔵主(伯蔵主)の神筆も拝んだことがあったとされています。

霊獣としてのご威光が感じられる話ですが、「姫路を乗物にて通りし狐」との関連がより深いと思われるのは、江戸時代から見られる「狐飛脚」の伝承です。与謝蕪村も「草枯れて狐の飛脚通りけり」という句を詠んでおり、江戸時代の人々には馴染みのあるモチーフでした。この伝承はいくつかの城下町に残されており、いずれも城下町を支配する城主に関わっています。狐飛脚の話を二つ、ご紹介しましょう。

一つ目は、『鳥府志（ちょうふし）』（文政十二年（一八二九）、鳥取藩士・岡嶋正義）に載る鳥取城にある中坂稲荷社の話です。この稲荷に祀られているのは「桂蔵坊（けいぞうぼう）」、領内の狐の総領でした。この狐は三日程で国元の消息を江戸屋敷へ届けることができ、城主に重用されていたのですが、ある村で罠にかかって死んでしまい、哀れに思った城主が稲荷として祀ったという話です。情報が一瞬で世界中に届く現代では想像しにくいかもしれませんが、江戸時代は情報伝達の速度は発信源からの距離に比例しました。つまり、距離があればあるほど、情報が届くまでに時間がかかりましたから、遠国の大名ほど情報を素早く手に入れることへの欲求は強かったにちがいありません。この時代に鳥取から江戸まで三日というのは大変な速さで、人間には不可能なことです。江戸と国元を結ぶ「大名飛脚」として大活躍していた桂蔵坊狐が城内に稲荷として祀られる、それは鳥取の城下町の人々にとって頷ける話だったではないでしょうか。

二つ目は、出羽の与次郎狐の話です。秋田によく走る狐がいて、やはり大名飛脚をしていましたが、ある時、手紙が届かないので行方を探すと雪の中に埋まって死んでいたという話が、松浦静山の随筆『甲子夜話』に記されています。これは短い上に正確さを欠いていますが、詳しい話は旧秋田藩士・石井忠行の『伊頭園茶話』（昭和二年刊行）に載っています。慶長九年（一六〇四）、久保田（秋田）城を築いた佐竹氏の前に、その地に三百年住んでいた大狐が現れます。自分は佐竹氏が城を築いた場所に三百年来住んでいたと告げ、代わりの土地を求めます。佐竹氏は茶園を与え、そこの番人の名前に因んで大狐を「与次郎」と名付けました。この与次郎狐は江戸と国元を往来する大名飛脚も務めましたが、慶長十四年に最上六田で殺され、その村に祟りをなしました。そこで、稲荷として祀られることになったという話です。秋田も江戸からは遠隔の地ですから、特に尋常ならざる飛脚が希求されたのでしょう。ちなみに、与次郎狐は六田（山形県東根市）と秋田城内に祀られていますが、スポーツの神とされたり、与次郎駅伝が開催されたりしているそうです。

なお、狐を使いとする話は古く、『今昔物語集』

与次郎稲荷神社（東根市六田）

巻二十六「利仁将軍、若き時京より敦賀に五位を将て行く語」は、芥川龍之介の短編小説「芋粥」の元話として有名です。鎮守府将軍を任じられた藤原利仁が若い時、五位の侍を自分の領地の敦賀へ連れて行く途中、三津浜（近江）で出てきた狐を捕まえて、敦賀の屋敷へ客が来ることを知らせよと言い聞かせて放します。狐は不思議な力を持っているからと将軍は言い、翌朝、屋敷に着いてみると確かに狐の使いによって芋粥の準備が整っていました。この話は狐は神秘的な力を持つという話であり、同時にその狐を使いにできる将軍はすごいという利仁賞賛の話にもなっています。こういった話がもとになって、江戸時代の狐飛脚の話へと発展していったのでしょう。

通信手段は、施政者にとって重要な問題でした。律令の時代、大化二年（六四六）には駅制を敷き、駅家に駅馬、郡衙に伝馬が置かれています。鎌倉幕府は文治元年（一一八五）に「駅路の法」を定め、同四年（一一八八）に鎌倉と京・六波羅探題との間に「飛脚」（騎馬）を置きました。戦国大名にとっても情報の重要性は大きく、十六世紀頃には「飛脚」の記録が増加したとされます。徳川家康は、関ヶ原合戦後の慶長五年（一六〇〇）には江戸にあった伝馬制を全国に拡げ、五街道や宿場を整備しました。慶長の終わり頃には幕府の御用を務める「幕府継飛脚」が成立し、寛永十二年（一六三五）に参勤交代が制度化されると、江戸藩邸と国元との通信手段である大名飛脚が生まれました。

やがて町人も飛脚を使うようになり、飛脚が街道を走る姿は日常の風景となっていきます。江戸時代の人々は、飛脚というのは非常に足が速く、普通の人間ではないという印象を持ったようで、江戸南町奉行を務めた根岸鎮衛の随筆『耳嚢（みみぶくろ）』には、「鍛冶屋清八が事」という足の速い鍛冶屋の話が出てきます。清八は、通常なら二週間ほどかかる堺から江戸への道程を三日で行く「古今珍しき速足」で、ある時堺と彦根を一昼夜で往復したという話です。飛脚賃五両で引き受けたとあり、それほど情報が早く届くことに価値があったことを示しています。

「姫路を乗物にて通りし狐」の話は、城下町に残る狐飛脚の伝承が変容したものだったのではないでしょうか。なお、狐の手紙にだまされたという話は、江戸幕府の日記を中心にまとめた『寛明日記』（『内閣文庫所蔵史籍叢刊』第六十七巻、水野忠邦旧蔵本）にも見ることができます。正保二年（一六四五）六月日、松平和泉守（乗寿）が上野国（群馬県）館林城を拝領し、入部します。城中の八幡神社に参詣し、案内の老翁に城主となる人は八幡宮だけでなく稲荷曲輪の稲荷社に参詣しなければならないと教えられます。ところが、乗寿は稲荷は畜生（狐）だと笑って参詣しませんでした。その後、入城したとたん、江戸より飛脚が到来して「将軍が疱瘡にかかったので、急ぎ参向せよ」という老中からの書状が届きます。乗寿は驚いて江戸へ向かいましたが、次の日老中に面会すると、疱瘡の事実はなく、書状を見せようと御状箱を開けて見ると白紙だったということです。乗寿が帰城して稲荷の由緒を尋ねてみると、館林城の開基ともいえる狐を祀った社だったことが詳述されています。

　お殿様に仕えた狐は、飛脚狐だけではありません。『兵庫県神社誌』（昭和十二年）に、多紀郡八上の稲荷神社の由緒が記されています。篠山藩のお殿様は相撲好きで、参勤交代で江戸へ行くと他藩のお抱え力士と自藩の力士に相撲を取らせるのですが、一度として勝ったことがなかったそうです。ある時、見たことのない力士が現れて他の藩の力士を皆倒してしまい、「王地山ノ平左衛門」と名乗ります。探しても見つからず、これは王地山の野狐だったのだと察して山に稲荷社を建てたという話です。現在も、篠山の王地山稲荷神社（まけきらい稲荷）境内に平左衛門稲荷が祀られています。

　姫路の狐の話に戻りますと、『播磨鑑』（江戸中期、平野庸修）に豊沢町の春日神社近くに孫太郎稲荷として祀られる狐の伝承が記されています。昔、三条小鍛冶宗近という京の有名な刀鍛冶が、宇佐八幡宮に刀を奉納する旅の途中、姫路で病に倒れます。ある夜、夢で「刀を作って松原八幡宮に納めよ」と告げられますが、相槌を打ってくれる者がおらず困っていると、京都の稲荷明神の神狐「孫太郎」が刀匠となって現れて相槌を打ってくれました。宗近はそのまま姫路で亡くなり、村人たちは草堂を建て、宗近が帰依していた石地蔵を安置します。それが「刃ノ宮（はのみや）地蔵」で、後に歯痛の神様として信仰されるようになります。孫太郎狐も春日神社神官の井上九郎左衛門の屋敷に棲みついたといい、旧暦十一月二十三日に孫太郎狐にお供えしたのが播磨一帯で地神を祭る「二十三日（ニジュウソウ）」の起源となったとか。

『播磨鑑』の別記に、本多忠政の時代に、夜中に罠にかかった鳥を荒らして領内の狐が追放された時にも、孫太郎狐だけは領内に残ることを許された話や、池田輝政の時代に、三左衛門堀で狩りをする輝政の前に孫太郎狐が百姓に化けて現れ、堀に飛び込んで獲物を取ってきたという話が記されています。孫太郎狐は、姫路の城主と関わる狐と信じられていたようです。特に本多忠政との関係は面白く、『姫路城史　中巻』（橋本政治著）「伝説・孫太郎狐の国払」によれば、困窮する孫太郎狐に食べ物を与えてくれた老婆に恩返しするため、孫太郎狐は本多家の金蔵から千両箱を盗み出して老婆に与え、忠政の怒りを買って国払を命じられ、孫太郎狐は書き置きを残して去ったのだそうです。狐の手紙という点でも、興味深い話ではないでしょうか。

また、井原西鶴の『西鶴諸国はなし』「狐四天王」に、大和の源九郎狐の姉、於佐賀部（おさかべ）狐が出てきます。於佐賀部狐は姫路に古くから棲み、八百八疋の眷属を使って思うがままに人を騙すことができたと書かれています。その娘の子狐を本町筋の米屋門兵衛がうっかり殺してしまい、家に石を打たれ、大変な仕返しを受けたという話です。姫路城の城鎮守だった長壁（おさかべ）神社の御祭神の来歴について江戸時代の人々はさまざまに噂していましたが、その中に狐説もありました。「播州小刑部社記」（正徳三年（一七一三）、三木通職、『播陽万宝智恵袋』所収）に、「姫山のきつねを小刑部とまつる」と記されています。西鶴も、長壁神社の祭神は狐だと考えていたのかもしれません。

姫山の東、前述した梛本の地に、およし狐という六百才の古狐がいた話はよく知られており、梛寺（善導寺の前身）の庫裏の柱がぐらぐらと揺れるのはおよし狐の仕業だという記述もあります。ここでも梛本が登場するわけですが、長壁神社の祭神に関わる狐には、江戸時代的な狐飛脚から派生したと思われる「姫路を乗物にて通りし狐」とは別の眼差しが注がれていたようです。

③「姫路本町にて殺し犬形変する事」―「化け犬」を生んだもの―

【概要】 宝永年中（一七〇四～一一）、姫路城下で白犬が徘徊して盗みを働くという噂が三、四年続いていた。本町には蚊屋商売の家が多かったが、ある夜、職人たちが寄り集まって蚊屋を縫っていた。そこへ小さな白犬が現れ、「これが盗み犬だ」と、皆で犬を追い廻し、打ち殺してしまう。犬の死骸を夜にまぎれて捨てようと、首に縄をつけて引きずって行き、三左衛門堀へ放り込んだ。帰って煙草を呑んでいると、ほどなく白犬が戻ってきたため、驚いてもう一度打ち殺し、「水を呑んで蘇生したのだろう」と考えて、今度は死骸を堀端に捨ててきた。すると翌朝、「珍しい大犬が捨ててある」と町の人々が騒いでおり、ついて行ってみると、堀端で小さかった犬が馬ほどの大きさになって死んでいる。「犬も長生きすると霊力を身につけて、自由に体を大きくしたり小さくしたりできるようになるのだろう」と話していた。

忠成は、この話をそれを見物した人から聞いたと記しています。怪談に化け猫の話は多くありますが、化け犬の話は大変珍しいといわねばなりません。時代背景となったのは、元禄が終わって宝永になり、「犬公方」とあだ名された五代将軍・徳川綱吉が亡くなった頃です。六代将軍となった家綱は、綱吉が出した生類憐みの令を少しずつ撤回していきました。いわば動物愛護の法令だった生類憐みの令が次第にエスカレートしていき、人々を苦しめる悪法となっていたからです。特に江戸の人々が大変な被害を受けたわけですが、京都、大坂、そして姫路のような城下町の人々にとってさまざまな不都合が生じたとされています。

縄文時代の集落遺跡から人と同じように葬られたらしい犬の骨が見つかったように、犬は人間にとって非常に古い時代から親しい動物でした。花咲爺さんなど各地の昔話に犬が登場するのも、犬が身近な存在だった証左の一つでしょう。そして、犬は猟犬や番犬など実際に人間の伴侶として役立つだけでなく、その吠え声などから悪霊などの魔を祓う、辟邪の能力があると考えられてきました。犬は安産と結びついて、戌の日に腹帯を着けるという風習や、安産のお守りとして寺社で頒布されたりしています。結婚祝いや初節句などに贈られることがある犬筥（いぬばこ）は、子どもの健やかな成長を守るお守りとして宮中などで乳幼児のそばに置かれていました。

こうした犬と人間の親密な関係が、生類憐れみの令によって捻じれてしまい、故意に犬を殺す、殺して食べてしまうといった行為が密かに横行するようになります。つまり、姫路の城下に化け犬が現れ、蚊帳職人たちに打ち殺されたのは、犬に対する憎しみが城下町の人々の心に湧き上がっていた時代でした。この話は、「犬公方」の時代という歴史的背景によって、悪法に苦しんだ城下町で生まれた怪談だったといえるのではないでしょうか。

もう一つ、注目されるのは、職人たちが化け犬を捨てた三左衛門堀です。『実記』には、他にも三左衛門堀を舞台とする話が記されています。「姫路外堀にて人を呑んとせし鯰の事」です。元塩町に住む太郎兵衛という男の妻が三左衛門堀で洗濯物をすすいでいると、得体の知れない怪物が現れ、大きく口を開けて妻をひと呑みにしようとしたので、洗濯物を打ち捨てて逃げ出したという話です。この話を聞いた人は、「それは三左衛門堀の主と伝えられている二間ばかりもある大鯰で、去年堀に涼みに行った時に私も見た。危ないから子どもなどを堀端に行かせてはいけない」と言ったと結ばれています。

題には「外堀」とありますが、内容は三左衛門堀の話になっています。化け犬も、わざわざ三左衛門堀に捨てられました。主の大鯰もいるということですから、姫路城下の人々にとって三左衛門堀は特別な場所だったのではないかと推測されます。三左衛門というのは池田輝政のことで、輝政が城下町を建設する時に、外堀から飾磨津の港までを結ぶ運河を造ろうとしますが、完成しませんでした。その未完の運河が、後に三左衛門堀と呼ばれるようになります。つまり、三左衛門堀は惣構の城下町の外にありながら城下町の一部でもあるような、城主に関わりを持つ場所でした。孫太郎狐も、三左衛門堀で狩りをする輝政の前に現れています。

三左衛門堀の古写真（個人蔵）

しかも、そこは水辺です。水は、人間にとって生命線ともいえる大切な存在です。川や池、沼、あるいは井戸に至るまで、日本人は多種多様な水辺に神霊の存在を見てきました。水底に水神様がいるという信仰は、蛇などと結びついて、八岐大蛇（やまたのおろち）の時代から脈々と受け継がれてきました。江戸時代の都市、城下町に住んでいた人々の意識の中にも、そういった古い水辺への信仰は残っていたのではないでしょうか。姫路は、三重の堀に囲まれた城下町です。内堀は基本的に武家の目にしか触れませんが、中堀と外堀は町人たちにとっても日常の風景の中にある身近な水辺でした。

『実記』にも、城下の堀を舞台とする話が出てきます。享保年間（一七一六～三六）のこととされる、「どうがめ瓜をぬすミし事」「韮を喰し鯰しぜんと害に逢事」です。どちらも怪談というより奇談に類する話で、惣構の中の出来事ですからお殿様の御威光が及んでいるのか、亀が出てきて菜園の瓜を食べられた、隣人同士が互いに韮を盗まれたと疑っていたら犯人は堀から出てきたらしい鯰だったといった笑話といってもよいような話です。それが城下町の外にある三左衛門堀という水辺まで行くと、日本人が心の底に持っている水に対する信仰や畏れのようなものが凝縮されて発現するわけです。『実記』には、城下町に住む人々の心性を考える際の手がかりを与えてくれる、姫路の町の怪談・奇談たちが残されているのです。

◇── 怪異譚の背景

三左衛門堀は古い信仰を呼び起こす存在だったという話をしましたが、城下町の中の、東西のメインストリート、二階町筋に準じる道だった本町筋もまた、古い記憶が呼び起こされる場所だったかもしれません。二階町筋は西国街道、つまり参勤交代の殿様たちも通る街道筋でした。しかし、この西国街道、すなわち山陽道は、江戸時代以前は姫山の南側を通っていました。池田輝政が城下町建設にあたって内京口門から街道筋を南に下げ、町の中に西国街道を引き込んだのです。城下町を抜けると、備前門から北に上がって本来の山陽道の道筋に戻りました。

池田時代に、山陽道をめぐる景色は大きく変わってしまったわけです。当時の姫路の町人たちの目には、大名飛脚や町飛脚が通っていく西国街道の風景に、古い土地の記憶が二重写しになって見えていたかもしれません。狐の手紙が届いた年行司所があったのも、本町あたりと考えられます。本町筋と中之門筋が交錯する「札の辻」には生類憐れみの令の高札が度々掲げられました。化け犬の出現場所としても、姫路の城下町の「頭丁」の一つだった本町はふさわしい場所だったでしょう。

前述したように、姫路城ができて城下町として繁栄する以前、姫山には刑部大神や富姫明神が祀られ、姫山を望む椰本の地には射楯兵主神社や椰寺、案内社八幡などなど、多くの神や仏が祀られていました。そうした聖地の風景が城下町の建設によってどんどん失われ、城主の支配する新しい町に埋め尽くされてしまった時、その変化を否でも応でも受け入れざるを得なかった人々の想いが城下町の怪談を生む一因だったのではないかと思います。怪談・奇談を生むのは人間です。その人間がどういう心持ちで城下町という現実の町と、自分たちの記憶の中にのみ存在する町や村、そこにあった寺社や祠堂、祀られていた神や仏たちを重ね合わせて捉えていたのか、そうした視点で城下町に伝わる怪談を読み解いていくのも面白いのではないでしょうか。

城下町をテーマとした様々な研究があります。怪談・奇談というのは、何となく迷信に類するもの、取るに足らない低級なものというふうに捉えられがちです。しかし、こういったものを細かく読み込んでいくことから、その土地の歴史の新たな側面がみえてくるのではないだろうかと考えています。

姫路城下の町家と町並み

大場 修

◇──はじめに

姫路城下町の町並みを語る上で「姫路城図屏風」（越前市、大谷恵一氏所蔵）は大変興味深いものです。松平明矩が姫路藩主となる寛保元年（一七四一）以降のものとされますが、今は失われた城下の町並みを詳細に描き、その資料的価値はすこぶる高いのです（図1）。

　絵図からは町家の外観の様子が読み取れます。屋根は瓦葺と板葺が混じり、屋根の両側にいわゆる「卯建」を掲げた町家も散見されます。板葺屋根や卯建は今に残る町家には認められないので、かつての姫路城下の町家形式が窺えるほとんど唯一の資料ということになるでしょう。町家の二階の立ちは低く「虫籠窓」や格子

図1　「姫路城図屏風」（部分、越前市、大谷恵一氏所蔵）

窓を開けています。一階には格子を持つものや、暖簾を下げて通りに開放的な店構えを持つものなど多彩です。この辺りの特徴は現存する町家にも引き継がれています。

姫路城下町の外の様子を描く点も、「姫路城図屏風」の価値を一層高めています。「餝万(飾磨)口」と記された一角には、門の外に延びる町続きの家並みを一軒一軒抜かりなく描いています。いずれの家屋も茅葺の平屋で、城下の町家と比較すると総じて小規模なものです。瓦葺と板葺の町家が櫛比する城下から門を一歩外に出れば、茅葺の農家的な景観が長く続いていることが絵図から明瞭に窺えます。この城下と城外の景観の違いは、そのまま町家形式の違いでもあります。

家業に関わらず道に面して立ち並ぶ家屋を町家と総称すれば、姫路旧城下に限らず周辺の町場も町家を多く残し、今日も各所に歴史的な町並みを形成しています。筆者は、昭和六十二年(一九八七)以降、姫路城下町を手始めに青山、今在家、網干、飾磨、さらには林田の各地区を十年余り掛けて町家の調査を行い、その成果を平成十一年(一九九九)に刊行された『姫路市史第一五巻下 文化財編二(建築編)』に「四 町家と町並み」と題して収めました。

本稿は、同書をベースに、姫路城下町の町家をたどりながら、特徴やその歴史性について述べてみたいと思います。

◇――姫路城下町の町並み形成

姫路旧城下の西端、西国街道筋とその周辺部の船場地区一帯（龍野、西新、材木、小利木各町）と、城の北東部、生野街道に沿う野里地区（梅ケ枝、威徳寺、大野、野里寺、鍛冶、生野、竹田、堺各町）は戦災を免れ、伝統的な町家が残り近世近代の歴史的町並みを今日に伝えています（図２）。

関ヶ原の戦以前、姫路城は豊臣秀吉の西国進攻の拠点とされ、播磨が平定された天正八年（一五八〇）に秀吉の居城となります。その後、城主は弟の秀長、義兄の木下家定へと引き継がれました。秀吉は、三重四階建の望楼型天守（推定）の築城とともに、英賀寺内町の町人を城下に移し、付近からも町人の移住をはかり、龍野町、坂本町、備前町、生野町、竹田町など旧地に由来した町を創出しました。

天正八年に龍野町に出された制札には、

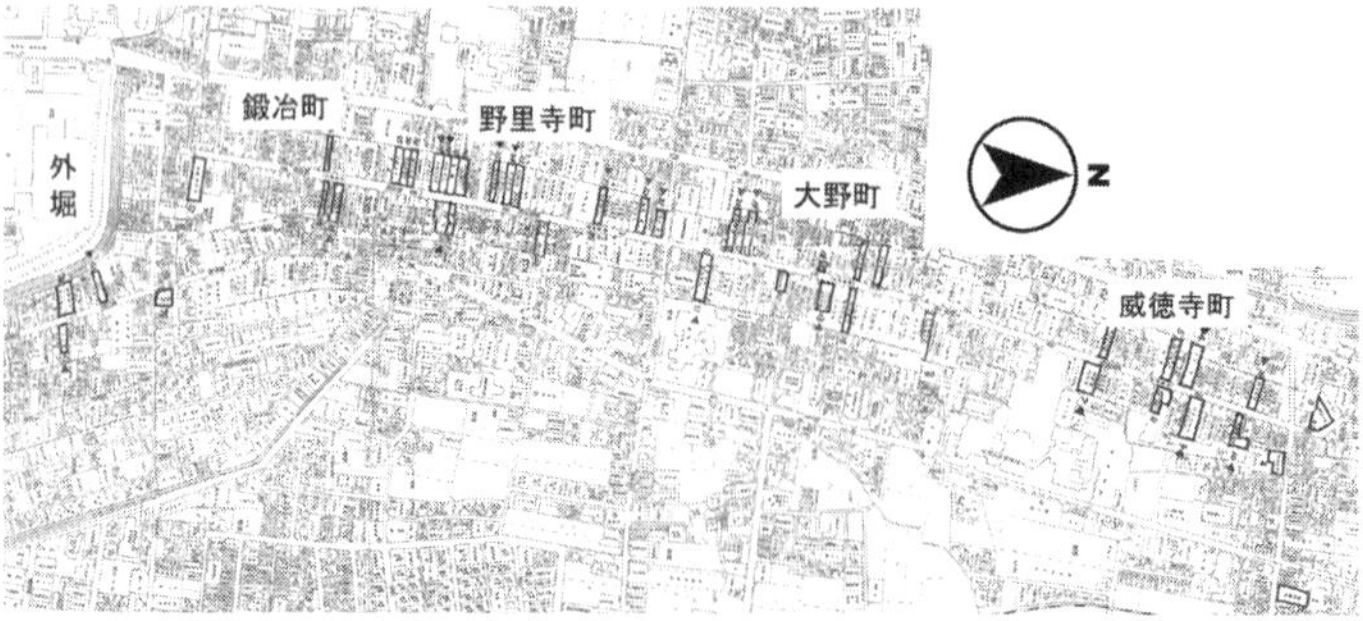

図２　野里地区における伝統的な町家の分布状況（1987 年調査時点）

条々　　龍野町

一　当龍野町市日之事如先規可罷立事

一　市之日諸商人ゐらむへからさる事

一　同諸公事役不可在之事

以上

天正八年十月廿八日　　藤吉郎（花押）

とあり（『姫路市史　史料編一』一九七四年、所収）、当時すでに龍野町が存在し、市が開かれ、秀吉がそれを公認し、公事役を免除していたことがわかります。龍野地区一帯に、近世姫路城下に先行する町が形成されていた点は重要です。

天正六年（一五七八）には、城下東北部の野里村あてに秀吉より禁制が出されています。また、天正一五年（一五八七）、木下家定が野里の芥田五郎右衛門にあてた書状には、「川間町」「寺町」「北町」「いとく寺町」「材木町」などの町名がみえます（「芥田家文書」前掲『姫路市史　史料編一』所収）。さらに、慶長六年（一六〇一）の『野里村絵図』には「野里ノ内いとくし町」「野里ノ内いもし町」「野里之内かち町」という記載があり、村の内に町が発生してゆく状況が推察されます（前掲「芥田家文書」）。

前掲の芥田氏とは歴代の姫路城主からも厚遇された有力土豪で、野里村を本拠として周辺の民政を担当し、播磨の鋳物師集団を統括していたことが、芥田家に永正年間から残る多数の古文書から明らかにされています。こうした在地有力者が統べる集落が城下町に編成されていった様子が窺えるのです。

また、城南東部の古二階町、元塩町なども、江戸期城下町の中心部よりも先行して町場化されたと推定されます。

このように、池田輝政の入部以前、すなわち秀吉時代の城下では、城の東部、西部及び北部地域に町場が形成されていました。龍野町一帯や野里地区は秀吉時代にさかのぼって町の成立が確認でき、城下で特に古い地域であることがわかります。しかも両地区は戦火を免れ歴史的な町並みを残していることから、姫路旧城下のなかで町並みの歴史的意義は大きいといえます。池田輝政以後の城下町の形成過程は『姫路市史第一四巻』はじめ諸誌が詳細に論じています。これらを拠りどころに、近世姫路城下町の成立についても略記しておきましょう。

現在の姫路城は、輝政によって入部直後の慶長六年（一六〇一）から八年の歳月をかけて再構築されました。輝政は、あわせて城と城下の縄張を行い姫路の町の大枠をかたちづくりました。

城下町の建設に際して輝政は、まず姫山の周辺に安定した土地を確保し、既存の村や寺社を立ち退かせ、川筋の一部を堀として利用し、氾濫に備えて付近の河川整備を行います。

輝政による町の計画区域は、よく知られているように螺旋状に三重の堀が巡らされ、内曲輪を城地、中曲輪を上級武家地、外曲輪を町人地及び下級武家地として配置しました。町家地域を堀で囲むいわゆる「総郭型」のプランです（図3）。外曲輪では中堀沿いの町人地を取り囲むように下級武家地がとられ、町人地の要所には寺が配されました。町場の中心地である城南方には碁盤目状の町割がされ、山陽道が取り込まれました。

近世城下町の成立以前の姫路を描いた唯一の絵画史料とされる「姫路付近之古地圖」にはこの道筋が「今ノ往還」として記され、中堀の北辺付近に「中古往還」、さらに北方に「古昔往還」が描かれています。秀吉時代までの山陽道は城の北側を通っていたといい、輝政

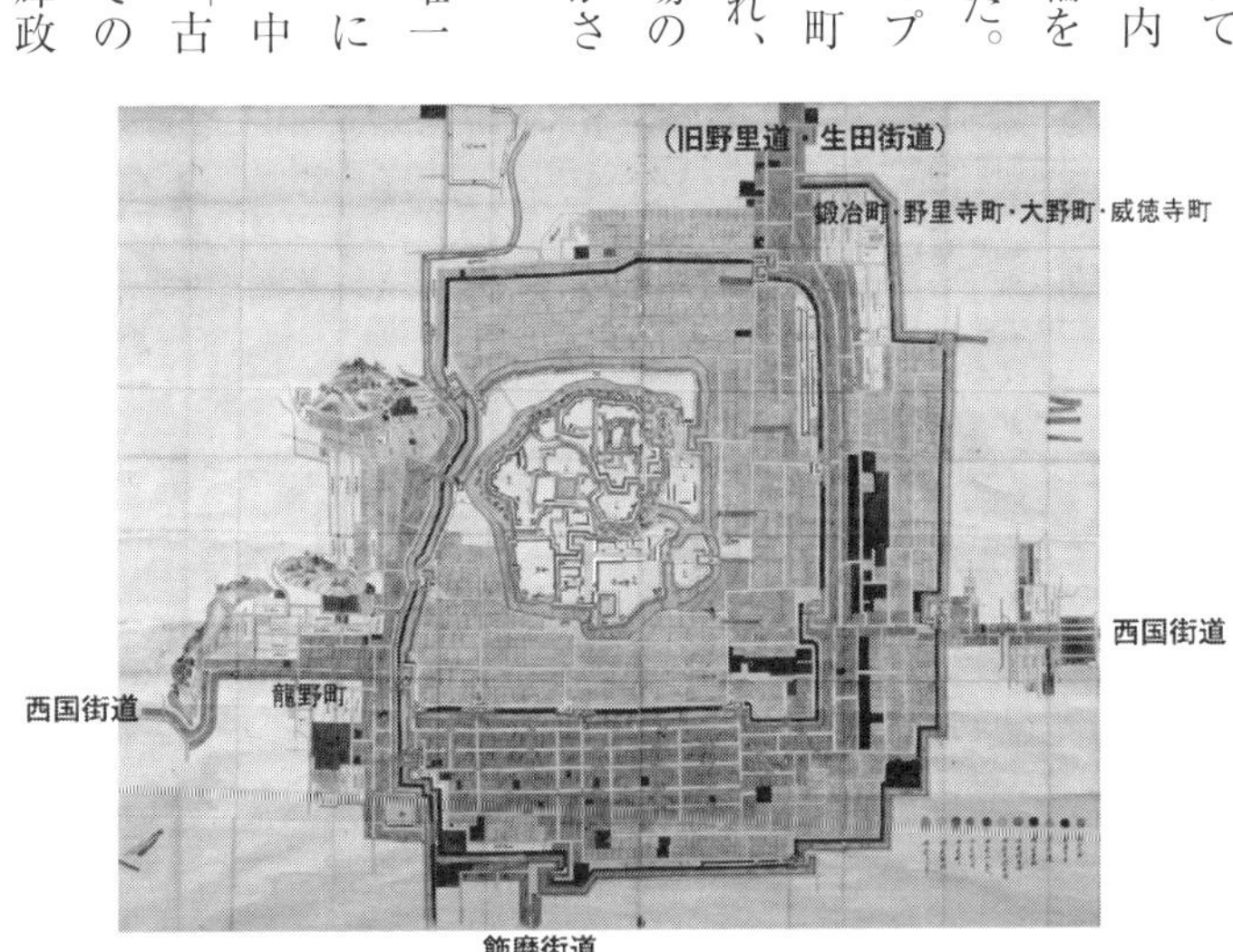

図3 「総郭型」の姫路城下町全体図（「姫路城下図写」（姫路市立城郭研究室所蔵・姫路城アーカイブ）に加筆）

は城下の振興を意図して新しい往還を設定したとみられます。東西の往還沿いには郭外まで町並が続き、足軽町も配されています。他にも、城下から野里を通って北にのびる但馬道、南行する飾磨道の両側には街村状に町がのびていました。

元和三年（一六一七）、姫路に入部した本多忠政は、城の西側の堀川を広げ、通船を可能とする土木工事を行います。船場川と命名された川筋により城下からの水運の便が開かれ、同川沿いには小利木町、材木町など舟運で業をたてる町が発達しました。冒頭で述べたように、この地域一帯には今日でも町家が多く建ち並び、当時の面影を残しています。

輝政により計画された城下町の町割は近世を通して踏襲されました。町数も、寛永末頃の史料に七十八町とみえて以来、その後の史料に変動はありません。家数は、一七世紀初期から一八世紀中頃にかけて二千軒余から三千軒弱へと徐々に増加するも、幕末はやや減少します。一八世紀中頃までの家数の増加は、屋敷地が細分化されることで吸収されたと考えられます。

さらに、城下町の町割を現状の地図と比較すると、町は先の戦災によってその大部分を焼失したにもかかわらず、特に外曲輪内の町割はよく一致します。外堀は埋め立てられ、中堀の南辺は国道二号線となり、また城から南へ御幸通の大道が開かれるといった変革はありましたが、町割自体は城下町時代のものがほぼ継承されています。

姫路城下の町家

1　旧池田家住宅（龍野町、図4）

龍野町には、かつて旧池田家住宅というさほど大きくない町家が立っていました。『姫路市史』に収録するために筆者らが調査したのは昭和六十二年（一九八七）ですが、その後程なくして取り壊されました。今は現存しない町家を取り上げるのは、歴史的価値の高さゆえです。その価値とは古さです。本瓦葺の屋根の鬼瓦に正徳五年（一七一五）の銘が刻まれていました。

間口三間半、奥行六間半と城下では標準的規模の町家です（図5）。当初は幅二間の広い通り土間に沿って、ミセ、ダイドコ、オクの三室が並ぶ一列三室型の間取りであったことが、調査により明らかとなりました。居室列の幅が一間半と土間よりも狭く、しかも部屋列には床の間はおろか押入さえもありません。このように土間幅が広く、しかも居室構成がいたって簡素なのは極めて古風です。天井は根太天井とこれまた古風で、柱や梁などの部材は相当に経年していました（図6）。

表から奥行二間分の上部は低いツシ二階で、裏方は土間上部が吹き抜け、居室上部は全くの屋根裏です。家人の話によれば、入り口には跳ね上げ式の大戸をたて、その下手には半蔀戸と

図４　旧池田家住宅（龍野町）外観（1987 年撮影、以下の写真同じ）

図６　旧池田家住宅（龍野町）根太天井の見上げ

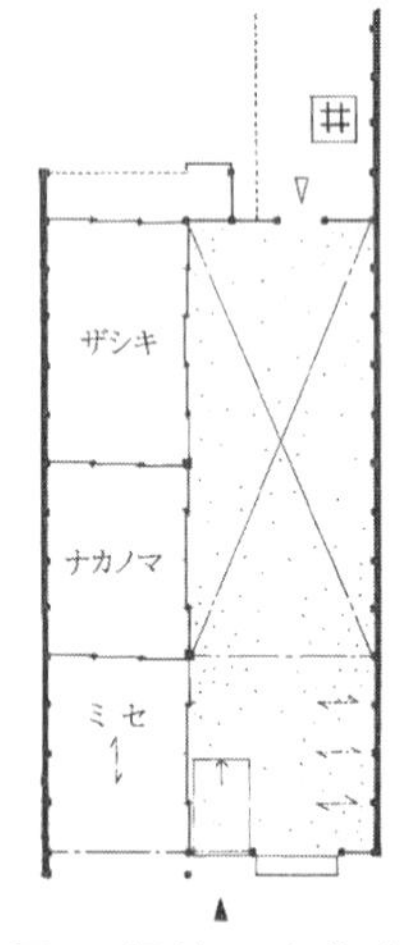

図５　旧池田家住宅（龍野町）当初復原平面図

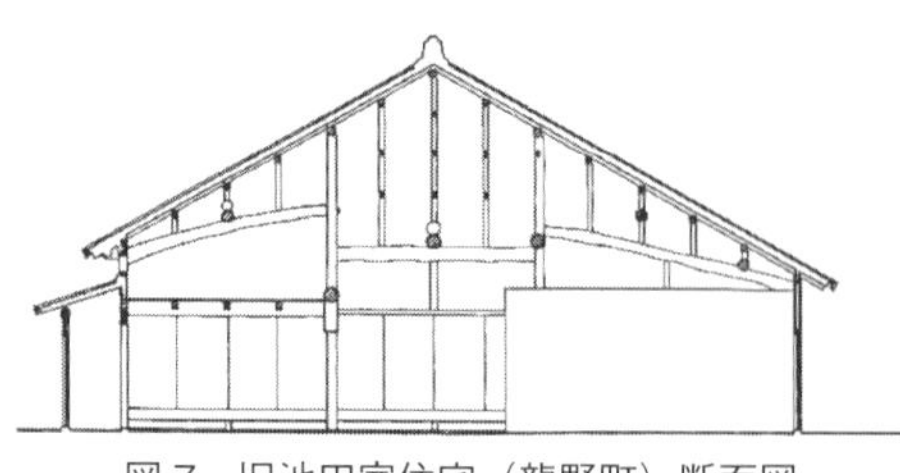

図７　旧池田家住宅（龍野町）断面図

揚げ見世をはめていたといいます。

この町家の立ちの低さや古風な建築構成は鬼瓦銘の正徳五年と合致します（図7）。旧池田家住宅は旧城下で最古の町家であるばかりか、全国的に見ても間口三間半程度の規模の町家としては最古級の建築と言って良く、文化財としての価値の極めて高い町家でした。

2　旧尾上久雄家住宅（野里大野町、図8）

この町家も現存しませんが、聞き伝えの内容も参考にすると少なくとも一八世紀中頃に遡り、旧池田家住宅に次ぐ古い町家建築で、その時代的特徴をよく示していたので概略を記しておきます。万延元年（一八六〇）より塩釜を製造する鋳物屋であったらしく、その後製紙業などを営んでいたといいます。

本瓦葺で、間口四間、奥行八間と旧池田家住宅よりも少し大きく奥行が深い町家で、当初は一列四間取りでした（図9）。間口幅を居室と土間で二分する表方の二室は、上手側を壁とするのみで何の装置も持たない点は旧池田家住宅とよく似ていますが、裏方のブツマ、ザシキは奥行半間の何らかの装置の存在が認められ（調査時の座敷飾りは後補）、その（半間）分が土間側に突き出ているこの二室は造作が新しく、残念ながら原形は明らかにできませんでした。

この裏方の二室ですが、土間との境は壁であると考えられました。この点は旧池田家住宅と

図 8　旧尾上久雄家住宅（野里大野町）外観（1987 年撮影、以下の写真同じ）

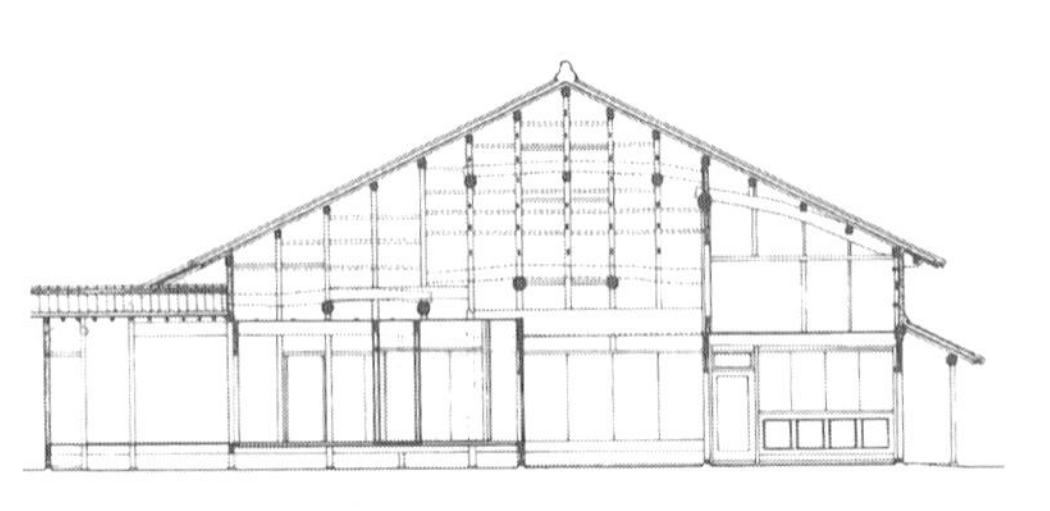

図 10　旧尾上久雄家住宅（野里大野町）断面図

図 11　旧尾上久雄家住宅（野里大野町）土間上部吹抜けの見上げ

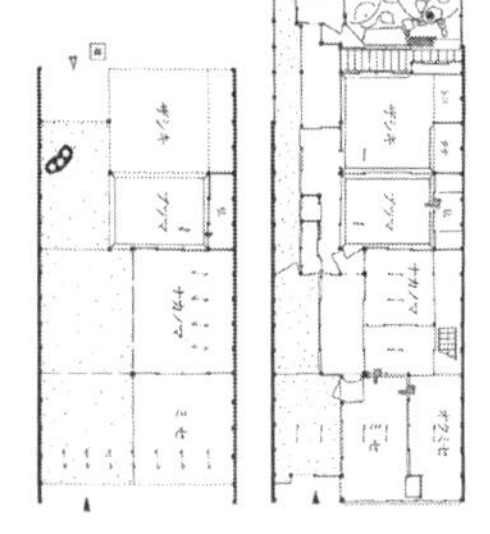

図 9　旧尾上久雄家住宅（野里大野町）平面配置図（右）・復原平面図（左）

の違いです。カマドを設けた土間との境に壁を立てるのは、煙の侵入を防ぎ、座敷廻りの独立性を高めるためでしょう。旧尾上家住宅以降の町家の基本形式となります。言い換えれば、その間を閉鎖しない旧池田家住宅との時代差かもしれません。

通り土間は、ミセ下手部を除く全面を大きく吹き抜けとしています（図11）。この点は旧池田家住宅と同じであり、当家住宅以後の町家とも共通しますが、奥行八間と旧城下の町家最長の奥深さゆえに、梁を縦横に組み、貫を掛け渡した吹き抜けの見上げは圧巻で、その頂部には煙り出しも残されていました（図8）。

最後になりましたが、旧尾上家の敷地はすこぶる長く、凡そ二十九間（約五七メートル）もあります（図9参照）。主屋裏手の庭は敷地に沿って細長く裏手に伸び、離れ座敷まで続き、さらにその奥には二棟の土蔵が並び立っています。間口規模は制約を受けつつも、敷地の総面積はかなり大きいです。間口四間の表側からは想像も付かない広い奥庭と、それと一体となった離れ座敷、さらに大小二棟の土蔵を擁するこの町家は、姫路城下における町家の構え（筆者は「町家構え」と呼ぶ）を典型的に示して貴重な町家でした。城下に普遍的な短冊型地割に花開いた商家の豊かな生活文化の証左でしょう。旧尾上家は残念ながら現存しませんが、城下には豊かな町家構えを持つ事例が残っています。その点は後述したいと思います。

3　尾上市平家住宅（堺町、図12）

当家に残る万治三年（一六六〇）の「堺町地子銀帳」の記載には「小くらや　市兵衛」という名がみえ、「小倉屋」という屋号の金物商を営む家でした。主屋は文化四年（一八〇七）に他所の古家を移築してきたものと伝え、実際、間取りは当家に伝わる文化十三年（一八一六）の家相図とも一致します（図13）。

本瓦葺で、間口五間弱、奥行六間半と間口が比較的大きい町家で（図14）、裏には別棟の座敷を上手に突きだしていましたが、この棟は撤去されて現存しません。間取りは、金物商を営む関係で、表部分は広いミセ土間としています。その裏手に通り土間をのばし、居室は現状二列に六室を整形に並べていますが、当初は四室を不整形に食い違えて並べる配置です。家相図はこの形状を示しています。

通り土間の上部は、この家でも大きく吹き抜け（図15）、上部には煙り出しが残されています。文化十三年の家相図からは、土間にはかつて二口の大きなカマドが据えられていたことがわかりますが、現存していません。裏手の別座敷には床の間、床脇（違棚）、押入（ツギノマ）が設けられていて、この点は家相図も同様ですから、別座敷はおそらく文化四年に新築されたものであろうと思います。

一方、居室の上手は旧池田家住宅と同様に壁のみで、押入はじめとする造作は一切ありませ

図 12　尾上市平家住宅（堺町）外観（1987 年撮影）

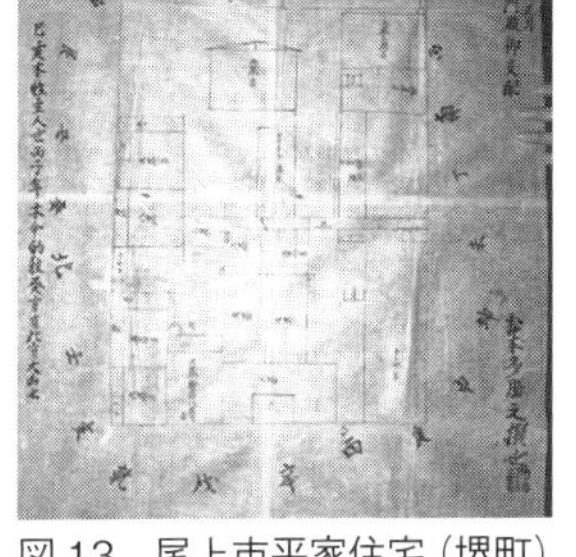

図 13　尾上市平家住宅（堺町）文化 13 年（1816）家相図

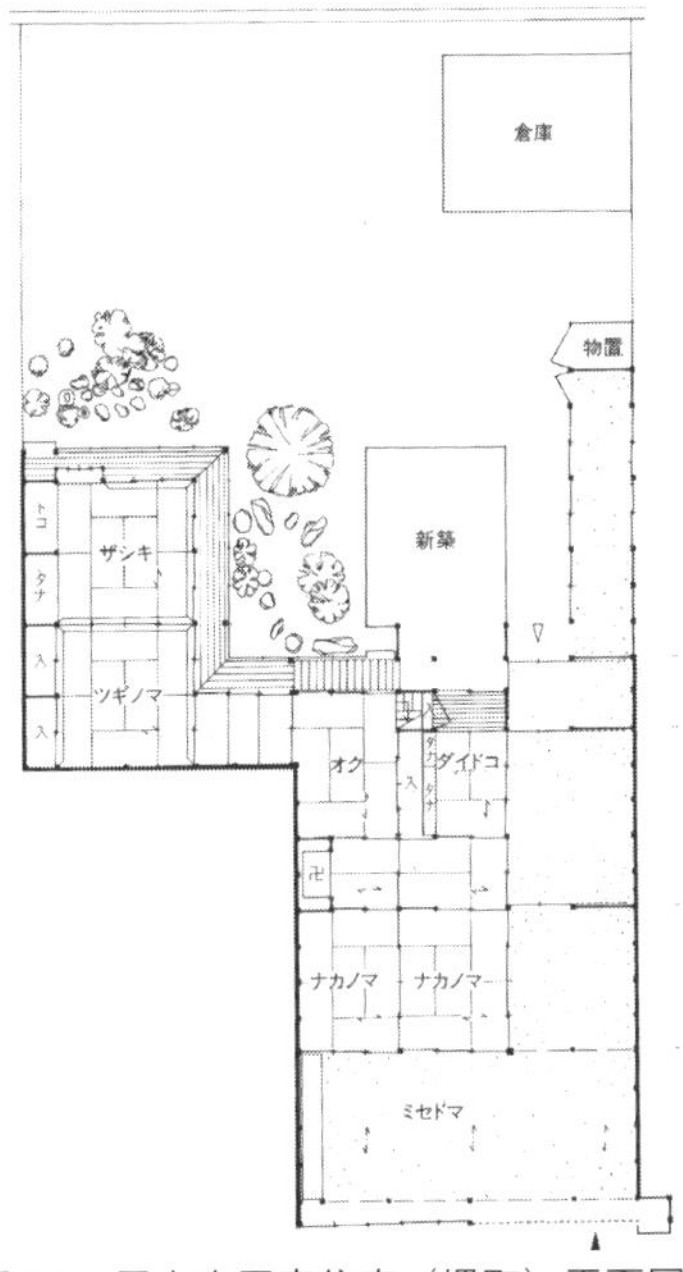

図 14　尾上市平家住宅（堺町）平面図（1997 年時点）

図 15　尾上市平家住宅（堺町）土間上部の吹抜け

ん。この点は古風で、主屋は古家の移築だとの伝えと合致します。

二階は表が低いツシでいたって古式です（図16）。上手列の後方には居室が三室ありますが、これらは部分的に棟を上げ、裏手の軒を高くして造られています。この増築が文化四年時点のものか、後の増築かは判断し難いのですが、それはともかくとして、オクに置かれている二階に登る階段は興味深いもので、引出しを備えたいわゆる「箱階段」です（図17）。幅一間ほどの直線的な箱階段は見慣れていますが、当家のものは踏段を折り返すことで半間余りの幅の中に階段を収めています。階段の幅を出来るだけ切り詰めて押入の間口を確保したものと考えられます。

構造の形式については、その特徴を断面図

図16　尾上市平家住宅（堺町）ツシ二階

図17　尾上市平家住宅（堺町）箱階段

がよく示しています（図18）。主要な柱を屋根を支える母屋桁まで長く延ばして通し柱とし、妻壁では柱の間に貫を多段に通しています。いわゆる「通し柱型」と呼びうる構造形式は、姫路旧城下の町家に共通する点で重要です。しかも、「通し柱型」は京都の町家一般の形式とも同質なのです。この点は、姫路城下の町家の成り立ちを考える上の視点となりますので、後述します。

なお、この町家は間口幅の大きさに相応して、江戸期には土蔵が四棟（表に一棟、裏手に三棟）立っていたことが文化十三年家相図からわかります（図13参照）。また、主屋の右手（南側）には、かしや（借家）を従えていました。近世後期の姫路城下における大店の家屋構成の一端を窺う資料としても、同家の家相図は貴重なのです。

実際に、数多くの土蔵を残していた町家もありました。次にとりあげる旧今井家住宅がその典型例です。

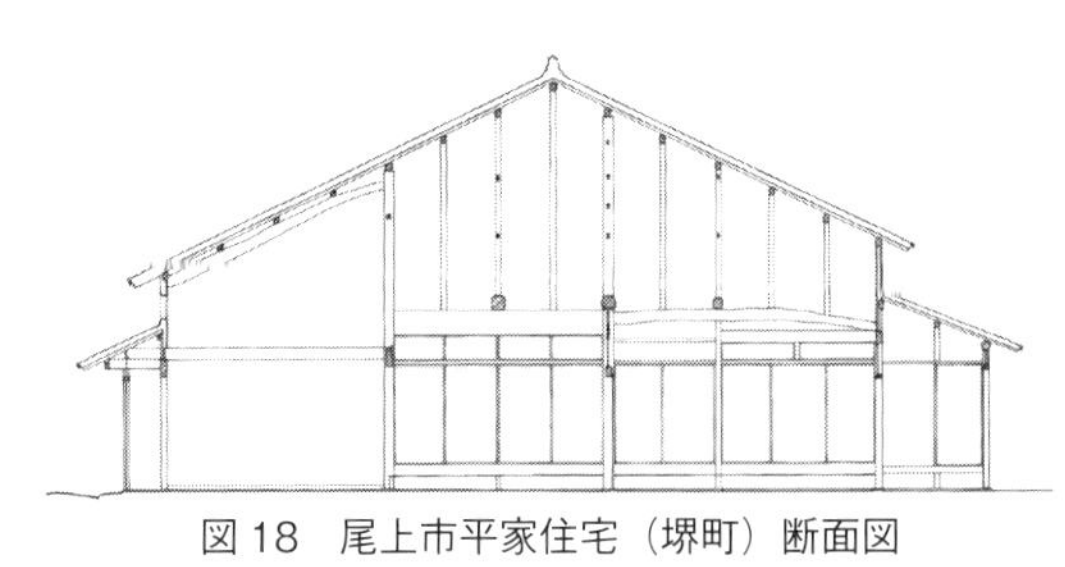
図18　尾上市平家住宅（堺町）断面図

4　旧今井家住宅（龍野町、図19）

当家の屋敷は、主屋と下手の高塀部を併せて間口十間にも及んでいました（図20）。通りに面して伝統的な景観を良く留めている町家として貴重でしたが、現存しません。

屋敷地は広く、主屋の裏には広い裏庭に離れ座敷はじめ六棟の蔵が群れをなし、通りからは見えないものの、敷地内の景観は壮観でした（図21）。

多数の土蔵を有する上位層の商家の存在は、姫路城下の繁栄ぶりを窺わせますが、敷地奥部

図19　旧今井家住宅（龍野町）外観（1987年撮影、以下の写真同じ）

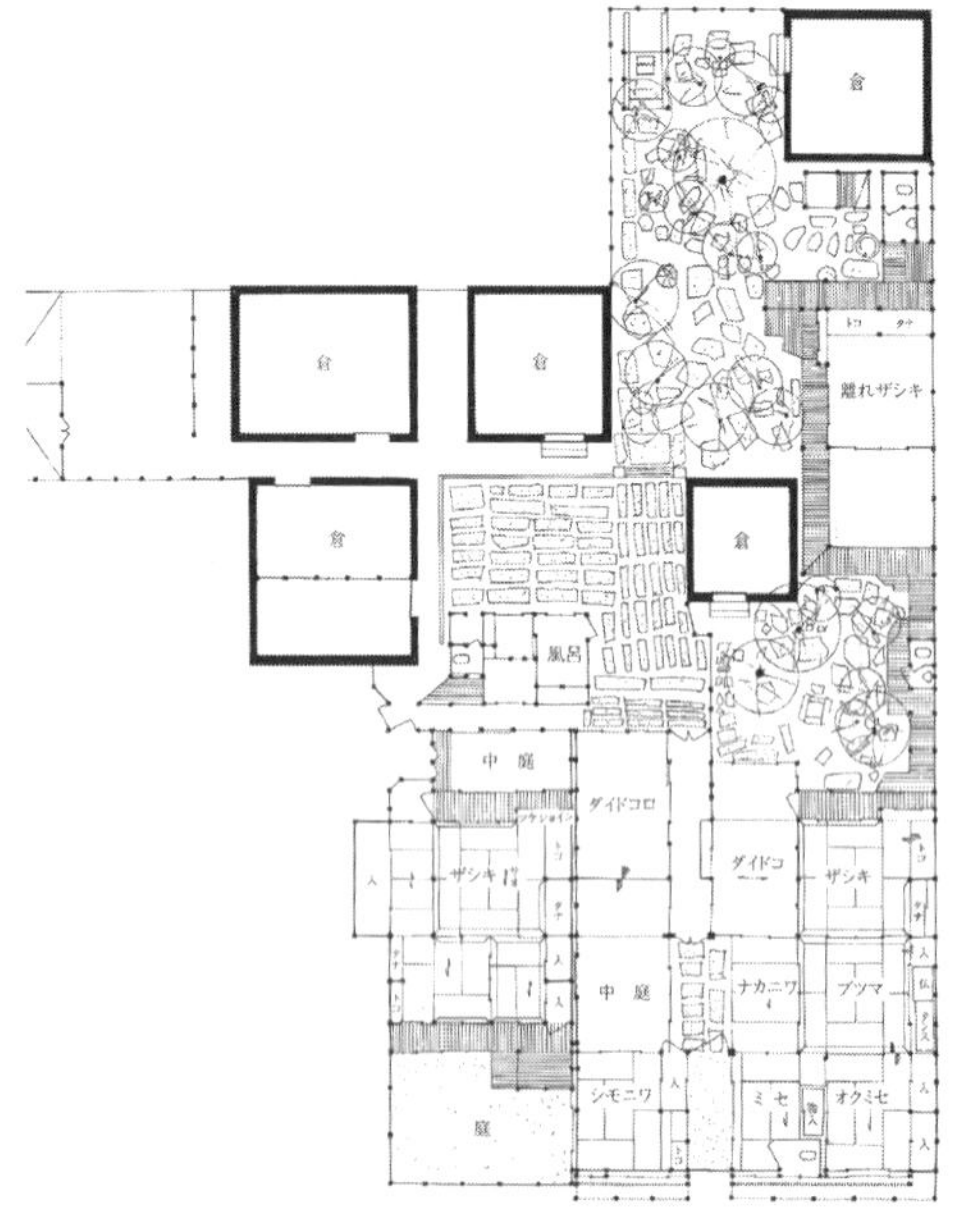

図20　旧今井家住宅（龍野町）平面配置図

の空間的余裕を示すものでもあろうと思います。後述する魚橋呉服店（威徳寺町）も間口八間半の大型商家であり、敷地の裏手には奥庭に面して三棟の土蔵が連立しています。その手前には庭を挟んで離れ座敷が配置され、庭と土蔵と離れ座敷による町家敷地独特の落ち着いた歴史的佇まいを形成しています（図22）。

敷地奥部における土蔵の家屋構成が注目される旧今井家住宅ですが、同様に二室の八畳間で構成される離れ座敷も、三方が庭で囲まれ、その庭と一体となった寛いだ室内空間は、姫路商家の洗練された上質な生活文化の伝統を感じさせるものです。

図21　旧今井家住宅（龍野町）敷地奥部の景観

図22　旧今井家住宅（龍野町）土蔵廻りの景観

旧今井家住宅の主屋は、本体部が間口六間半の大型町家で、二列六間取りを構成しています。土間沿いの諸室は、土間境に建具を入れず土間空間と一体化され開放的な構成です（図23）。一方、上手の座敷列には座敷飾りが揃い、書院座敷としての格式を重んじた造作で飾られています。

図23　旧今井家住宅（龍野町）土間沿いの内観

　主屋における二列の居室列は、土間と一体となって使用人も働く普段使いの下手の居室列と、それとは室内造作を異にする上手の座敷列とに大きく二分されていることがわかります。なお、主屋の下手には、間口三間半の増築部（落棟の座敷棟）が連結し、前庭を設け、高塀で通りと隔てられています。この高塀と塀越しに望む庭木は、城下町らしい景観を形成していました（図24）。

図24　旧今井家住宅（龍野町）高塀と塀越しに望む庭木

5 旧岸本家住宅（威徳寺町、図25）

岸本家の旧主屋は明治後期に遡る町家で、間口幅が七間強もあり、城下では最大級の町家でした。すでに取り壊されて久しいですが、その間口幅に応じた平面の構成など、大型町家の特徴をよく示す事例なので取り上げてみたいと思います。

図25　旧岸本家住宅（威徳寺町）外観（1987年撮影、以下の写真同じ）

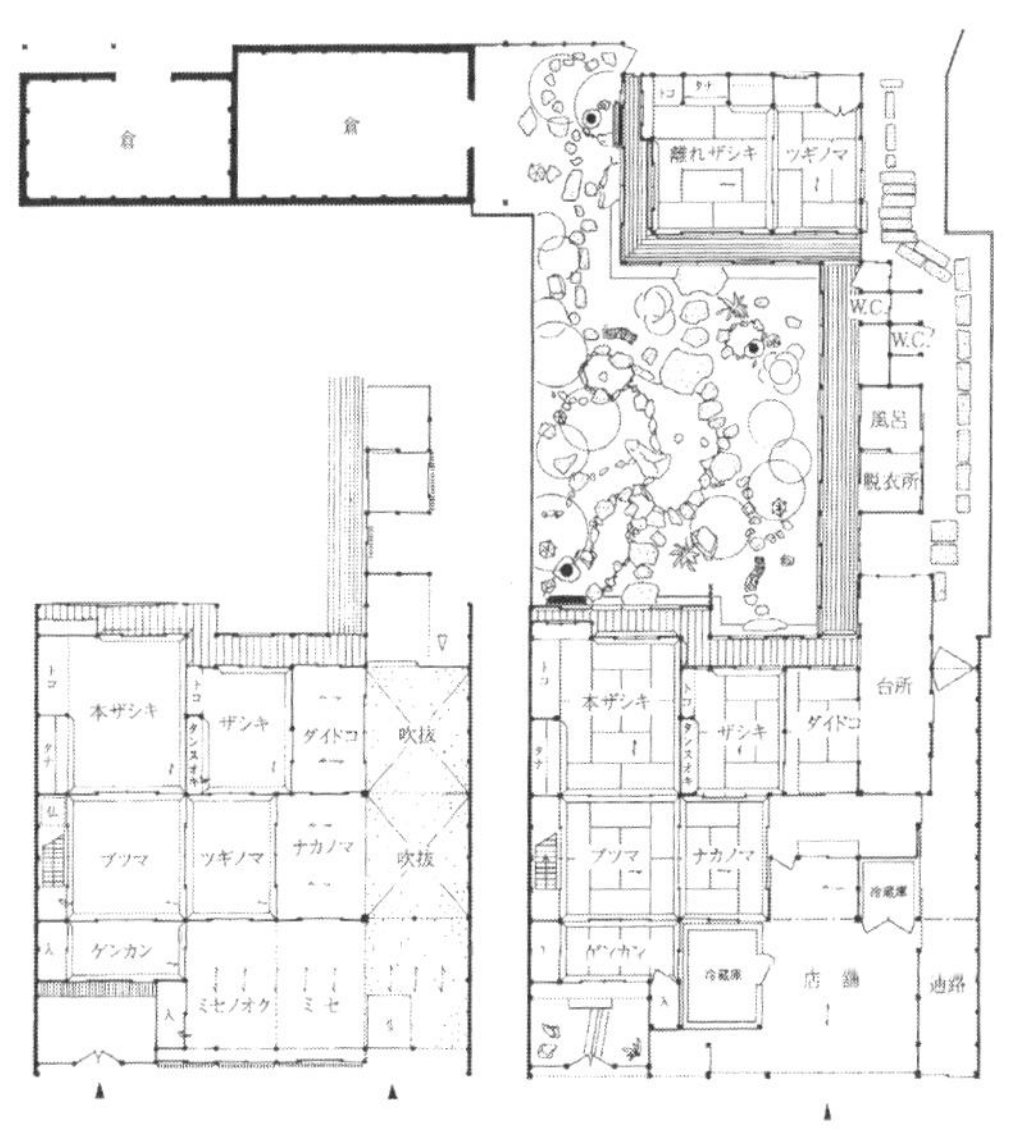

図26　旧岸本家住宅（威徳寺町）平面配置図（右）・復原平面図（左）

幅一間余りの通り土間に沿って居室を三列、合計九室を設けていました（図26）。調査した町家のなかで、三列型のものは旧岸本家住宅のみですし、全国的にもこのような多室型の町家は希少であると思われます。広い間口幅ゆえに、主屋裏手の裏庭は広く、しかも広い庭を囲むように渡り廊下が巡り、敷地奥部には離れ座敷と二連の土蔵を配していました。

精肉店を営んでおられたために、大型の冷蔵庫などを配置するなど店や通り土間廻りは大きく改造されていました。しかし、建築当初の間取りを復原すると、土間側の二列の居室構成は、一般的な二列六間取り型町家と変わるところがないことに気づきます。違いは上手の座敷列です。その表側に前庭を設ける点が、他の町家と大きく異なります（図27）。

図27　旧岸本家住宅（威徳寺町）前庭

図28　旧岸本家住宅（威徳寺町）通庇の付いた高塀と客門および犬矢来の構成

前庭の表には「高塀」を立てて通りと隔て、塀の中央に「客門」を設け、前庭に面したゲンカンまで賓客の通路が設けられていました。このような客門を持つ高塀は、前掲の旧今井家住宅にもありました。大型の上位層町家の表構えの特徴として指摘できますが、旧岸本家住宅の高塀は、屋根の下に通り庇を設けて虫籠窓を二カ所開け、さらに前面に犬矢来を立てるなど、町家の外観然とした構えを示しています（図28）。旧今井家住宅の高塀とは少し異なり、町家の家並みの連続性に配慮した意匠性が看取されてたいへん興味深いものがありました。

6　魚橋呉服店（国登録有形文化財・威徳寺町、図29）

当家も間口約八間半にも及ぶ大型の町家ですが、左右の階高の異なる主屋を接続した構成を取ることが外観からもわかります。向かって右手の棟は階高がやや低く（間口約四間）、左手は本二階建てに相当する階高をもっています。家人によると、左手の棟は明治初期に呉服屋の店舗として建築され、右手は明治中頃に米屋として増

図29　魚橋呉服店（威徳寺町）外観（1987年撮影、以下の写真同じ）

築されたと伝え聞いているとのことでした。たしかに間取図を書けば、左右の棟は一、二階ともに別個の建物であることが判明します（図30）。

左棟の呉服屋の店内の構成には驚かされます（図31）。前面を広い土間とし、その奥を畳敷きの店の間としています。この広い店内の天井は格天井ですが、実は中央の一間半四方は当初は吹き抜けで、二階の吹き抜けの四周には低い手摺りが廻されていたのです（図32）。二階の窓から吹き抜けを介して自然光を取り入れ店内を明るくする工夫でしょう。左棟の呉服屋としての広い店舗を主体とした平面と、吹き抜けを大胆に設けた室内構成は、町家の近代化の一端を示す事例として大いに注目されます。

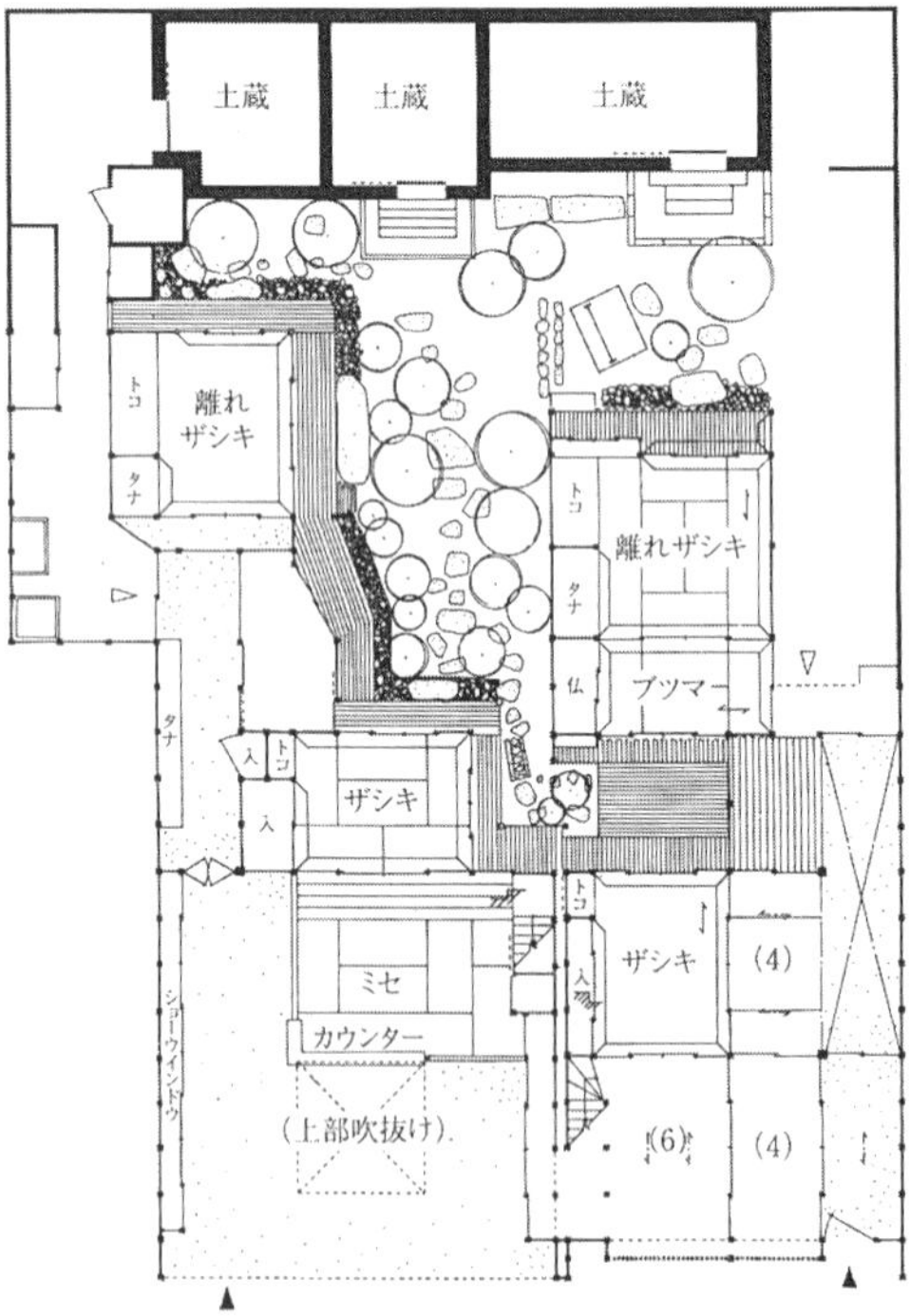

図30　魚橋呉服店（威徳寺町）平面配置図

このような店舗構成や本二階に匹敵する階高の高さは、大正あるいは昭和初期の時代様式であり、左棟の建築年についてはさらに検討が必要であろうと思います。

なお、前述した通り、当家は主屋の裏手に前栽を介して三連の土蔵を配し、奥行の深い伝統的な上層商家としての家屋配置を良好に留める点でも重要な町家です（図33）。

図31 魚橋呉服店（威徳寺町）店舗内観

図32　魚橋呉服店（威徳寺町）店舗の二階

図33　魚橋呉服店（威徳寺町）裏手の庭と土蔵群の景観

鬼瓦銘より正徳五年（一七一五）の建築と目される池田家住宅を最古例に一八世紀に遡り得る町家は、本章で取り上げた旧尾上久雄家住宅（野里大野町）に加えて佐野家住宅（野里寺町）が確認されています。池田家住宅では居室上手の妻側はすべて壁で何の装置もありません（図5参照）。佐野家住宅（野里寺町、図34）も、主屋の間取りを復原すると当初は壁のみの単純な間取りであったことを明らかにしています（図35）。旧尾上久雄家住宅もミセやナカノマの上手は壁のみに復されます（図9参照）。座敷部の上部は屋根裏で、屋根は裏手に低く葺き降す姿形も古風ですし（図10参照）、二階は表のミセ上部をツシ二階として限定的に使うのみで、主屋表側の立ちも低くなっています。

一九世紀になると主屋の部屋列の上手の壁に沿って押

図34　佐野家住宅（野里寺町）外観（2020年撮影）

入、床、仏壇などの諸装置が設けられるようになり、やがて幕末から明治初期にかけて座敷には書院、長押、欄間等が備えられ、整った書院座敷が成立します。このような立派な座敷の獲得過程は、二列型の大型町家の方が先行しますし、充実の度合いも高いです。そのような過程は「姫路城下調査町家編年表」から詳細にたどれます（前掲『姫路市史第一五巻 下 文化財編二（建築編）』六二六～七頁）。

このように年代が下がるに伴い、主屋部屋列の上手の壁に押入を始め床、仏壇などの諸装置が当初から設けられるようになりますが、古い町家においては室内の改装により、これらを後補することもわかりました。先述の佐野家住宅がその典型例でしょう。図35が示すとおり、建築当初は壁のみであった部屋列ですが、後年に押入を始め床の間や仏壇などを妻壁沿いに増設し、そのために部屋が土間側に半間拡張する大掛

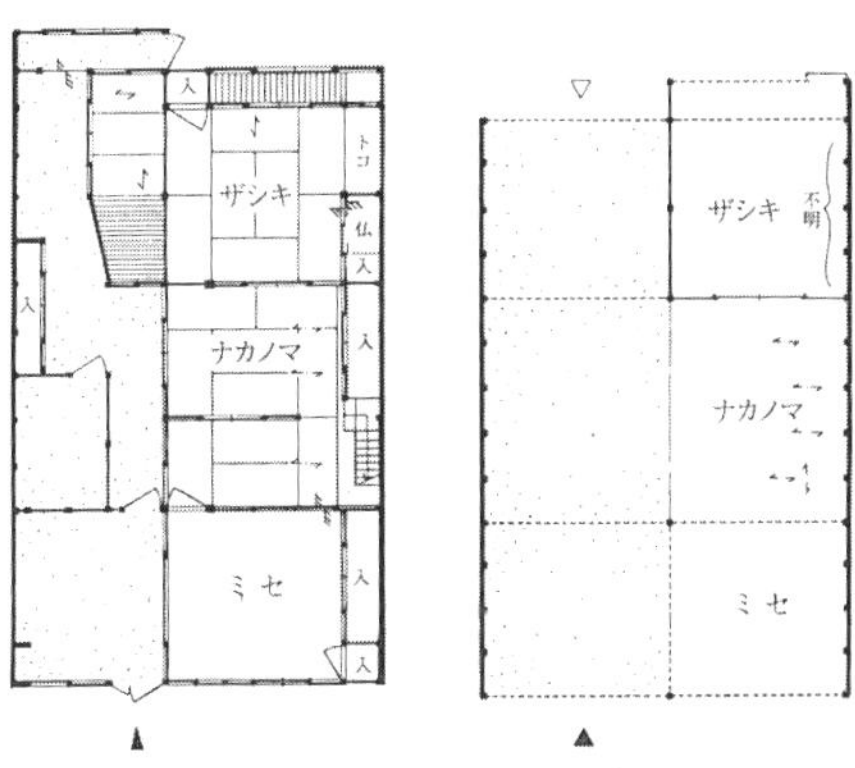

図35　佐野家住宅（野里寺町）当初復原配置図（右）・現状平面図（中）・二階平面図（左）

かりな改修が行われています。二階にも部屋が増設されています。今日の言葉で言うならばリノベーションを行うことによって、伝統的な町家は時代とともにその居住性の維持に努めてきたことが、当家の新旧間取りの比較からわかります。

明治以降になると、一階座敷廻りの座敷飾りが充実するとともに、二階にも座敷を設ける動向が認められます。その典型事例が明治中期に建てられた魚橋家住宅（威徳寺町、国登録有形文化財、図36）です。

図36　魚橋家住宅（威徳寺町）外観（1987年撮影）

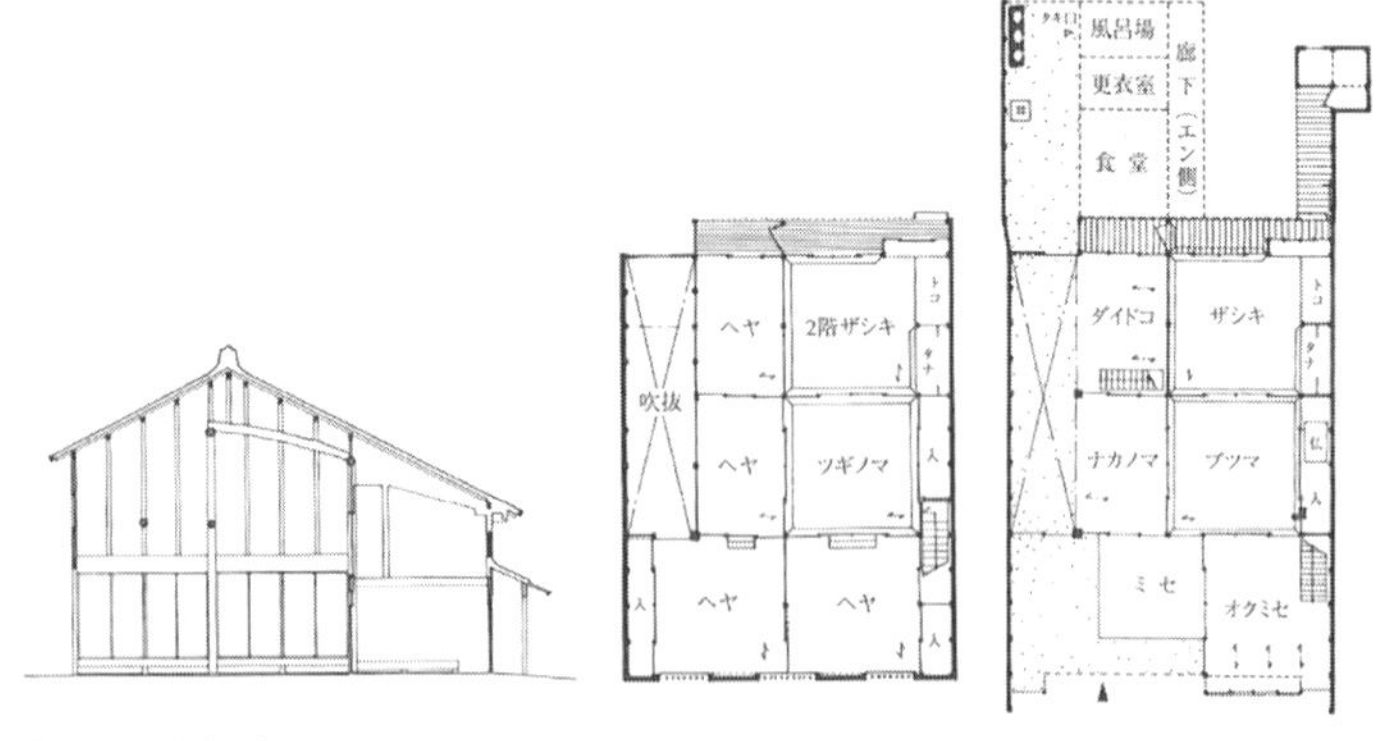

図37　魚橋家住宅（威徳寺町）当初復原配置図（右）・二階平面図（中）・断面図（左）

主屋は間口五間弱、奥行六間の規模、二列に居室を配し（図37）、ザシキとブツマの二室には長押を廻し、座敷飾りを完備して立派な書院座敷を備えています。さらに、二階も土間上部の吹抜けを除いて居室化され、一階ザシキとブツマの上部には二階ザシキとツギノマを一階と同規模の大きさで設け、一階と同様に長押を廻し座敷飾りを完備して充実した座敷廻りを構成しています。

しかし、当家の立ちがさほど高くない外観からは、二階座敷の存在は感じられません。どのようにして二階座敷が設けられているのでしょうか。断面図からは、確かに表側の軒の高さは低いままですが、棟の位置を後方に寄せて、裏手の軒高は相当に高く、その懐に二階座敷を収めている様子がわかります（図37参照）。町家の二階における居室形成は、後方から進展してゆくのです。このような傾向は京都の町家などにおいても看取されるもので、通りに対する遠慮なのか、表側は伝統的な立ちの低い階高を保持するある種の保守性が、明治以降も長く墨守されているようです。

大正十年（一九二一）に建てられた旧尾上廉家住宅（野

図38　旧尾上廉家住宅（野里寺町）外観（1987年撮影）

里寺町、図38）では、表の軒高はかなり高まっているように見えます。実際五メートルを超え（五・三五メートル）、魚橋家住宅と比較すると約七〇センチメートルも高くなっています（図39）。しかし、この時点においても虫籠窓の形式は踏襲されているので、伝統的な町家形式から脱してはいません。調査家屋に昭和初期のものがないので、それ以降の推移はわかりませんが、近世町家の伝統は特にその外観形式において近代においても長く継承されていることがわかります。町家内部の発展、特に二階の居室化の動向に比すると、外観形式の伝統性が際立つように思われます。

姫路城下の町家の奥行空間

先に取り上げた旧尾上久雄家住宅の短冊型宅地における敷地裏手の豊かな庭空間と離れ座敷、及び土蔵が長く連なる構成には、姫路城下町の町家敷地の大きな特徴が見られます。

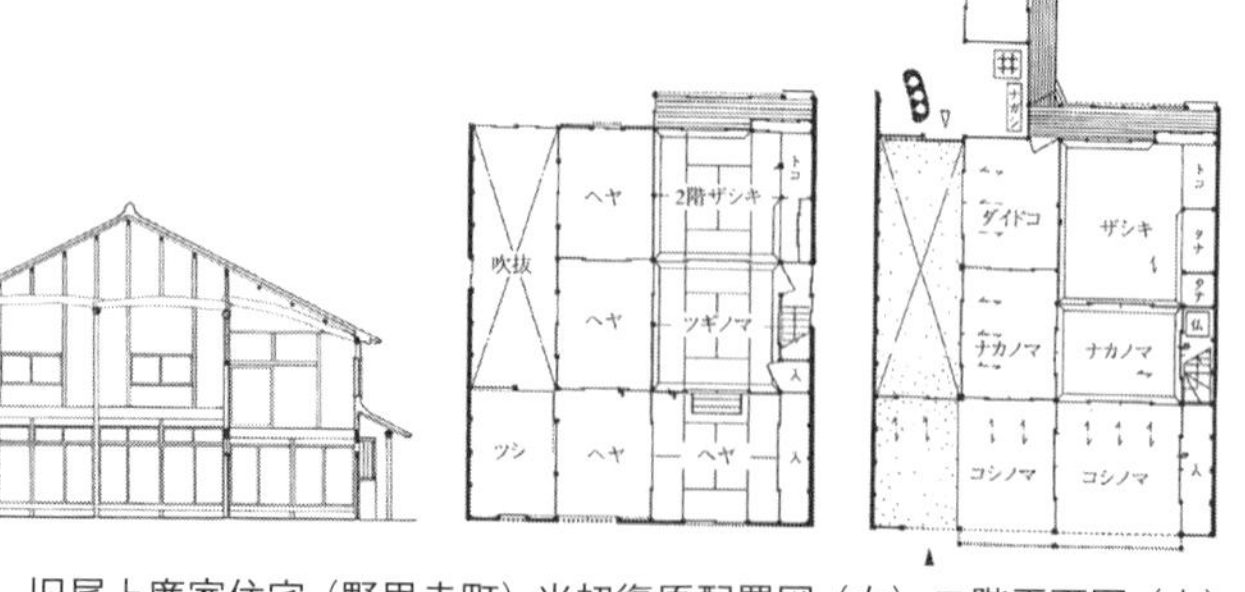

図39　旧尾上廉家住宅（野里寺町）当初復原配置図（右）・二階平面図（中）・断面図（左）

旧今井家住宅や魚橋呉服店など大規模宅地においては、いっそう広大な裏庭空間が広がり、複数の土蔵を有し、旧今井家住宅に至っては五棟のいずれも大型の土蔵を擁していました（図21・22参照）。

　このような町家敷地裏手の空間構成について検討してみましょう。調査で把握した町家敷地配置図を並べてみます（図40）。二棟あるいは三棟の土蔵を有する町家は珍しくはなく、しかも黒坂家住宅（龍野町）のようにかなり大規模な土蔵が散見されます。土蔵は富の象徴であるとすれ

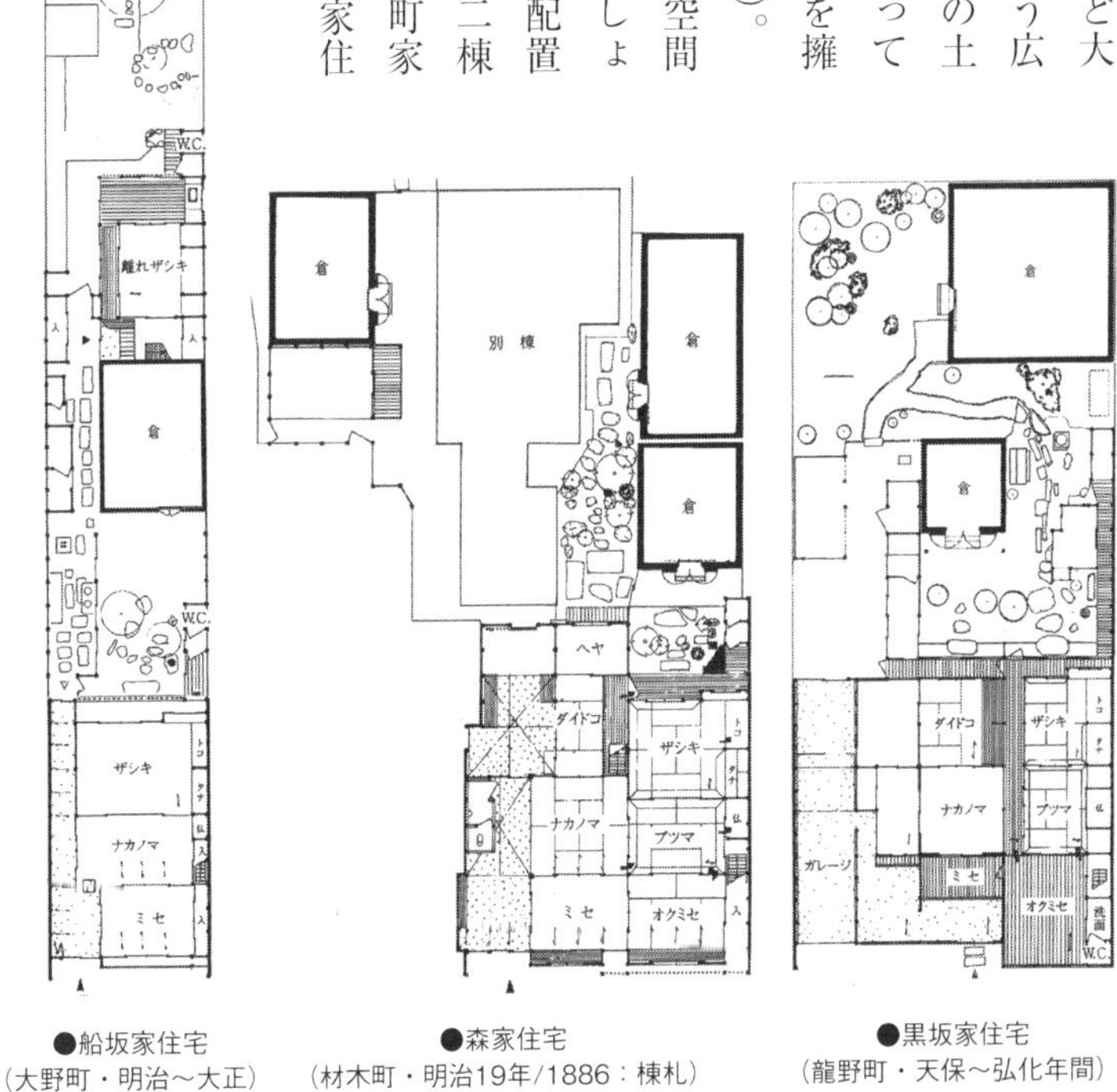

●船坂家住宅
（大野町・明治～大正）

●森家住宅
（材木町・明治19年/1886：棟札）

●黒坂家住宅
（龍野町・天保～弘化年間）

図40　町家敷地の家屋配置図３事例

ば、姫路城下は経済力のある町であったことが土蔵の存在状況から窺えます。しかも、旧今井家住宅（図20参照）や旧岸本家住宅（図26参照）、あるいは森家住宅（材木町、図40参照）などでは裏手敷地が隣地に拡張するように土蔵が配置されています。稠密な城下町の中で、富裕層の商家は宅地の裏側で敷地を拡幅しつつ土蔵の用地を確保するような動向の一端も窺えます。一方で、船坂家住宅（大野町、図40参照）は、間口三間余りの町家ですが、短冊型敷地の裏手に庭を介して土蔵と離れ座敷を一列に並べています。城下で標準的規模の町家である同家の家屋配置は、土蔵や離れ座敷などの付属屋を一般的な商家も普通に保持していることの端的な証左ではないでしょうか。

姫路城下町の町家建築は、通りに並ぶ町家主屋に留まらず、小規模な町家においても敷地裏手には付属屋による伝統的で整然とした屋並みが形成されていました。姫路城下町の歴史的町並みは、通り沿いだけに留まらないことを家屋配置図は教えてくれます。その構成要素は主屋と付属屋の建築物群に加えて、大小の裏庭空間における豊かな植栽も重要な要素です。通りからは見えない隠れた町並みの景観ではありますが、旧今井家住宅などにみられる高塀を有する町家では、塀越しに望める樹木から、裏手の空間が暗示されます。

伝統的な町家と町並みの保存は、表の景観に加えて裏手の家屋配置の伝統性とその空間秩序を維持することも重要なのです。

船場川の開削と城下町の広がり

宇那木 隆司

船場の町

江戸時代の船場の町は姫路城西北の清水門附近から外堀・船場川沿いに西南の屈曲部附近まで南北に細長い町屋域と車門の西側から薬師山山麓まで西国街道沿いの東西に細長い町屋域からなり、姫路城西側に丁字型に形成された外町（外堀より外側の町人町）で幕末期に二十町ありました。（江戸中期と末期の船場の町一覧〈表1〉及び「元治元年

表1　船場の町一覧

	姫路城下町大概（2次本多時代1682-1704）町々覚区分		元治元年（1864）改「町方指掌鑑」指図の町名及び町々年寄名前	
	町名	町々区分	町名（※重複）	年寄
1	材木町	船場分	材木町	増田安次郎、吉三郎
2	増居町	船場分	増位町	
3	龍野町一丁目	町々覚首部	龍野町一丁目	三宅庄造、水田善次郎
4	龍野町二丁目	町々覚首部	龍野町二丁目	大岡重次郎、高野傳
5	龍野町三丁目	町々覚首部	龍野町三丁目	廣岡善平、嘉平
6	龍野町四丁目	町々覚首部	龍野町四丁目	庄平、荘太郎
7	龍野町五丁目	町々覚首部	龍野町五丁目	孫次郎、次郎一
8	龍野町六丁目	町々覚首部	龍野町六丁目	佐四郎、次郎平
9	米田町	船場分	米田町	小野荘平、長七
10	上片町	町々覚首部	※上片町	
11	はくろう町	船場分	博労町	伊平、林平
12	吉田町	船場分	吉田町	荘平、半七
13	小利木町	船場分	小利木町	伊平、佐平
14	能人町	船場分	農人町	惣八
15	くすや町（のち富田町）	船場分	富田町（旧葛屋町）	傳次郎
16	備前町（のち相生町）	町々覚首部	相生町（旧備前町）	谷村又七郎、前田荘次郎
17	柳町	山井分	柳町	材木町兼
18	下片町	町々覚首部	下片町	平右衛門
			※上片町	米田町兼
19	御蔵町	船場分	大蔵前町	相生町兼
20	小性町（この時期足軽町）		小性町（小姓町）	彌七、嘉平

図1　船場の図

上図は清水門から市橋門附近まで、本多忠政が大野川に架橋した「筋違橋」から舟入川に架橋された炭屋橋まで船場川沿いの小利木町・材木町と一筋西側の柳町・増居町（増位町）を描く。

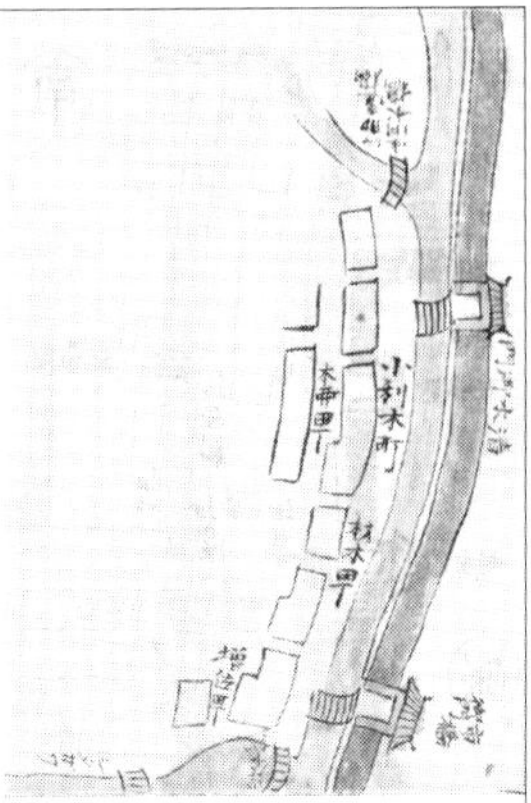

中図は車門から福中門（備前門）附近までを描く。東西は西国街道筋の龍野町一丁目から六丁目と一筋北側の吉田町・農人町で龍野町六丁目の西端西国街道には木戸が描かれ姫路城下の入口となる。南北は船場川沿いに上片町・備前町、一筋西側の米田町・博労町、さらに西の小姓町、博労町西側に富田町・下片町の替地を描く。博労町南端の雲見橋北側に木戸があり室街道（室津道）の城下入口となる。

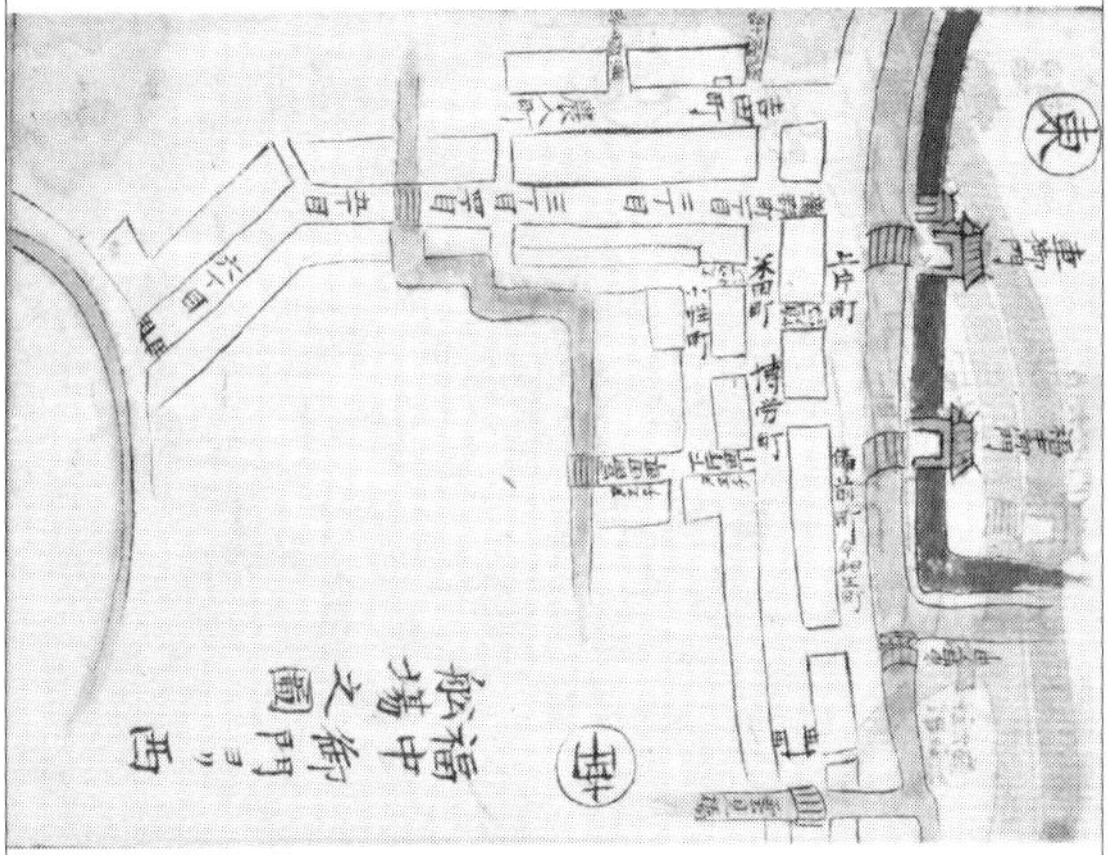

下図は外堀南西屈曲部外側の大蔵前町と上片町・富田町旧地を描く。

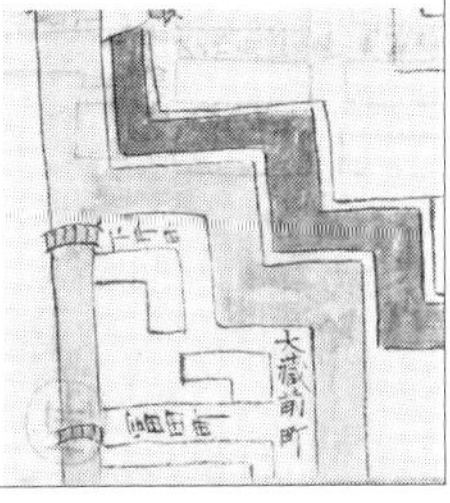

（一八六四）改町方指掌鑑」（城内図書館蔵）の「船場の図」〈図1〉）。

丁字型の船場の町はその周囲に武家地・足軽町が配置され、北は筋違橋、西は木戸、南は雲見橋と木戸で区切られ、男山と増位山（景福寺山）山麓および備前門西側には寺院が配置されていました。

船場の町の繁栄は寛永元年（一六二四）船場川の改修（貞享二年芥田家伝記）により飾磨津から姫路城外曲輪・中曲輪西側までの舟運が実現し瀬戸内海通交に直結したことが最大の要因と考えられています。船場川は横手村（現姫路市保城）の市川右岸に設けた大樋から市川分流として姫路城西側の外堀沿いを流れ、構村（現姫路市飾磨区構）付近で海に注ぎますが、舟運は思案橋の北でほぼ直角に東に向けて水路をつくり（現宮堀川）、飾磨津の入江にある東堀船着場に至りました。御幸橋北側には舟溜まりがあり当初は御幸橋が川と海の境と目され、飾磨津入江の最奥の野田

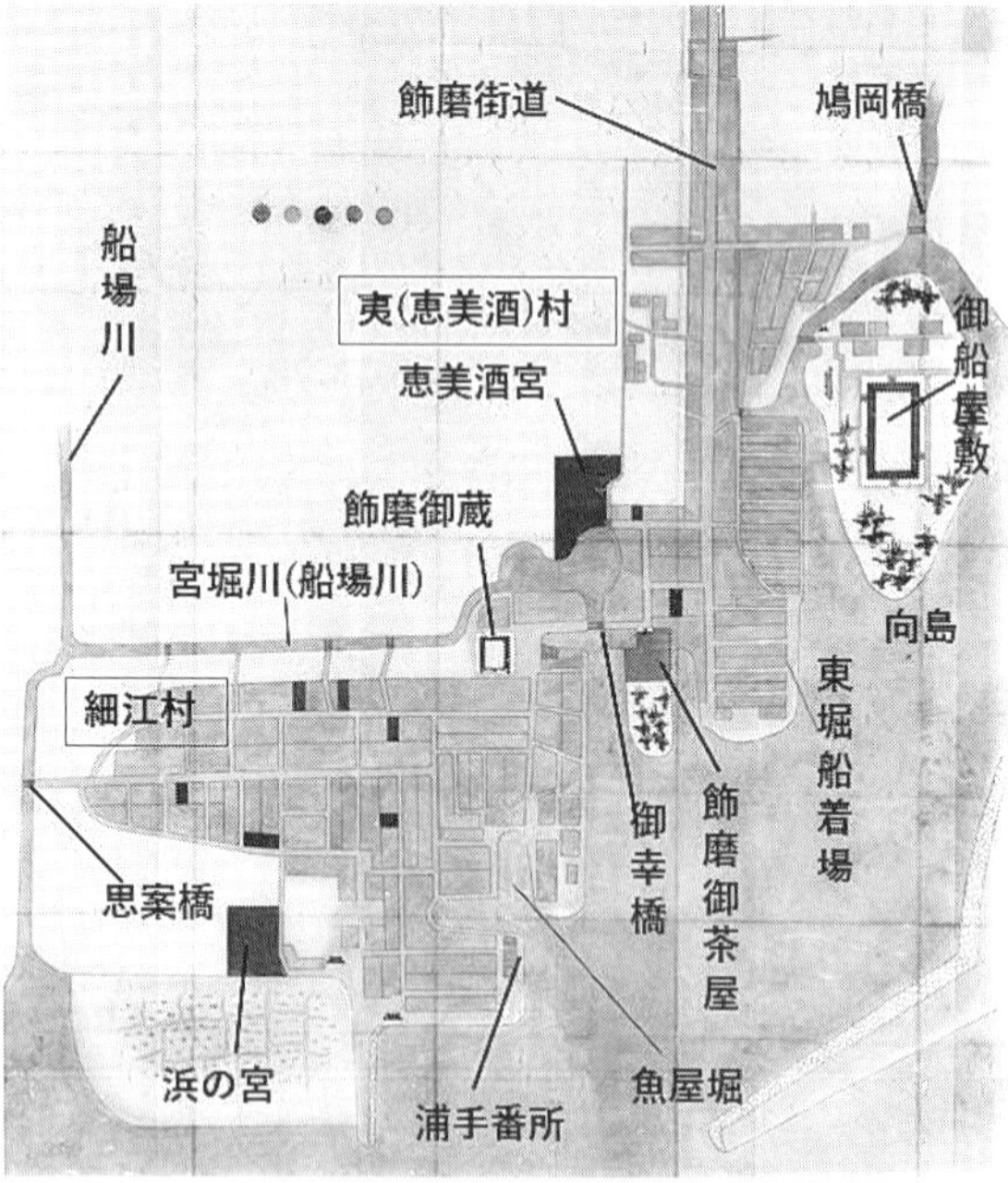

図２　飾磨津絵図（城郭研究室蔵を加工）

川河口部には池田輝政が三左衛門堀掘削の土で埋め立て御船屋敷を置いた向島もありました。

ところで、なぜ本多忠政はすでに池田輝政が姫路城東南部の北条口門南側附近から飾磨津附近まで開削していた三左衛門堀を改修して舟運に使わず、わざわざ市川取水口として大樋を造成し城の西側を流れていた妹背川や雲見川を改修して姫路城の西側から飾磨津までの船場川舟運を開いたのでしょうか。市川の分流として船場川を城の西側に流すことは大雨増水による大樋決潰で姫路城下への洪水被害は予測されなかったのでしょうか。現に寛延二年（一七四九）大洪水では三日間降り続いた大雨で大樋が決潰したため、城の西側だけでなく城下全域が甚大な被害を被り、多数の死傷者が発生したのです。

さて、筆者は与えられた演題「船場川の開削と城下町の広がり」が、単に河川舟運の実現による城下町繁栄ということにとどまらず、姫路城の軍事的・政治的位置の変化と深く関わるのではないかと考えています。

戦国時代の姫路城—城の大手は西

古代以来、播磨国府の所在地であった姫路は、戦国時代には小寺氏の本拠である御着城の支城に位置していました。すでに播備作三ヶ国の守護赤松家は播磨国飾東郡・飾西郡一帯に勢力範囲を縮小し飾西郡の置塩城を本拠としていました。

守護赤松家に従う小寺家は飾東郡を支配し東端の御着城を本拠に東面を防護、西端に近い姫路城に家臣小寺（黒田）氏を配して西面を防護、北端の増位山上に家臣小寺（黒田）氏一門を配して北東面を防護する態勢でした。永禄十二年（一五六九）織田信長軍は但馬に二万、播磨に二

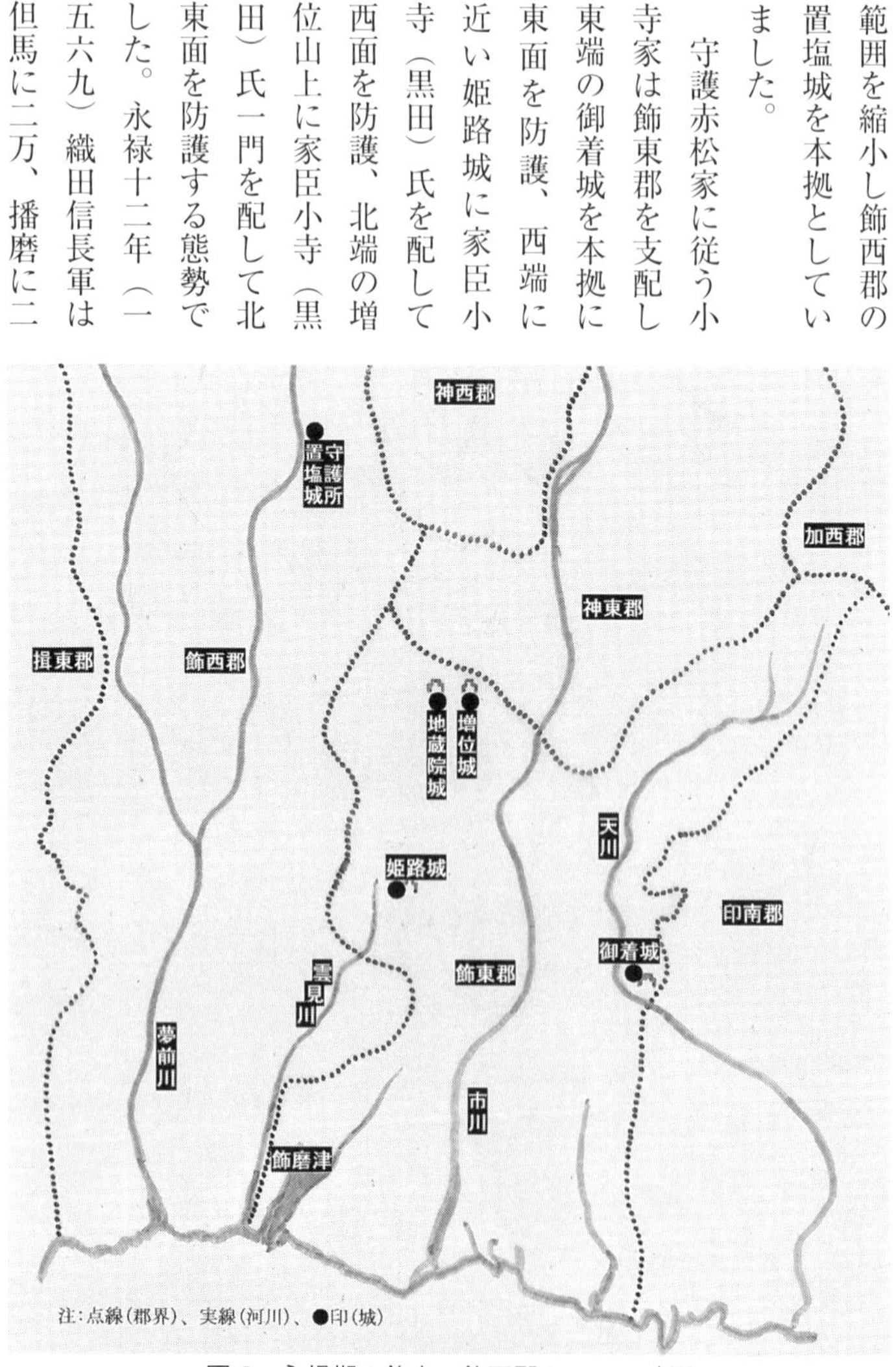

図３　永禄期の飾東・飾西郡トレース略図

万で侵攻し、増位山上の増位城・地蔵院城は落城、御着城も落城寸前、かろうじて姫路城の小寺官兵衛が織田軍に呼応して夢前川西岸の飾西郡青山まで進軍した龍野赤松軍を撃退しました（図３）。

　姫路城は姫山に築かれた要害とみられますが、姫山と鷺山の鞍部を西に下りた所（北勢

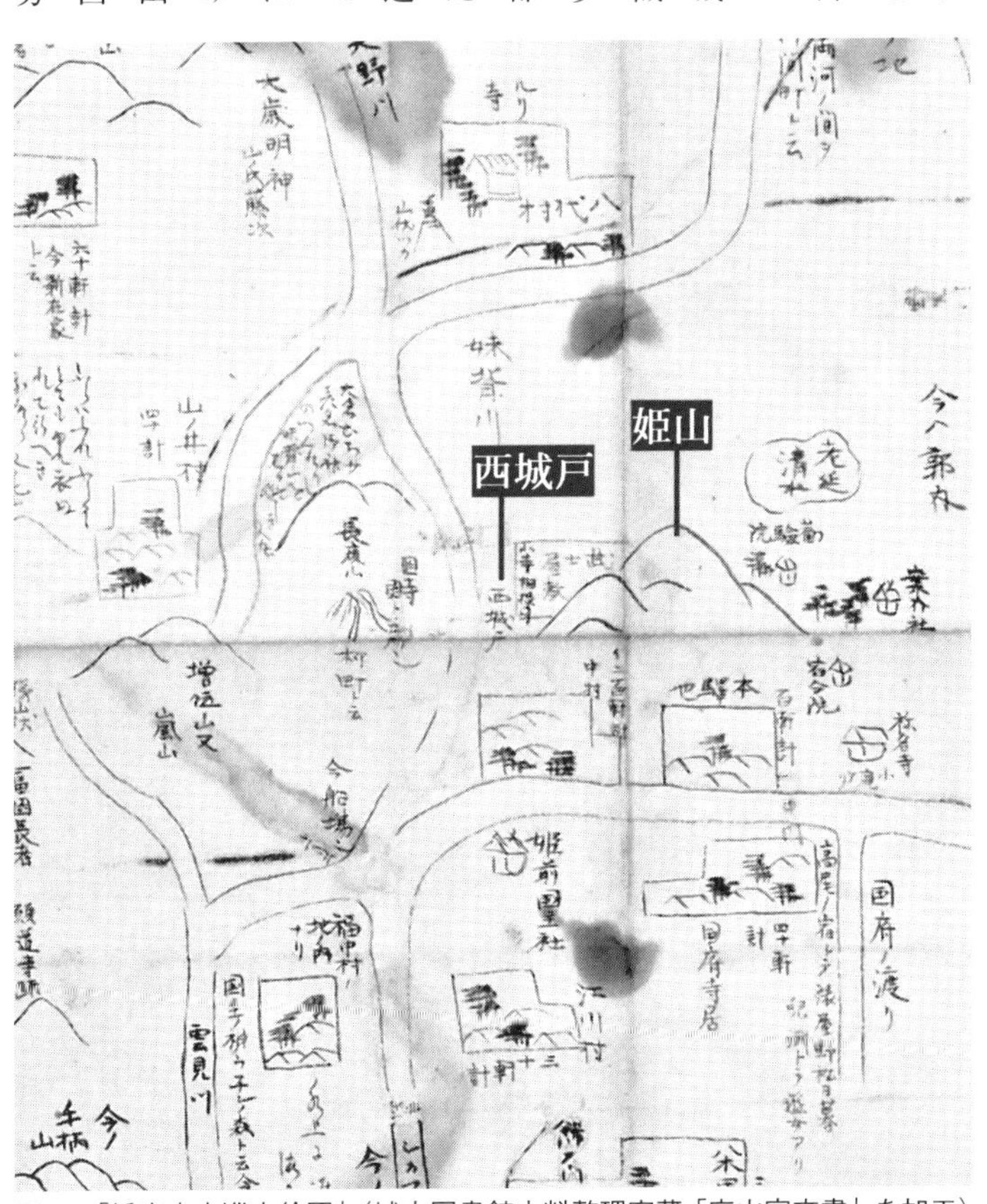

図４　「播磨府中巡之絵図」（城内図書館史料整理室蔵「庭山家文書」を加工）

隠門・清水門附近）は「城戸」または「西城戸」と呼ばれ姫路城の大手口であり（天正四年「播磨府中めぐり」、天正六年「国衙巡行考証」）、飾東郡西面の防護を担う支城でした。戦国時代の姫路城の姿は想像しがたいのですが、幕末に描かれた天正四年「播磨府中めぐり」をもとにした近世姫路城築城以前の想像図では、姫山の西側に「西城戸」「武士屋敷」がみえ大手に城門と武家地が配されていたと想定されています。

天正五年（一五七七）播磨に侵攻した羽柴秀吉は、この間に織田方に従属した姫路城主小寺官兵衛の協力で播磨平定に乗り出し、離反した三木の別所家を天正八年（一五八〇）に滅ぼした後、三層の天守をもつという姫路城を築城しました（「兼見卿記」天正十一年閏正月廿八日条）。秀吉の使命は中国征討ですから秀吉時代の姫路城もまた西面を大手にしていたと考えて良いでしょう。また確認できる城下最古の町は姫路城西側の龍野町ですが、焼失した秀吉制札（『姫路市史』第八巻）に、龍野町の市日は先規のとおり、とあったように秀吉築城以前から姫路城西側に町が形成されていたとみられます。表1の二次本多時代の「姫路城下町大概」には町々の区分が記され、「船場分」「山井分」ではなく「町々覚首部」に記された龍野町一～六丁目、上片町、下片町、備前町は古くからの町である可能性が高いとみています。（なお小姓町は木下家定姫路城在城時代に確認できますが、この時期は武家地でした）

◇池田家時代の姫路城―軍事的政治的に東面

秀吉の死とともに豊臣政権は秀吉独裁制から大老合議制に移行しましたがほどなく破綻、慶長五年（一六〇〇）関ヶ原の戦いに至り、政権内の権力抗争による領地再配分は池田、黒田、福島、浅野、加藤ら豊臣系大名が大半を得ました。徳川政権の勢力範囲は関東・中部から山城国を西の最前線とし、畿内から西は豊臣政権直轄地と豊臣系大名の領地となりました。「吾妻鑑」の愛読者であったという家康は、慶長八年（一六〇三）豊臣政権から離脱して関東に徳川政権を樹立したとき、東国に鎌倉幕府を開創した頼朝に自身をなぞらえていたのではないかと思われます。西国の豊臣政権と東国の徳川政権の併存が力関係において現実的であったからだとみられています。

関ヶ原の戦い後、三河吉田十五万石から播磨一国五十二万石の国主となった池田輝政は翌年から慶長十四年（一六〇九）まで近世姫路城の築城（普請と作事）を行います。この間、徳川政権が成立した慶長八年に正室督姫（家康娘、良正院）所生の忠継五歳の名義で備前二十八万石、さらに築城を終えた翌慶長十五年（一六一〇）には同じく督姫所生の忠雄九歳の名義で淡路一国六万石を得ており、輝政実弟の長吉の因幡六万石を合わせると、池田家一門は畿内の豊臣政権直轄地に接し、山陰・山陽・南海道にまたがる九十二万石（播磨国五十二万石は二割打ち出し検地で六十二万石）の大大名となっていました。豊臣・徳川二重政権の軍事的緊張下での池田輝政の去就、つまり西国の豊臣系大名を糾合して豊臣政権を支えるのか、徳川政権に与するのか、は重大事案であり、慶長十八年（一六一三）輝政の死去を待つよう

図５　「池田家姫路城内侍屋敷図」複製版（「姫路城内家臣用屋敷割図」複写本）

にして翌年大坂の役が起こされたことは周知のことです。

池田家時代の城絵図は中曲輪以内を示す池田利隆時代の「姫路城内家臣用屋敷割図」（図5）しか遺っていないので、その総体を知りがたいのですが、姫山と鷺山の鞍部を西に下りた所、かつての姫路城大手口は完全に塞がれ北勢隠門も描かれていません。さらに姫路城西側の堀に架橋が見られず、城の西面全体を塞いでいるように見えます。

また「慶長播磨国絵図」を参考にすると（図6）、中曲輪以内を「姫路城」、外曲輪エリアを「姫路町」と記し、外堀の外側にも町場が広

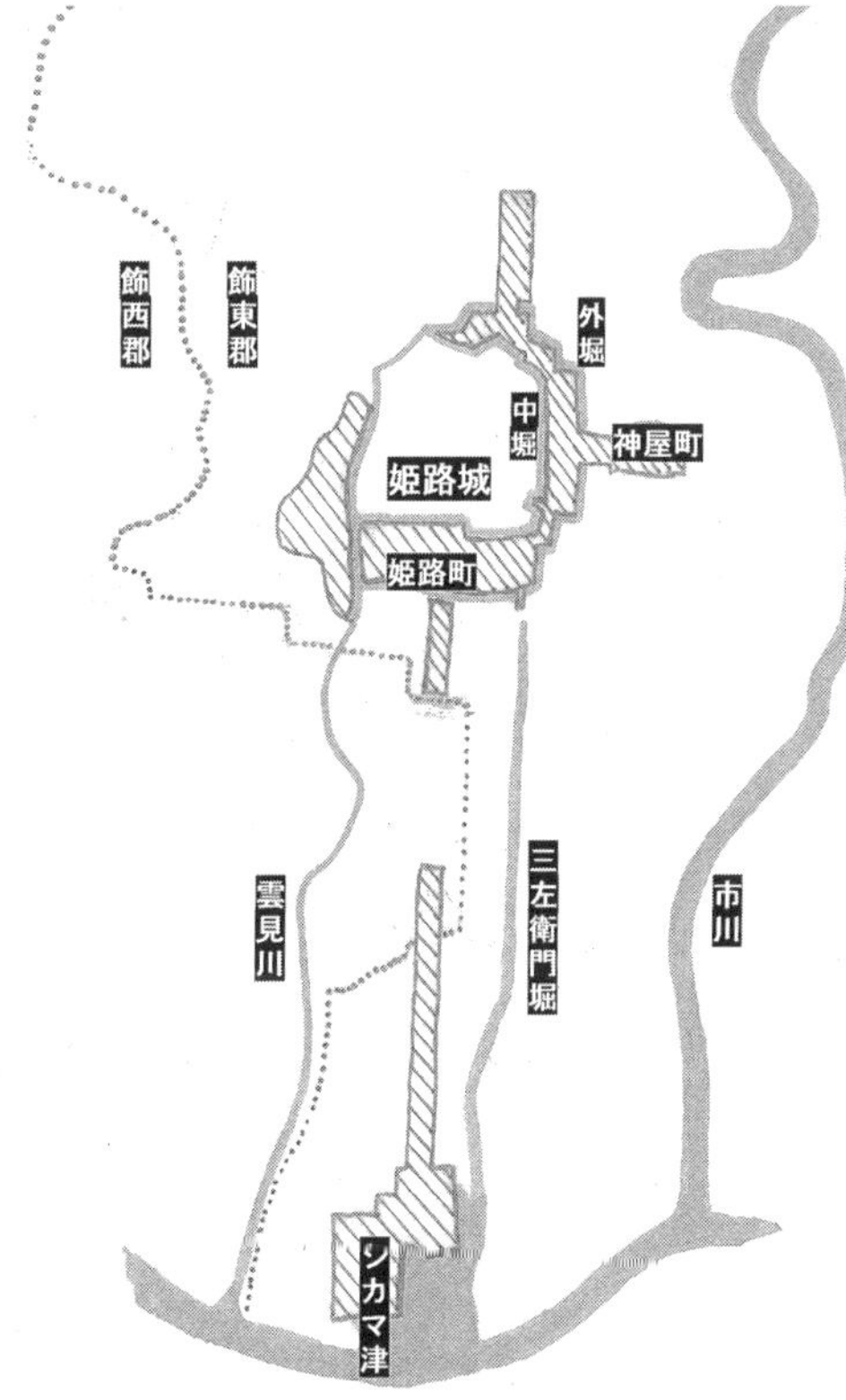

図6　「慶長播磨国絵図」トレース略図
注：斜線部＝町場、点線＝郡界

がっています。北側は野里門付近で外堀が途切れ外曲輪から北に続く町場（野里）があり、東側は外堀に沿う町場と外京口門付近で外堀が途切れ外曲輪内から東に町場が延び「神屋町」と記し、西側にも外堀沿いに町場があります。南側は飾磨門付近から飾磨街道沿いに町場があり飾西郡域付近で町場が途切れますが、「かめやま（亀山）町」「とくら（都倉）町」「あか（英加）町」から「シカマ津（飾磨津）」に続き、その東は外堀とも記される三左衛門堀、西は雲見川（現船場川）が流れています。

つまり池田時代の姫路城は、城主居館のある内曲輪と武家地（家臣用屋敷地）の中曲輪を「姫路城」とし、外堀内の姫路町、北・東・西の外堀外側の町、南の三左衛門堀と雲見川で防護された飾磨街道に沿い飾磨津までの町が城下町であったとみられ、自身の領地を百万石と豪語し百万石に百町の町を標榜（飾磨里基解録）した池田輝政の壮大な姫路城の建設は、「城主居館」と「武家地」、「町人町（町場）」、「湊」の総合的な構築・整備という特色を持っていました。

しかし「三左衛門、天主ヲ築雖、未成就遂（さんざえもん（輝政）、てんしゅをきずくといえども、いまだじょうじゅせず）」（姫路謂レ記）といわれるように未完に終わっていたようです。

豊臣・徳川二重政権の軍事的緊張下に築城された近世姫路城は、西面の防御は一重の堀のみですが、東面は市川及び外堀・三左衛門堀の二重の長大な防御ラインを敷き、さらに中曲輪の武家地は中堀を巡らし東面三重の防御、城主居館のある内曲輪は内堀を巡らし東面四重の分厚い防御態勢をとっており、軍事的・政治的に東面した城ということができます。これは摂河泉が直轄地という豊臣政権が、山城を最前線とする徳川方勢力の前面に位置することになったため、その西隣で海陸を封鎖し西国豊臣系大名の盟主として徳川方勢力の侵攻を防御する態勢であることが見て取れますし、従って姫路城は大坂城の後詰めの城に位置したと考えられます。

◇——本多家時代の姫路城—徳川方西方最前線

慶長三年（一五九八）太閤秀吉の遺言（浅野家文書）で家康の孫娘千姫二歳は秀頼六歳の許嫁とされ、慶長八年（一六〇三）江戸に徳川政権を樹立し豊臣政権から離脱した家康は、同年いわば人質として千姫を大坂城に入輿させます。

慶長期の豊臣・徳川両政権の均衡による平和は十年余り続きますが、この間に徳川政権の調略、豊臣系大名の代替わりの進行等を背景に慶長十九年（一六一四）大坂の役がおこされ、翌慶長二十年（一六一五）に豊臣政権が滅亡します。豊臣政権滅亡後に元和と改元され史上「元和偃武」とよばれますが、現実には軍事的緊張が消滅したわけではなく、豊臣の平和から両政権均衡の平和を経て、徳川の平和が確立するのは、寛永十四年（一六三七）に発生した大規模な反乱「島原の乱」が翌年鎮圧され、寛永十六年（一六三九）に完全外国管理貿易体制（いわゆる鎖国）の樹立であり、ようやく日常的に戦争が想定されない時代が到来することになります。

慶長二十年、豊臣政権が滅亡の時を迎え大坂落城の間際に脱出した千姫は祖父家康に秀頼と淀殿の助命を嘆願、家康は千姫の願いの通りにとの意向でしたが、父秀忠は、「なぜ秀頼とともに命を絶たないのか」、と言い放ったことが徳川幕府編纂の「徳川実紀」に記されています。将来の禍根を除き徳川の世を確立するため親子の情にもとらわれない秀忠の強い姿を描こうとしたのでしょうか。千姫は伏見城に遷された後、江戸城に送られますが、翌元和二年（一六一六）には、はや伊勢桑名十万石の徳川譜代本多忠政の嫡子忠刻に再嫁することになります。千姫には十万石の「湯沐の邑」（俗に化粧料という）が与えられ桑名城に入輿し、息つく間もなく本多家の転封で元和三年（一六一七）に姫路城に遷りました。

千姫化粧料十万石は実に七万五千二百石が家臣団千六百五十六人の俸禄に充てられており、婿忠刻を指揮官とする千姫の軍隊の編成にほかなりませんでした（橋本政次『千姫』所収「忠刻様分限帳」）。本多家姫路転封は大大名池田家の解体と徳川方勢力の初の播磨進出であり、徳川譜代の本多家と将軍家御息女千姫を西方最前線に配置するという戦略であったのです。

まず慶長十八年（一六一三）池田輝政の死去で池田家相続に介入した徳川家は輝政が支配していた播磨・備前・淡路の分割相続と家臣団の分割を行いました。播磨五十二万石は宍粟・佐

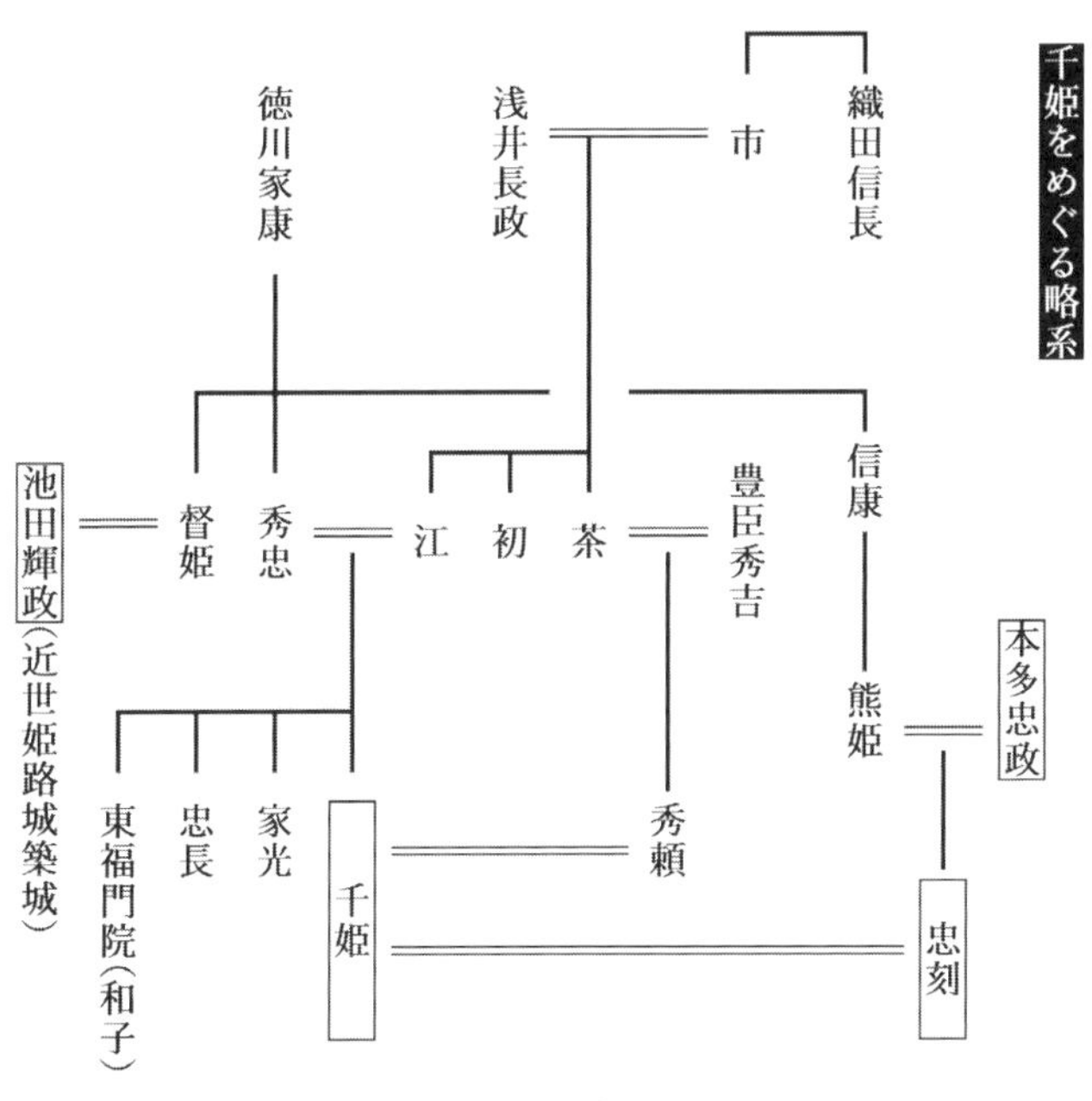

千姫をめぐる略系図

用・赤穂三郡十万石は家康娘督姫（輝政正室）の化粧料であるとして嫡子利隆は播磨四十二万石の相続となりました。督姫は子息池田忠継とともに岡山城に遷り、忠継は備前二十八万石とあわせて三十八万石を相続、淡路六万石も名義通り督姫所生の忠雄が相続しました。しかも池田家嫡子利隆は元和二年（一六一六）三十三歳で死去、播磨四十二万石は利隆嫡子光政八歳が相続しましたが翌元和三年（一六一七）に幼少を理由に十万石を削られ、因伯三十二万石で鳥取に減転封となりました。こう

して空白となった播磨四十二万石に、桑名から五万石増の本多忠政十五万石と千姫の軍隊十万石を姫路に配置、忠政娘婿で譜代小笠原忠真を明石十万石、忠政弟の忠朝を龍野五万石、総計四十万石で徳川譜代の精鋭と将軍家御息女の軍隊を配置したのです。

従って池田輝政が東方に向けて築城した姫路城は、大坂の役後、西国豊臣系大名に対する徳川方西方最前線としての役割を担うことになり、このことが姫路城の改修、なかでも西面の大改修として、西の丸と御本城の造営、船場川の開削と城下町から切り離した飾磨津からの舟運、船場の町の振興を行わなければならない最大の要因だったと思います。

今も西面に威容を示す姫路城西の丸（2023年姫路文学館より撮影）

将軍家御息女千姫の曲輪・西の丸が鷺山に石垣を積み櫓と塀を囲繞させ西方に張り出して威容を誇り、その前面で中堀・外堀に沿う船場川を開削して舟運を興し、船場の町を繁栄させたことは、時代の転換とともに姫路城の軍事的政治的位置の変化を如実に示すことだったのではないでしょうか。

◇船場の風景

本多忠政は「河ヲ城ノ西ニ開キ、堀テ舟ノ通路トナシ、船場川ト名ツケ、橋五ツヲ掛ケ、人ノ往来ヲ休メ、市町ヲ搆振ス」（姫路謂レ記）とあるように、池田家時代に架橋せず塞いでいた姫路城西面の堀に沿って船場川を開削して二重の堀となし、五つの橋を架け市町を振興しました。

時代は下りますが天保十年（一八三九）「姫府船場八景画讃」（図7）を見ると、画面右手に西方に向かって威容を示す姫路城を描き、忠政が開削した船場川（八景は鹿川と呼称）と架橋した五つの橋が描かれています。手前から備前橋（福中橋）、車橋、

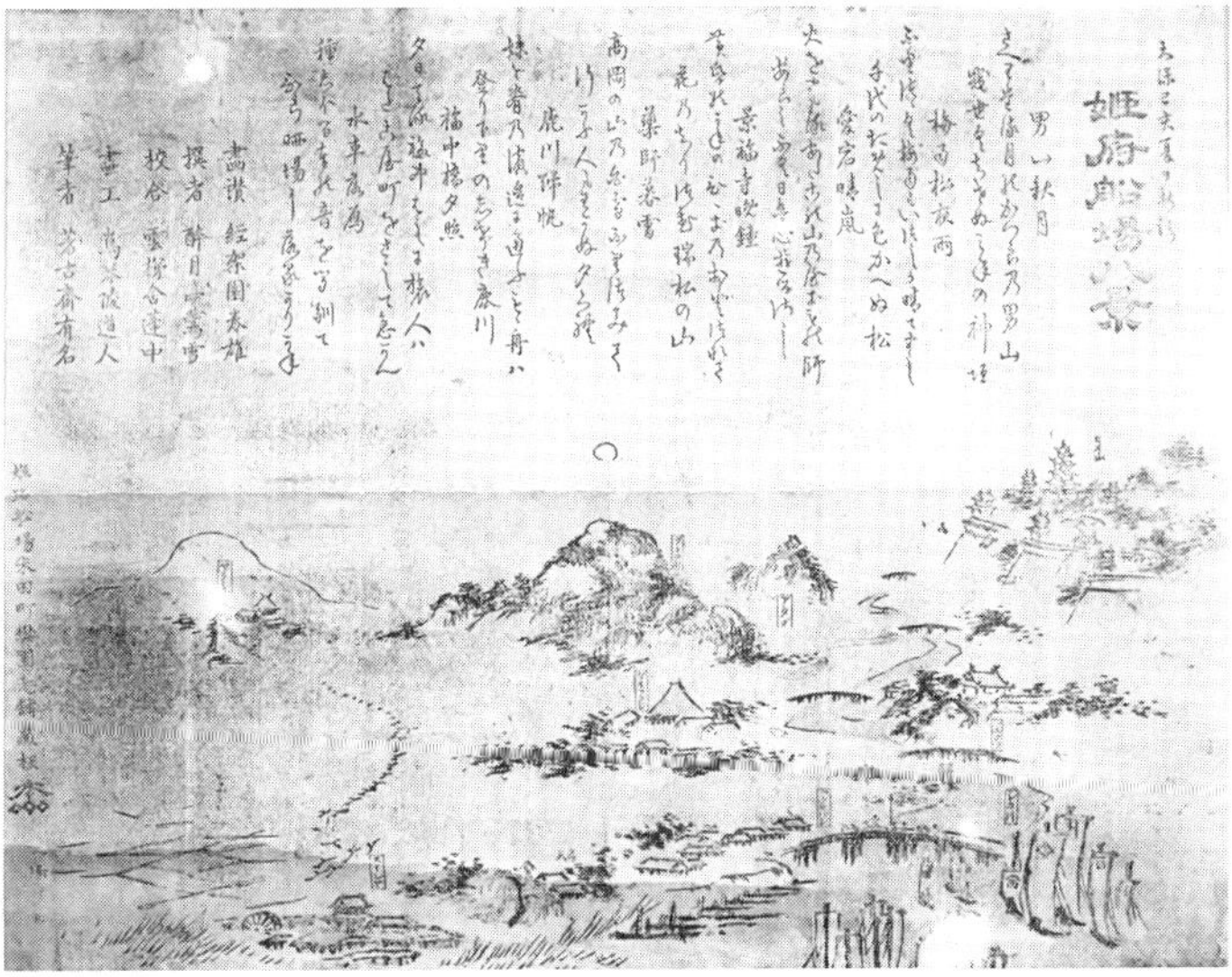

図7　「姫府船場八景画讃」（複製）

市ノ橋、清水橋で、一番奥は船場川合流付近の大野川に架橋された筋違橋とみられます。

画面左手には薬師山が描かれ、薬師山山麓の龍野町六丁目西端が姫路城下西の玄関で木戸がもうけられていました。画面下は福中橋附近に密集する帆掛けの高瀬舟と船場御蔵前に繋留する高瀬

船場八景
男山秋月
梅雨松夜雨
愛宕晴嵐
景福寺晩鐘
薬師暮雪
鹿川帰帆
福中橋夕照
水車落雁

図８　「姫府船場八景画讃」（複製）部分拡大図

舟を描いています。姫路城西側の船場御蔵、博労町から船場川沿いに筋違橋の南までの南北と車橋より薬師山山麓まで東西の丁字型の船場の町をすっぽり収める構図になっています。

「船場八景」は船場の風景をこよなく愛し平穏を謳歌しているように思いますが、本多忠政・忠刻と千姫の姫路在城時代は、いまだ軍事的緊張が続く時代に、徳川方として初めて播磨に乗り込み、領内に対しても西国豊臣系大名に対しても神経をとがらせざるを得ない状況だったと思います。県庁北側の相楽園に遺る姫路藩川御座舟（屋形部分）は本多家の立ち葵紋の痕跡が確認されるそうですから、忠刻や千姫を乗せて船場川を航行していたのかもしれません。一見優雅に見えますが、最前線の表側で豪華な川御座舟を航行させ西方への威信を示すことが第一義だったことはいうまでもありません。

相楽園内の舟屋形

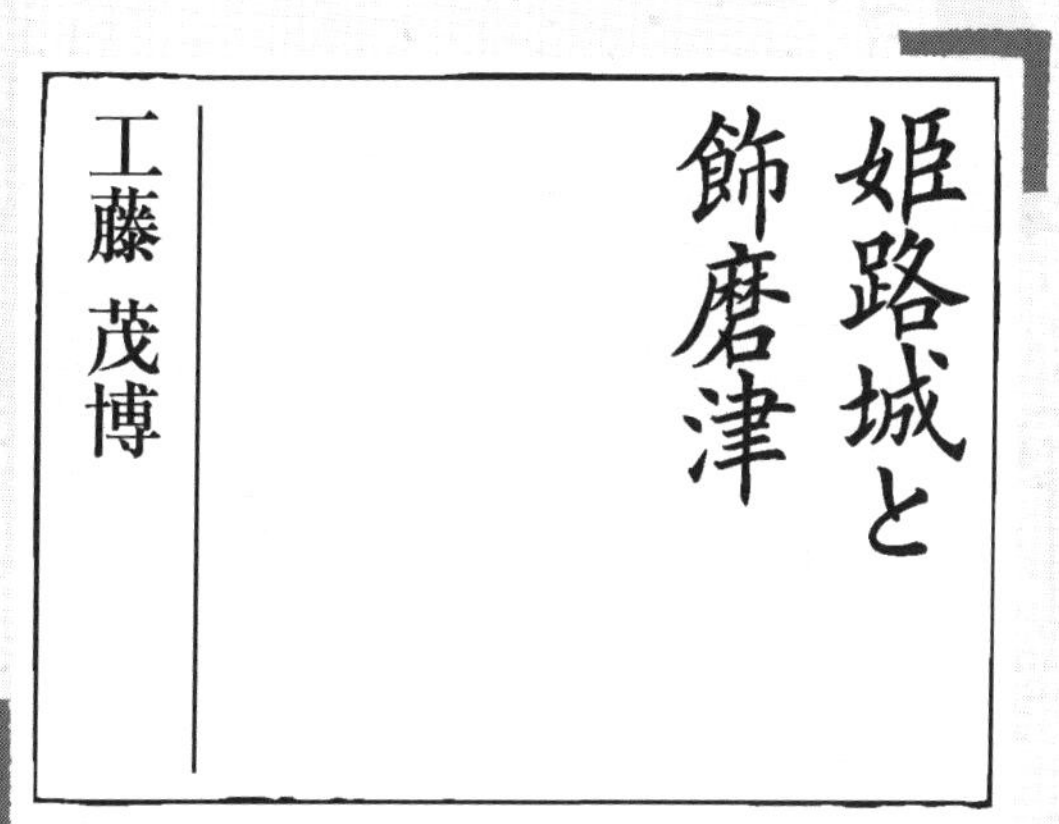

姫路城と飾磨津

工藤 茂博

はじめに

今回は、姫路城と飾磨津(しかまつ)についてお話をさせていただきます。私は生まれも育ちも姫路とは関係がなく、三十年前に姫路市役所に就職して初めて姫路の地を踏み、姫路城を見たのもその時が初めてでした。それから全く知らない土地の歴史も研究することになったのですが、そのためにはまず姫路がどういう地域なのか、ここにはどういうものがあり、どういう人がいるのか、ということを知らないと研究にはなりません。姫路を含む播磨地域は、その地域の歴史にやたら詳しいいわゆる「郷土史家」と呼ばれる方々が伝統的に多い土地柄です。実際、私も「こいつどこまで知っているかな」という品定めをされたことがあり、知らないと答えれば、「お前はそれでも姫路市の職員か」と言われました。大学などに籍を置く学者は、そうした郷土史家の強固な縄張りに入り軋轢の生じることを忌避してきました。その地域に入ることを回避する理屈として〝郷土史なんか学問じゃないから〟というのを聞いたこともありましたが、自治体の職員ともなれば、そんな逃げ口上は許されません。品定めされた苦さが悔しく、土曜の午後はいつも自転車に乗って色々なところを見て回りました。飾磨のエリアに初めて足を踏み入れたのもその頃になります。

では、なぜ飾磨津について調べようと思ったのかと言うと、私は姫路でもＪＲ山陽本線から北側、つまり山手側に住みそこに仕事場もありますので、日常、海を感じることがありません。姫路城天守に上ると海が遠くに見えますが、海が近いという実感はないのです。ところが、浜手に住む人の多くは海を近くに感じて生活されているはずです。かつては海岸線がもっと北にありましたから、姫路城からも海がもうすこし近くに見えたでしょう。姫路平野に住んでいた人々のなかには、海の存在を現在よりはもう少し身近に感じていた人が多かったのではないか。そう考えると、姫路城とその城下町のことを海からの視点で見直してみてもいいのではないか、と思ったのが端緒です。

たまたま英賀(あが)あたりをうろついているときに、地元の人と知り合い、広く海岸部の歴史を教えていただく機会に恵まれたこともあり、さらに、当時、大阪市立大学の院生だった喜多さんの案内で英賀周辺を巡検した際、英賀にウェイトを置いてもう少し姫路の歴史を考えるべきではないか、英賀が姫路地域に与えた影響はもっと大きいのではないか、という示唆をいただく機会にも恵まれました。

また、これは法律関係の仕事が長かった元上司から聞いた話ですが、一九八九年に姫路市の市政百周年記念行事でシロトピア博が行われましたが、実はあれはほんとうの百周年ではないというのです。一九四六年に姫路市と飾磨市の合併で新・姫路市になった際、法律的には姫路市は一度その時に途切れているということです。だから百年にならないというわけです。姫路市と飾磨市をまず廃止してそれから新・姫路市になったからで、市名がそのまま姫路市になったので、明治以来市制が間断なく続いているとみなされ、飾磨が姫路に吸収合併されたという印象が植え付けられているとのことでした。実際は対等な合併か、あるいは飾磨市の方が上の立場での合併だったという話でもありました。この話が事実であれば、旧飾磨市の人はもっと誇ってもいいのではないかというのが私の持論です。

『飾万里基解録』

まず、飾磨にお住いの岩根長五郎さんが編集された『飾万里基解録（しかまのさときかいろく）』から史料を引用させていただきます。『飾万里基解録』では、池田輝政が造った城下町と飾万津（以下、史料の表記をのぞき、飾万は飾磨で統一）はどういう関係にあり、本多時代にはどうなるかという飾磨の

旧飾磨市役所

成り立ちと姫路との関係性について歴史的な順を追って説かれています。羽柴秀吉時代の姫路城下町との歴史的関係や昔から港町であった飾磨津の存在も踏まえた記述になっていると思います。

姫路飾万津百町之事

池田三左衛門殿御代姫路ハ拾町飾万津ニ拾町〆百町也と御定被成候事ハ壱万石に壱町として百万石之数ト申儀にて其頃只今の飾万御門西手に御門有之、飾万津より竪町迄押抜て一筋ニ相成居申候、竪町と姫路飾万津一所之地ニテ御城下町之由、依之古エヨり飾万津御町奉行御支配ト相成、其後本多美濃守殿御代に外側之御堀被仰付、向後飾万御門に相成候由、今姫路七拾八町に減し罷成候

傍線部に注目すると、「飾磨津から竪町まで一本の道で繋がった。竪町と姫路、飾磨津は城下町として一体化しており、その城下町の行政は昔から飾磨津の町奉行の管轄下にあった」と書かれています。

飾磨津、竪町、姫路の三つの町名が出てくることから、これらは本来別個の町だったという認識のあったことが読み取れます。ここでは池田輝政以前の時代から話を起こしているので、この「姫路」は秀吉が築いた姫路城下町という意味だろうと思います。「古エヨり」というのは、この三町の中で特に歴史が古いのは飾磨津だということかもしれません。竪町は少なくとも酒

井時代には城下町の中の一つの町でしかなく、綿町や本町、坂元町よりも町のランクとしては下でした。その竪町がまず出てくるのは、池田輝政の新しい城下町を象徴する町だったからではないかと思います。池田時代に飾磨津と竪町、姫路を一体化して新たな城下町が造られたという認識のあったことが読み解けます。これはとても重要な認識で、つまり姫路城と飾磨津は相即不離といっても過言ではない、これが今日の話で私が言いたいことなのです。

ところで、姫路城と飾磨津の関係性を象徴する遺跡として三左衛門堀（さんざえもんぼり）を挙げることに異論はないでしょう。この堀は池田輝政が掘削を始めました。堀の明確な機能はよくわかっていませんが、大きく三つの説があります。一つは軍事的な防御のための堀という説、二つは姫路城の南側の低湿地の悪水抜きをするための排水路という説、三つ目は運河であるという説です。私は三左衛門堀を軍事用の堀だという解釈は少し無理があると思っています。防御用の堀を掘るときには、必ず掘り上げた土で防御用の折れをもった土塁を造ります。しかし、三左衛門堀にはそういった土塁が造られておらず、両側に低い直線の堤はありますが、これが軍事的なものである可能性は低いと考えるからです。

私は、三左衛門堀は排水路でもあり運河でもあると考えています。実は、最近テレビで見たイタリア紀行で、ローマ街道の横を走っている水路が中世に掘られた排水路であり、運河としても使われたと説明されていました。低湿地を排水して畑にする、そして畑で出来た作物を運ぶための運河として排水路を使う、という事例がイタリアではあるそうです。それを見たとき、三左衛門堀も排水路説と運河説のどちらか一方である必要はなく、両方でも矛盾はないと思います。

『飾万里基解録』に話を戻しますと、『飾万里基解録』後段には本多時代の出来事が記されており、姫路と飾磨津の間に外堀が造られ、さらに新しい飾磨津の町が造られたとあります。本多時代に姫路城下町と飾磨の港町が分離されたことが読み解けます。最近の研究では、江戸時代の姫路城下町の整備は本多時代に完成したとい

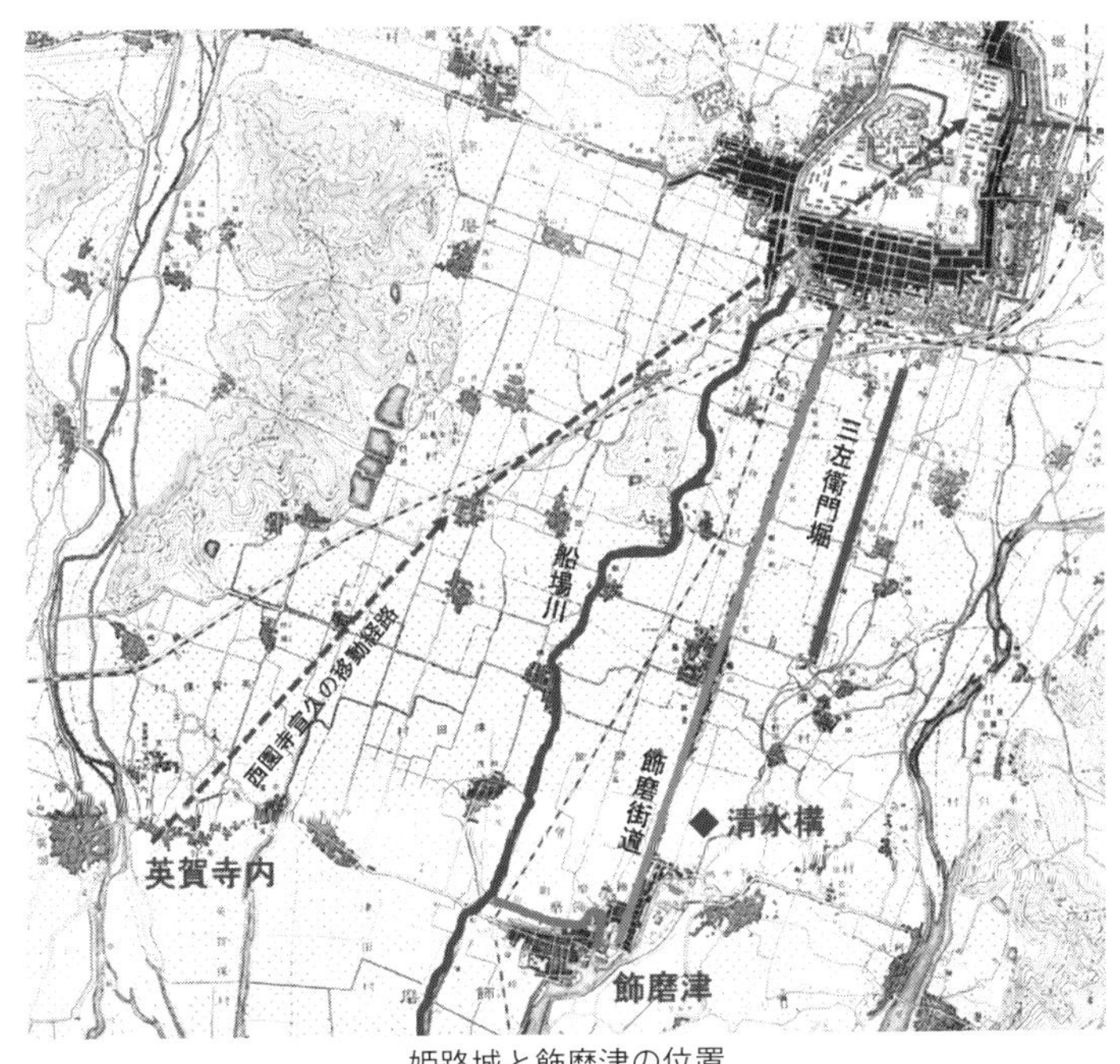

姫路城と飾磨津の位置

う見解がありますので、それとも合う記述だと思います。それまでは飾磨津の町奉行が城下町全体を治めてきたと書かれていましたが、本多時代に至って、行政上、姫路の内町を統括する奉行と飾磨の町を統括する奉行に分かれていった画期を強調したものと考えられます。

大年寄始之事

池田三左衛門殿御代にハ姫路ハ国府寺村宿村中村三村と称し飾万津も曽祢村夷村細江村ト三邑也、但夷村古名田中村也、大庄屋田中太郎大郎（夫カ）細江惣兵衛ト申ける貮人あり、朝鮮征伐之時太郎大夫船に人足御用向共相勤次ニ本多美濃守殿御時ハ最早町也浦手六町浦手之御制札も下総守殿御時ニ出来申由岡手ハ五町也、下総守殿御代浦手大年寄両人始テ被仰付同岡手大年寄両人被仰付島原御陣之時分歟大切の御用共相勤其時分ハ西國海路御用船多ク御座候浦方御用多ク候ゆへ前々松平大和守殿御代浦岡壱所ニ被仰付候事

この史料も『飾万里基解録』からの引用です。ここでは姫路と飾磨がはっきりと町になるのは本多時代から松平時代だということが記されています。町政を担う大年寄という役職ができたのも松平時代でした。その契機となったのが朝鮮出兵や島原の乱における軍事動員であり、これらの出来事に関わって港町が大きく変化していったことが読み解けるでしょう。

◇──木津川口の戦い

ではここで、海から見た姫路の地理的な重要性について、木津川口の戦いを例に挙げたいと思います。

織田信長と石山（大坂）本願寺の戦いの中に、木津川口の戦いという海戦があったことをご存じでしょうか。織田軍に包囲された本願寺へ食料や水などの兵粮を補給しようとして船でやってきた毛利水軍と織田水軍とが大坂湾で衝突した海戦のことを木津川口の戦いといいます。第一次、第二次の木津川口の戦いは大河ドラマなどでもよく取り上げられるのでご存じかもしれません。

第一次木津川口の戦いでは、天正四年（一五七六）七月に毛利水軍が織田水軍を撃破しました。伊予宇和島城主である西園寺宣久の伊勢参宮の記録である「伊勢参宮海陸記」には、この年、西園寺らが瀬戸内海を東上しているときに、鞆の浦（福山市）に五十艘の小早川の軍船がいるのを目撃したことや、牛窓（岡山市）で毛利水軍がきれいな隊列を組んで進んでいく光景を見たことなどが記されています。西園寺が目撃した毛利方の船は、このあと淡路島の岩屋に集結し、それから貝塚（貝塚市）で紀州の雑賀衆と合流して北上し、大坂湾で織田水軍を撃破するのです。

　しかし、天正六年（一五七八）になると、荒木村重、別所長治の離反があり、播磨の羽柴軍は東西で毛利勢力に挿まれることになりました。同年六月、織田方は、兵庫から明石、明石から高砂にかけての海域にいた海賊衆を警固衆として組織し、毛利軍が荒木や別所支援のために上陸すると予想される海岸沿いに布陣させます。これは「信長公記」に「舟手の海賊等警固として」という記述があります。

　そして、同年十一月に起こった第二次木津川口の戦いでは、今度は織田水軍が毛利水軍を撃破しました。有名な九鬼水軍が鉄甲船で六百艘の毛利水軍を打ち破ったことで戦況が大きく変わりました。鉄甲船という厚い板の外側に鉄板を装甲した大型軍艦を率いた九鬼水軍は、伊勢から摂津への途上で雑賀の水軍も撃破しました。

　織田方がどのように苦労して大型船を集めたかが窺える史料「摂津荒木村重宛黒印状」を参考までに引用しておきます。

姫路領沿岸部の概要図

「摂津荒木村重宛黒印状」（天正六年六月十八日　奥野高広編『織田信長文書の研究』下巻、吉川弘文館、七六七号）

一、大船方々相尋候へ共、無之由候、先如形安宅船相拵、小船相付、日々相動之由可然候、堺ニ大船有之由候間、可相調法之旨、南北へも宮内法印ニも堅申付候、左様之船調候者、もと船ニしたて、船共相付候者、猶以可然候間、佐久間相談可調儀候～

そして、第三次木津川口の戦いでは、天正七年（一五七九）十月晦日、起死回生を狙って毛利水軍二百艘が東上してきたのですが、事前にそれを察知した織田軍は、小西行長・安宅信康率いる水軍を室津に集結させ、その前面海域を通っていく毛利水軍を追撃して家島沖で撃破します。これを機に瀬戸内海東部での制海権が毛利から織田へと移ることになったとみられます。「蜂須賀正勝宛黒印状写」は、姫路城の留守をしている蜂須賀正勝へ入ってきた第三次木津川口の戦いの報告です。

「蜂須賀正勝宛黒印状写」（天正七年十一月六日『織田信長文書の研究』補遺、補遺二五七号）

去晦日注進状、今日六日到来、委曲聞召候、

一、敵警固船二百艘計羅上之処、則其方令案内、自室小西・安宅乗出、至家嶋追上之旨、尤以神妙候、尚々無由断可調儀事専一候～

実は、第三次木津川口の戦いに関する史料はこの一点しかなく、本当に第三次の海戦があったのかどうかは検証する必要がありますが、史料としてはとても面白い史料だと思って注目しています。この史料が載る『織田信長文書の研究』の編者奥野高広氏も第三次木津川口の戦いに注目されており、同書ではこの戦いについて多くの注を記しています。

また、第三次の戦いが起きた十月三十日とほぼ同時期に、備前の宇喜多直家の名代が、毛利と手を切って織田方に降伏しますという内容の書状を持って伊丹の昆陽野へやってきた、ということが「信長公記」に記されています。翌年の天正八年（一五八〇）四月には英賀寺内が降伏し、信長が秀吉に姫路築城を命令したことも「信長公記」に記述があります。

天正十年（一五八二）の羽柴秀吉の中国攻めでは、秀吉が軍勢を率いて備中高松攻めに西下していくのと同時に、羽柴方の水軍を束ねる浅野長政が備前児島まで進出しています。児島のすぐ近くの高梁川の河口を遡ると備中高松です。羽柴軍が撤退する場合には、高梁川の河口で水軍の船が待っていて、重い軍装などはその船に積んで運べば羽柴軍は身軽に移動できるはずです。このことから、秀吉の中国大返しでは船を使ったのではないかと私は考えています。

いずれにしても、家島から西の海域で織田方の軍勢が自由に動くことができるようになったことが大きく影響した出来事ではないかと考えています。飾磨津がその海域に位置していることは注意していいと思います。

英賀から飾磨津へ

飾万津町始之事

二百年余ニ相成候英賀村城之時分御城下之町造り今の姫路之様ニ候よし、秀吉公之時分没落して人民離散之節飾万津へ多ク引越参申候、只今の上下阿か町と申候名英賀より始テ引越之町ニテ御座候、今の細江抔ハ英賀之市場となしたる所ニテ亀山御坊もあかより引こし被申候。

これは、『飾万里基解録』に載る飾磨津の歴史の始まりについての記録です。もともと英賀という寺内町があったが、天正八年（一五八〇）の羽柴秀吉の播磨侵攻の際に英賀の町は解体され、そこに住んでいた町衆の多くが飾磨津へ移り住み、上英賀町と下英賀町は英賀の町衆が初めて引っ越してきた町だ、ということが記されています。

英賀の町は秀吉軍に焼き払われたわけではなく、秀吉から破壊を命じられたわけでもないのですが、秀吉に降伏した時に町衆が自ら火をつけて町を焼いたという記録が残っています。つまり、秀吉は英賀に住んでいた人々の経済的権益までは強制的に奪取するつもりはなかったようで、英賀の町衆は権益を保持したまま飾磨津や姫路城下に移り住んだということです。また、紀州攻めに従軍する吉川水軍には英賀で補給が行われていますから、町が焼けても港湾としての機能は維持されていたとみられます。秀吉が英賀の町衆の完全なる移住を命令したのかは不明ですが、町衆が英賀を自ら焼いていますので、もしかしたら町衆にとって主体的に移住すべき理由があったのかもしれません。

ところで、英賀は夢前川の河口に位置しており、喜多さんの説では、秀吉時代の姫路城の外港は飾磨ではなく英賀だったのではないかということです。夢前川の上流には置塩（おじお）城や坂本城など守護所となった城郭や円教寺が存在していたので、それらの外港としての機能もあったと考えられます。だからといって、飾磨津の港湾機能が英賀に比べて著しく劣っていたとは断言できません。秀吉の播磨侵攻で、家臣の宮部継潤（みやべけいじゅん）が飾磨区の鳩岡に比定される清水構に入りますが、これは英賀攻めの陣城でもあり、飾磨津を押さえておくための城だったとも考えられます。

前記の「伊勢参宮海陸記」には、船で瀬戸内海を東上した西園寺宣久（さいおんじのぶひさ）一行が英賀に上陸したことが記されています。西園寺らは天正四年（一五七六）六月二十六日に室津から英賀に上陸、英賀では鼓屋源十郎の家に泊り、七月一日に英賀を出立して、小寺与五三郎の町坪要害、小寺官兵衛の姫路要害を経由して播磨国府の惣社で小休してから、官兵衛が志方まで黒瀬市兵衛を案内に付けた、とあります。伊勢へ行くには飾磨に上陸してもいいわけですが、この時は姫路への上陸地点が飾磨ではなく英賀であったことが見て取れます。

この後、英賀が解体されて町衆が飾磨に移ったため、姫路城の外港となるのは英賀ではなく飾磨津になるのは必然です。ただ、英賀から飾磨津へ移るのは、播磨守護の影響力が弱くなっていったことも関係があるかもしれません。

また、英賀から飾磨津へスムーズに港湾としての重心が移動したわけではなさそうです。当初は英賀に築城し、それが出来ていれば、その城が姫路の外港になっていた可能性があります。その可能性を示した断片的な記録が「英賀之由緒」です。元禄十七年（一七〇四）の史料ですので、英賀が滅亡してから大分時間が経過していますが、英賀寺内の跡地に英賀城の築城計画があったことが記されています。旧中浜村辺りに本丸、二の丸だけの小さな城郭を築く予定だったようです。


「英賀之由緒」（元禄十七年（一七〇四）三木善永氏所蔵）

（前略）
一本丸　東西長三拾間　南北長弐拾五間
一二ノ丸　東西長三拾間　南北長弐拾間　但本丸之西ノ方
一本丸、二ノ丸とも二惣廻り弐百五拾間程有之由
一堀　南之方　東西長四拾間　幅拾間　只今之

西之方　南北長四拾間　幅八間　中濱村前
北之方　東西長百拾間　幅拾間　城之内と
東之方　入川　幅八間　申候所也

城主は、豊臣蔵入地の代官だった石川（いしこ）光重・一宗が予定されていました。石川光重は、秀吉が各地を占領していくなかで、流通の要所や一向宗の寺院があった場所など重要な場所や秀吉の蔵入地を代官と支配していました。播磨国では英賀のほか、山陽道の宿である鵤（太子町）も石川が管理していました。斑鳩寺文書に、石川光重が姫路で潰した家の瓦を鵤に運んで塀などの屋根に転用しようとしたことが記されています。

「石川光重書状」（年不詳、斑鳩寺文書）（『姫路市史』第八巻、一六六八号文書）
（尚々書略）姫路御家壊罷越候、仍先度之瓦三千五百枚出来候て在之由候、御請取被成、
辻を御葺可在之候、為其如此候、恐惶頓首、
石加介　光重（花押）
六月十八日
鵤之内　御寺僧中

その後、池田輝政が播磨国へ入封して姫路城下を大きく改変することになり、英賀城の計画は頓挫して幻となったとみられるわけですが、もし関ヶ原の合戦で西軍が勝利していれば、姫

路よりも英賀のほうが大きな町になっていた、あるいは飾磨ではなく英賀が姫路城の外港になっていた、という可能性があったかもしれません。

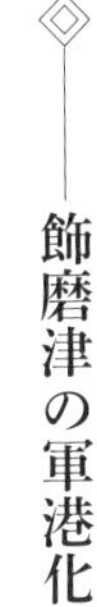

飾磨津の軍港化

池田時代には軍港を高砂に設置しようとしていた節があり、慶長十七年（一六一二）に高砂城の築城が開始されましたが、高砂城は本多時代になって完成したと見られます。池田は安宅船とよばれる大型軍船を高砂に配備することも進めていました。そもそも諸大名が大型軍船の所有が禁止されるなかで、池田氏にはそれが許可されていたという点には注意が必要です。それが本多時代になると、安宅船は飾磨津へ移されます。

元和五年（一六一九）八月十四日には、本多忠政が将軍から安宅船を下賜されたお祝いとして、本多一族が船で沖合に出て「船」の連歌を詠んでいます。本多忠刻と千姫の子供である幸千代もまだ生まれたばかりなのに歌を詠んだということになっていますが、代わりの人が詠んだのでしょう。安宅船が飾磨津へ移されたことは飾磨津の軍港化の証左となるかと思います。

また、この時代は一国一城令が出された時代でもあり、軍船を配備した港の機能をもった城郭が、名目上、船役所に変わったのも飾磨津の特徴です。船役所の隣には御茶屋を設けたので

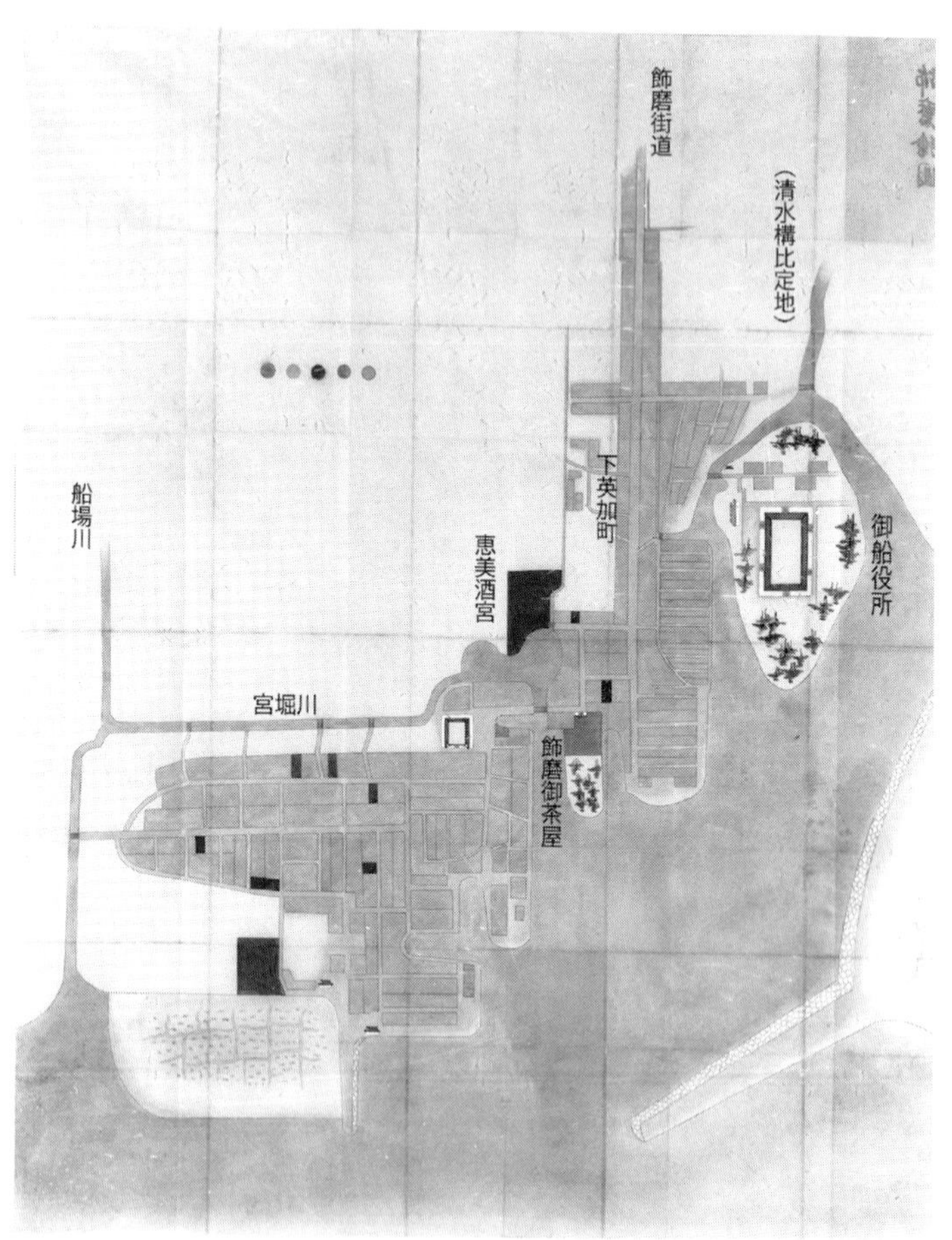

城郭研究室所蔵「飾磨絵図」（榊原家旧蔵）

すが、この御茶屋も事実上は小さな城郭です。姫路城の北に八代御茶屋というものがあり、これは城みたいなものだけどどうしましょうかと姫路藩が幕府に問い合わせたところ、そこは御茶屋と呼んでいるのなら城ではないとしていいという答えが幕府から返ってきたそうです。

　そして、池田時代と本多時代との決定的な違いは、誰が船を管轄していたかです。池田時代には、船奉行をしている中村氏が船を管轄していました。中村氏は池田家の重臣ですが、一万石から三万石の大身ですので、小さな大名に匹敵します。当然、独自の軍事力をもっていますので、もしもの時に大身の家臣に裏切られては困るということで、本多時代になると藩の官僚組織の中に船を管轄する仕事を位置づけるように変わっていきます。それに伴って、施設も城から船役所へと変化していくことになりました。この時代には飾磨の施設に明らかな変化が見られ、飾磨津の軍港化が進んだのだろうと思います。

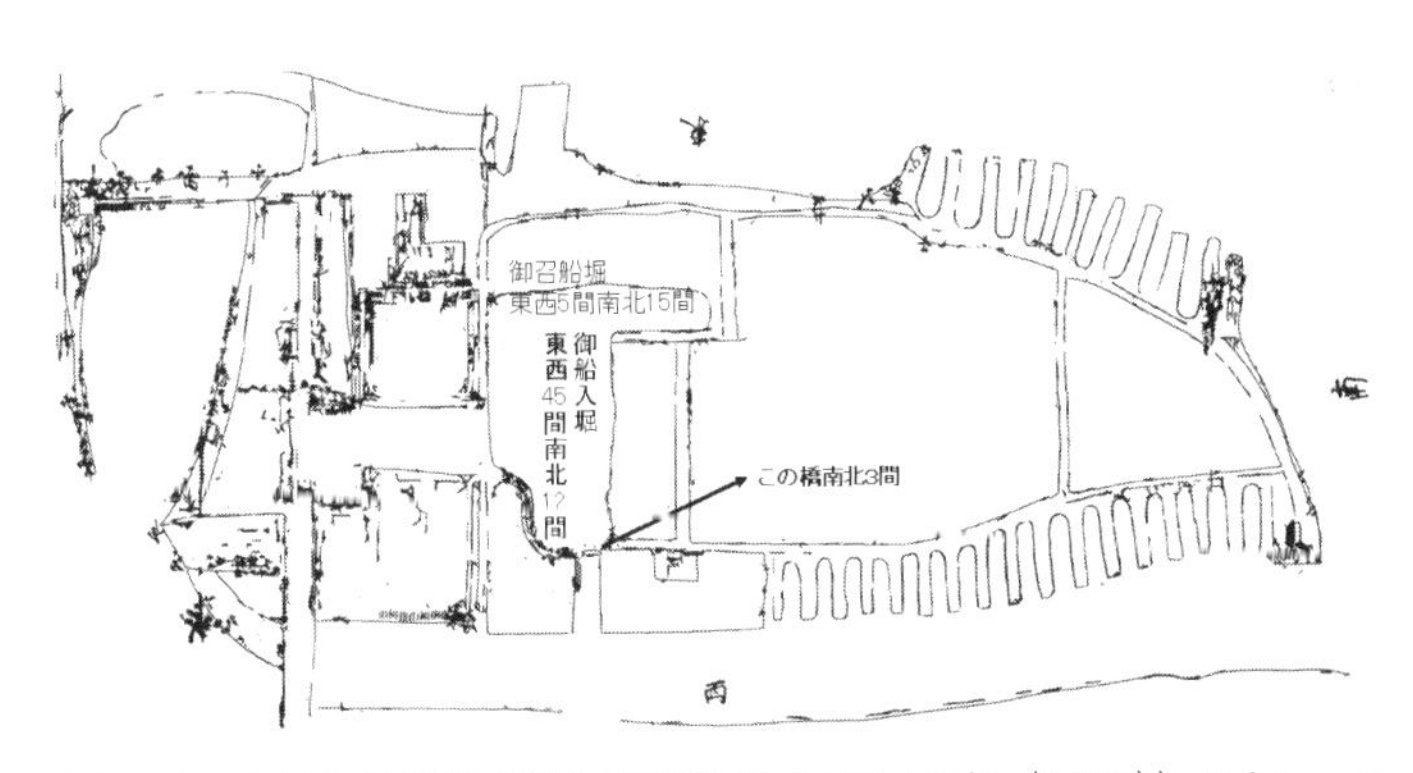

兵庫県立歴史博物館所蔵「御船屋鋪絵図」（享保13年〈1728〉）のトレース

そして、さらに飾磨の重要性が増していったのは松平忠明の時代だといえます。忠明は徳川家康の孫に当たり、親藩大名の中でも実戦経験のある数少ない大名でした。また、大坂夏の陣で焼け野原となった大坂城の再築工事も行っています。その後、大坂から大和郡山、姫路へ転封となり、寛永十六年（一六三九）から正保元年（一六四四）にかけて姫路藩主を務めました。『寛政重修諸家譜』によると、寛永十六年には前年に終結した島原の乱の余波がまだ残っており、キリシタンが南蛮船で東上してくるという風説が広まっていたとあります。その備えとして松平忠明が姫路藩主に抜擢され、将軍家光から将軍直轄の大坂城に蓄えている大砲などの火器を万一の時には使用する許可を与えられました。さらに、非常事態には西国の諸大名を指揮せよという台命を受け、西国の軍事指揮権を与えられています。これは忠明が西国において将軍の代わりを務めるということですので、とても重要なポイントです。

もし風説通りにキリシタンと南蛮の連合軍が船で進攻してくるようなことがあれば、忠明は姫路から出陣し、四国、中国、九州の諸大名の陣頭に立って瀬戸内海で外国の軍隊と戦わなければならなかったわけです。大坂城の大砲を船に積んで運ぶ必要もあります。その中継港として姫路領にある飾磨津や高砂、室津といった港の整備も必要になってきます。この時期の前後から、飾磨津が姫路藩の軍港としてさらに重要視されるようになっていったのではないかと思います。

姫路藩の役割

姫路城は瀬戸内海東部を押さえる場所に位置しており、播磨灘は姫路藩の庭のようなものです。江戸時代前期には姫路藩領は小さくなりますが、家島と本土の間にある水道を押さえる海陸の要地であるということに変わりはありません。

慶安二年（一六四九）六月九日に、榊原（松平）忠次に対して白河から姫路への転封の上意があったことが榊原家の系譜を記した『嗣封録』巻三・四に記されています。

此度上意ニ播州ハ遠国たりと云へ共西国之押へ海上陸地両度之要地御大切ニ思召候て被仰付旨也、忠次様御老中へ向て言上ニは播州ハ西国の要地ニて土地肥潤人民繁昌之所カ様之結構成義御厚意ヲ蒙り私家ニ取面目何カ可有御座候、併私之家代々御先手を蒙リ候処、カ様之場所を賜る上ハたとひ西国ニかきらす急成る之節江戸へ遠ク御座候間難之及はす候、とても御先手御用可仕候間此旨兼て言上スト御申候処、列座之衆皆頼母敷御儀御尤ニ候、とても早速被達　上聞トゾ

この史料から、姫路が海陸ともに重要な場所だということを将軍も認識しており、だからこそそこへ榊原忠次に行ってほしいと将軍が直々に言ったということがわかります。姫路は重要

な場所だという共通認識が歴史的にあったことはここで再確認しておきたいと思います。

姫路へ行けと言われた榊原忠次は、最初は江戸から遠いから嫌だと言っていたのですが、結局、慶安二年に姫路藩主となり、寛文五年（一六六五）まで藩主を務めました。

松平忠明がキリシタンの侵攻があった場合の西国の軍事指揮権を任されて以来、伝統的に西国におけるそうした役割が姫路藩主に期待されることになっていったのだと思いますが、当然、榊原忠次もそれを受け継いだということの傍証となる記述が『嗣封録』巻五にあります。

> 世上ニてハ御一巻之書と申習し候御軍法具ニ被御記御書物御座候て御武備万端之義其様を以被仰出候由

「浄光院様御代御軍制聞書」

- 同（足軽カ）御普請役相務折々前之庄より材木、ひんくし山より石持持運或ハ御□（要カ）害之御繕手伝も仕候由
- 諸国津々□（浦カ）々地形付間道迄委く絵図ニ被仰付候由
- 諸国城郭之義右同断之事
- 御舟方諸役人軍船内習し御座候由ニ付折々西国辺へ諸色調へ罷出候て詳しく海上丹練仕候由

この記録から、榊原家では軍事関係書をよく備えていたことがわかります。その文書には、

材木は前之庄から運ぶ、石は鬐櫛山から運ぶ、といった城の修繕に関する手順や、近隣の国々の地形、港の深さ、川の流れ、川は船で渡るのか橋で渡るのか、主要街道、脇街道、城郭の情報、船戦に備えた船の操作訓練の手順などが記されている、とあります。この文書の実物は未見ですが、『嗣封録』の記述から、こうした軍事に関する文書が榊原忠次の時代に作られていたことがわかってきます。

榊原忠次が姫路城主となった慶安二年には、由井正雪らが幕府の転覆を狙った慶安事件が起き、軍事的な緊張が高まっていた時期でした。松平忠明が島原の乱直後の不穏な状況の中で西国の備えを期待されたように、榊原忠次も、慶安事件が起きたことによって普段から軍事訓練をしておくことの重要性を改めて認識し、軍事に関する文書を整えたのではないかと思います。繰り返しになりますが、おそらく本多時代から始まり松平時代に明確になった、幕府に期待される姫路城主としての役割を榊原忠次も引き継いだのだろうと私は考えています。

その後、寛文五年一月二日に大坂城の天守が雷火で焼失しました。その時には、大坂は姫路から近くて船の通路も良いので天守の再建は任せてほしいと忠次が申した書状を、忠次の息子の政房が江戸へ送っています。それを読んだ老中たちは感心したものの、天守の再建はしないことになりました。

忠次は、最初は姫路に行けと言われて嫌がったわけですが、おそらく後になって、姫路は西国の押さえであり、姫路藩主の役割は誰にでも務まるものではないということを理解したのだと思います。そして、理解した後は、「大坂で何か起これば姫路から駆けつけます」と言っているように、姫路藩主としての役割を全うしようとしたのだろうと思います。

余談ながら、『嗣封録』に榊原忠次の逸話が載っています。当時、船が沖合で破損して荷物が流出した場合には、拾って荷主に届けた人が手間賃を貰えるという取り決めがありました。浮いた荷物を拾うと二十分の一、沈んだ荷物を引き上げると十分の一に相当するお金を貰えたそうです。それが沿岸に住む人々の稼ぎの一つになっていたのですが、それはすなわち船の難破という不幸が、沿岸の人には富になったということです。だから村人たちは、難破船が少ない季節になると生活が困窮するので、荷物を回収する手間賃を取れるときにもっと多く取りたいと郡奉行に訴えました。すると、それを聞いた忠次は、「そんな不義なことを言うのでは姫路藩の領民は盗賊と同じではないか。もうそんなお金を当てにせず、領海を航行する船には岩礁がある危険な場所を教えてあげなさい。船に乗っている人たちの安全を祈願しなさい。」と言い、手間賃の取り分を三十分の一と二十分の一に減らしたという逸話が残っています。以降、姫路領の浦はきちんと法律を守る場所だという話が西国筋に伝わり、他の場所でも姫路藩のやり方に習ったと言います。姫路が瀬戸内海沿岸でどのような存在であったかを垣間見ることができるので、飾磨津とは関係がありませんが、私はこの逸話が好きなので紹介しました。

そして、宝永元年（一七〇四）に姫路藩主となった榊原政邦の時代には、榊原家の軍事体制が再編成されたらしく、前代から引き継いだ軍事書を見直したり、新しい軍事書を作ったりしたようだという報告書が上越市にあります。船行列も榊原政邦の時代に整えられました。

この船行列を描いた図が残っていますが、殿様が乗る「本船」、「乗替」という何かあったときの替えの船、「用」と書かれた船は伝令などを乗せている船のことかと思います。その他、殿様に仕える小納戸らが乗る船、真水を積んだ船、兵糧を積んだ船などが描かれています。海上で敵と遭遇したらすぐに戦える態勢を体現しているのがこの船行列です。姫路藩は海路を使っての参勤交代を行わなかったため、かえって純粋に軍事行動を想定して船行列の図面を作成したのかもしれません。

少し飛躍しますが、この史料は、伝統的に姫路藩に期待されている水上部隊での西国警備、軍事的な抑えのあり方を反映しているものではないかと私は思っています。そして、その伝統が榊原以降も松平、酒井へと続いていきます。酒井は自ら船を率いて海に出ることはなかったのですが、外国の船が瀬戸内海に入ってくれば姫路藩の兵を引き連れて沿岸警備に出張しました。ペリー艦隊が江戸湾に入ってきた時には、江戸城から最も近い江戸湾岸の鉄砲洲に江戸屋敷に駐屯する姫路藩の軍隊が配備され、あるいは品川沖の台場を守備するといった重要な任務にも就いています。その前提として姫路藩は西国の押さえであり、海陸の押さえであるという歴史的な役割が反映していたのだろうと思っています。本多時代以降、行政組織上では飾磨と姫路は別々に管理されることになりますが、やはり一体的なまとまりをもつ歴史的地域であることにはかわりなかったと思います。奇しくもラモート合併で姫路市と飾磨市は合併しましたが、歴史的必然だったというものなのでしょうか。

私は姫路の出身ではないし飾磨とも関係はありませんが、長年姫路に住んでいて、飾磨の地域史に触れる機会を得て興味をもちました。もう少し飾磨に光が当たってほしいし、この地域の印象が変わってくれることを期待して、話をさせていただきました。

あとがき

二〇二三年、播磨学研究所は設立三〇周年を迎えました。この年は、国宝姫路城が世界のシンボル・世界遺産に登録された記念すべき年でもあったことから、近年、調査・研究の進展の著しい城下町姫路を視点に「姫路の城下と播磨」をテーマに特別講座を開催することにしました。受講の申し込みは三百人を超え、大勢の方に関心を持っていただけたことに、スタッフ一同気持ちを新たにしたことを覚えています。

現在の姫路城は、関ヶ原の戦いの後、姫路に入った池田輝政によって、播磨一国を支配する城として築城され、城下町が形成されることになります。慶長五年（一六〇〇）、姫路城に入った池田輝政は手狭であった秀吉築城の城を解体し、慶長六年から九年の歳月を費やし現在の姫路城の根幹部分を完成させました。その後、池田氏の因幡への転封により姫路に入った本多忠政は西の丸を整備し、また、船場川を改修することによって、御本城の守備は整い、城下町の機能も充実し、それにともなって城と町の景観は完成しました。現在では、失われてしまった部分が多くあります。

この十回の講座にはいくつかの視点を設けました。江戸時代の城下町が現代都市の源流であること、池田輝政の城下町は中世の村を解体して成立すること、姫路城が播磨一国を支配するための城であったこと、城下町の発展に飾磨津と結ばれた船場川の開削のあったこと等を、歴史的な視点はもとより最新の発掘成果、そして、地理や建築、伝説などの視点を設けて再考することになりました。具体的には、本書をお読みいただければと思います。なお、出版にあたり、書名は『城下町姫路と播磨』としました。

播磨学研究所ではこの特別講座に合わせて特別展「むかしの姫路城下―写真で見るなつかしい町並みと情景―」を開催しました。会場はイーグレ姫路の市民ギャラリー、会期は二〇二四年二月二十八日（水）から三月三日（日）にかけての五日間でした。短い会期でしたがおよそ千人の入場者がありました。私たちは三百人程度を予想していましたので、驚きの数字になりました。自分たちの住んでいる姫路に愛着を持っておられる方の多いことを知り、研究所の目指すべき道筋であるように思えました。

特別講座の開催にあたり講師の任をお引き受けいただいた方々、文化財を所蔵される関係機関、また、姫路市、姫路市文化国際交流財団、兵庫県立大学、播磨広域連携協議会、神戸新聞社の皆様に御協力をいただきました。

播磨学研究所では、一九八八年以降、播磨学特別講座と題した公開講座を開催し、講義録を刊行してきました。講義録は、本書で三十冊目を数えることになります。本書の編集・出版にあたりましては、神戸新聞総合出版センターにお世話になりました。御礼申し上げます。

今後におきましても、播磨の歴史が少しでも身近になることを目指して取り組んでまいりたいと思っておりますので、皆様どうかよろしくお願い申し上げます。

二〇二四年九月

播磨学研究所所長　小栗栖健治

【二〇二三年播磨学特別講座「姫路の城下と播磨」】（演題・所属は開催時）

第一講　五月二七日（土）「城下町と現代」藪田　貫（兵庫県立歴史博物館長・関西大学名誉教授）

第二講　六月一〇日（土）「池田輝政と播磨の城下町」中元孝迪（〔公財〕姫路市文化国際交流財団理事長・播磨学研究所名誉所長）

第三講　六月二四日（土）「地理から考える播磨の城下町」山村亜紀（京都大学地球環境学堂教授）

第四講　七月一日（土）「秀吉の大坂築城と城下町大坂の建設」（一二月九日（土）に振り替え）北川　央（九度山・真田ミュージアム名誉館長）

第五講　九月九日（土）「城下町姫路の誕生―村から町へ―」小栗栖健治（播磨学研究所長・神戸女子大学古典芸能研究センター客員研究員）

第六講　九月二三日（土）「姫路城下町の考古学」中川　猛（姫路市教育委員会文化財課技術主任）

第七講　一〇月七日（土）「城下町姫路の怪談―その背景を探る―」埴岡真弓（播磨学研究所運営委員兼研究員）

第八講　一〇月二一日（土）「城下町龍野・姫路の町家と町並み」大場　修（立命館大学歴史都市防災研究所教授）

第九講　一一月四日（土）「船場川の開削と城下町の広がり」宇那木隆司（姫路市教育委員会文化財課文化財担当）

第一〇講　一一月一八日（土）「姫路城と飾磨津」工藤茂博（姫路市立城郭研究室課長補佐・学芸員）

中川 猛　なかがわ たけし
1976年生まれ。姫路市教育委員会文化財課係長。山口大学人文学部卒業。姫路市埋蔵文化財センターを経て現職。専門は考古学。主な編著書『特別史跡　姫路城跡』『豆腐町遺跡』（姫路市教育委員会）、論文に「姫路城下町の街路について」（『播磨学紀要』第22号）、展示図録に『城下町の考古学—地面の下の世界遺産—』『白鷺飛翔—姫路城築城以前—』（姫路市埋蔵文化財センター）など。

埴岡 真弓　はにおか まゆみ
1955年生まれ。播磨学研究所運営委員兼研究員。奈良女子大学大学院修士課程修了。専門は伝承や祭りなどの歴史民俗。赤穂市、加西市、たつの市、多可町、西脇市の文化財保護審議委員。著書『はりま歴史見て歩き』『はりま伝説夢物語』（神戸新聞総合出版センター）、共著『播磨の妖怪たち—「西播怪談実記」の世界』『播磨の民俗探訪』（神戸新聞総合出版センター）など。

大場　修　おおば おさむ
1955年生まれ。立命館大学衣笠総合研究機構特別招聘教授。京都府立大学名誉教授。九州芸術工科大学修士課程修了。工学博士。専門は建築史・住居史・都市史。主な著書『近世近代町家建築史論』（中央公論美術出版）、『「京町家カルテ」が解く 京都人が知らない京町家の世界』（淡交社）、『京都 学び舎の建築史』（京都新聞出版センター）、共著に「町家と町並み」（『姫路市史』文化財編Ⅱ）、「龍野の町並み」（『龍野の建築』）など。

宇那木 隆司　うなき たかし
1959年生まれ。姫路市教育委員会文化財課文化財担当。関西大学大学院博士前期課程修了、専攻は日本史学。姫路市教育委員会文化財課主任文化財専門員、姫路市立琴丘高等学校長を経て現職。兵庫県立大学非常勤講師。共著書「元禄覚書」（『新撰京都叢書』）、「東寺散所」「柳原散所」（『散所・声聞師・舞々の研究』）、「今良の成立とその職能」（『職能民へのまなざし』）など。

工藤 茂博　くどう しげひろ
1963年生まれ。姫路市立城郭研究室課長補佐・学芸員。同志社大学大学院博士前期課程修了。専攻は日本古代史。1990年姫路市入庁、現在に至る。共著書に「城郭」（『和文化』）、「播磨国」（『国絵図の世界』）、「近代初期における姫路城の存城について」（『森浩一先生に学ぶ』）、「姫路城での大名行列等体験プログラムについて」（『歴史的脈絡に因む遺跡の活用』）など。

◎執筆者紹介（掲載順）

藪田 貫　やぶた ゆたか

1948年生まれ。兵庫県立歴史博物館館長。大阪大学大学院修士課程修了。博士（文学）。専門は日本史学、特に近世社会史、女性史。大阪大学助手、京都橘女子大学助教授、関西大学教授を経て2014年から現職。主な著書『国訴と百姓一揆の研究』（校倉書房）、『男と女の近世史』（青木書店）、『武士の町　大坂』（講談社）、『大塩平八郎の乱』（中央公論新社）など。

中元 孝迪　なかもと たかみち

1940年生まれ。姫路市文化国際交流財団相談役、播磨学研究所名誉所長。東京教育大学卒業。神戸新聞社論説委員長、播磨学研究所長を経て現職。兵庫県立大学特任教授、季刊誌「バンカル」編集長。主な著書『西国将軍 池田輝政』『コラムニストが見た阪神大震災』（神戸新聞総合出版センター）、『国宝へようこそ 姫路城』（NHK出版）。共著に『日本災害史』（吉川弘文館）など。

山村 亜希　やまむら あき

1973年生まれ。京都大学地球環境学堂教授。京都大学大学院文学研究科博士課程修了。博士（文学）。専門は歴史地理学、特に中近世都市の空間構造研究。京都大学総合博物館助手、愛知県立大学准教授、京都大学人間・環境学研究科教授を経て現職。著書『中世都市の空間構造』（吉川弘文館）、論文に「城下町の空間的多様性の理解に向けて」（『ふびと』71）など。

北川 央　きたがわ ひろし

1961年生まれ。九度山・真田ミュージアム名誉館長。神戸大学大学院文学研究科修了。専門は織豊期政治史、近世庶民信仰史、大阪地域史。大阪城天守閣館長を経て現職。主な著書『大坂城』（新潮社）、『大坂城をめぐる人々』（創元社）、『豊臣家の人びと』（三弥井書店）、『大坂城と大坂の陣』（新風書房）、『なにわの事もゆめの又ゆめ』（関西大学出版部）など。

小栗栖 健治　おぐりす けんじ

1954年生まれ。播磨学研究所所長、神戸女子大学古典芸能研究センター客員研究員。大谷大学大学院修士課程修了。博士（文学）。専門は日本文化史。兵庫県立歴史博物館館長補佐を経て現職。主な著書『宮座祭祀の史的研究』『熊野観心十界曼荼羅』（岩田書院）、『地獄絵の世界』（河出書房新社）、『地獄絵図「熊野観心十界曼荼羅」絵解台本』（方丈堂出版）、共著に『播磨の民俗探訪』（神戸新聞総合出版センター）など。

城下(じょうか)町(まち)姫路(ひめじ)と播磨(はりま)

2024年10月10日　初版第1刷発行

編者―――播磨学研究所
〒670-0092　姫路市新在家本町1-1-22
兵庫県立大学内　　TEL 079-296-1505
発行者――金元昌弘
発行所――神戸新聞総合出版センター
〒650-0044　神戸市中央区東川崎町1-5-7
TEL 078-362-7140／FAX 078-361-7552
https://kobe-yomitai.jp/
装丁／神原宏一
印刷／神戸新聞総合印刷

落丁・乱丁本はお取り替えいたします

ISBN978-4-343-01242-5 C0021